# SOCIEDADE

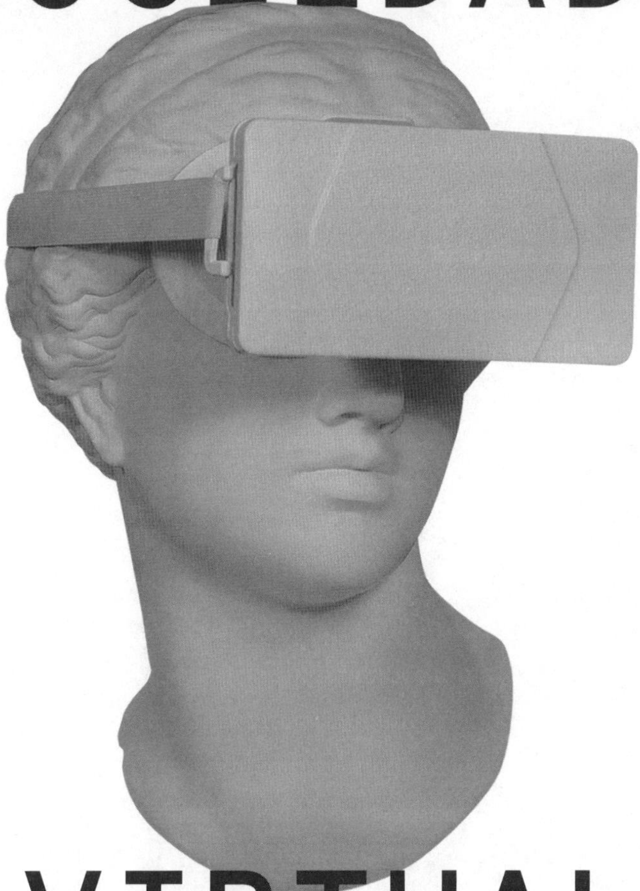

# VIRTUAL

# SOCIEDADE VIRTUAL

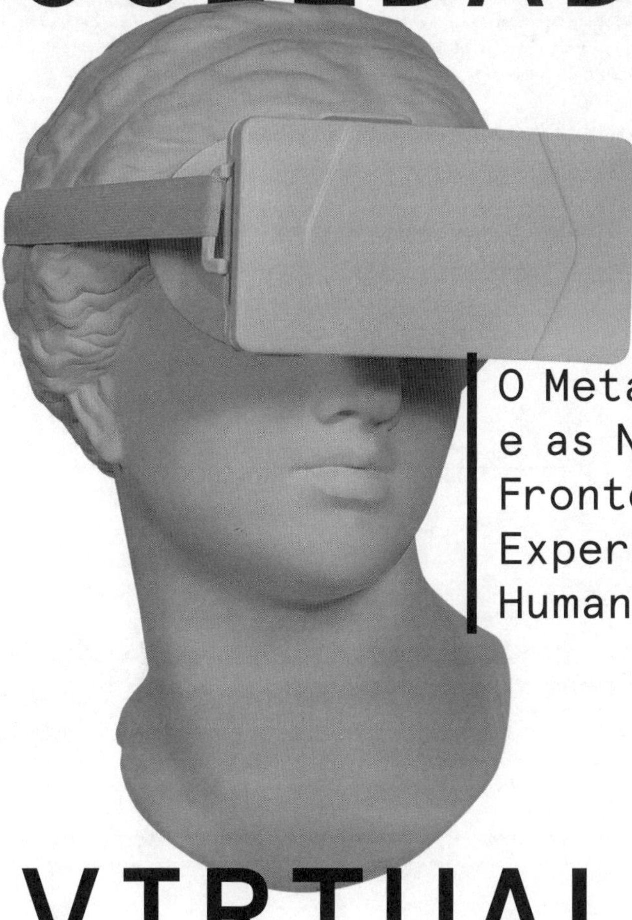

## O Metaverso e as Novas Fronteiras da Experiência Humana

Herman Narula

ALTA BOOKS
GRUPO EDITORIAL
Rio de Janeiro, 2024

# Sociedade Virtual



ISBN: 978-85-508-2347-8

Alta Cult é uma Editora do Grupo Editorial Alta Books.



Impresso no Brasil — 1ª Edição, 2024 — Edição revisada conforme o Acordo Ortográfico da Língua Portuguesa de 2009.

**Dados Internacionais de Catalogação na Publicação (CIP)**
**(Câmara Brasileira do Livro, SP, Brasil)**

Narula, Herman
Sociedade virtual : o metaverso e as novas fronteiras da experiência humana / Herman Narula. -- Rio de Janeiro : Alta Books, 2024.

ISBN 978-85-508-2347-8

1. Humanidade 2. Inovações tecnológicas - Aspectos sociais 3. Sociedade I. Título.

24-195347 CDD-303.483

**Índices para catálogo sistemático:**

1. Inovações tecnológicas : Aspectos sociais : Sociologia 303.483

Eliane de Freitas Leite - Bibliotecária - CRB 8/8415



**Grupo Editorial Alta Books**

**Produção Editorial:** Grupo Editorial Alta Books
**Diretor Editorial:** Anderson Vieira
**Editor da Obra:** José Ruggeri
**Vendas Governamentais:** Cristiane Mutüs
**Gerência Comercial:** Claudio Lima
**Gerência Marketing:** Andréa Guatiello

**Produtor Editorial:** Thiê Alves
**Tradução:** Ana Flávia Spindola
**Copidesque:** Carol Colffield
**Revisão:** Maria Rodrigues
**Diagramação:** Joyce Matos

ALTA BOOKS
GRUPO EDITORIAL

Rua Viúva Cláudio, 291 — Bairro Industrial do Jacaré
CEP: 20.970-031 — Rio de Janeiro (RJ)
Tels.: (21) 3278-8069 / 3278-8419
**www.altabooks.com.br** — altabooks@altabooks.com.br
**Ouvidoria:** ouvidoria@altabooks.com.br

Editora **afiliada à:**

# AGRADECIMENTOS

Este livro não seria possível sem a contribuição de tantos colegas, amigos e outros que ofereceram comentários úteis sobre as versões iniciais. Entretanto, tenho uma dívida especial com os primeiros membros da Improbable: Rob Whitehead, Peter Lipka, Paul Thomas, Dima Kislov e Jim Tang, por iniciarem a jornada que levou a uma obsessão com os tópicos de que trato neste livro. Embora muitos tenham ajudado na construção deste acervo de conhecimento e haja o risco de ofender alguns deles por omissão, gostaria de destacar mais alguns nomes. Callum Lawson e Sam Snyder fizeram contribuições específicas para o meu entendimento do que é possível em mundos virtuais e essas colaborações estão refletidas no livro. John Wasilczyk e Aaryn Flynn, por meio de nossas muitas conversas, fortaleceram consideravelmente meu uso da teoria da autodeterminação no livro fazendo com que eu recorresse a ela como base para muitas ideias. No Grupo Crown da Penguin Random House, minha editora, tive muita sorte de trabalhar com Paul Whitlatch que, com uma calma sobrenatural e um olho editorial aguçado, elucidou todas as etapas deste processo; Katie Berry, cujas correções precisas melhoraram o manuscrito; Lawrence Krauser, que fez uma robusta e necessária revisão no primeiro rascunho; o restante do Grupo Crown, incluindo Loren Noveck, Stacey Stein, Dyana Messina, Mason Eng, Julie Cepler, Annsley Rosner, Gillian Blake e David Drake. Por fim, e acima de tudo, devo demonstrar meu apreço a Justin Peters, cuja parceria na elaboração do livro deu vida às ideias; Marina Simon, indispensável para a tarefa de escrever um livro enquanto geria uma empresa; e também Laurie Erlam, Mike Harvey e Daniel Orchard, que me persuadiram a escrever o bendito livro e trabalharam duro para torná-lo realidade.

# SOBRE O AUTOR

Herman Narula é o cofundador e diretor executivo da Improbable, uma empresa de tecnologia com sede em Londres. É graduado em Ciência da Computação pela Universidade de Cambridge. Interessa-se pelo impacto sem precedentes que os poderosos mundos virtuais têm sobre o modo como pensamos, jogamos e tomamos decisões.

# SUMÁRIO

# INTRODUÇÃO

Um dia, este livro será lido por uma pessoa sem corpo.

Essa previsão, muito provavelmente, se tornará realidade até o fim do século XXI, talvez até o ano de 2040. Pense: já sabemos com certa confiança que a mente é uma máquina que processa informações. Conectá-la a um computador — que tenha a capacidade de simular um mundo inteiro — é um desfecho completamente plausível e, diria, inevitável. Através de desenvolvimentos no campo da metrologia quântica, já somos capazes de criar sensores que podem ouvir os "sussurros" eletromagnéticos da atividade de agrupamentos de neurônios. Nanotubos de carbono biocompatíveis, extremamente fortes e com propriedades condutoras excepcionais, prometem atuar como "laços neurais": os elementos constitutivos das conexões com neurônios individuais. Se um cérebro for capaz de se conectar a um computador — o que quer que isso signifique — e se os computadores do futuro puderem criar mundos que sejam tão detalhados, ou até mesmo mais detalhados do que o que conhecemos hoje, então com certeza uma vida mediada pelos limites de um corpo físico um dia parecerá uma sombra pálida da vida da mente sem restrições.

Esse leitor teórico, sem corpo — que alguns chamariam de "pós-humano" — será capaz de acessar e processar informações de um modo que ainda nem podemos começar a entender. Qual será a sensação de consumir este texto como informação entregue diretamente à sua mente em uma realidade digital? Talvez a compreensão e a integração das ideias do livro ocorram instantaneamente ou de forma não linear, centenas de conceitos transformando-se em estruturas no cérebro pós-humano à velocidade de explosões de fogos de artifício. Talvez esses leitores sem corpo consumam este livro através de novos sentidos que ainda não foram inventados ou se deliciem em uma poesia sinestésica de sons, cheiros e toques à medida que exploram conceitos com uma fidelidade e um detalhamento impossíveis de serem alcançados somente por meio dos sentidos corporais. As aventuras sobre as quais lemos na história, na ficção científica ou na fantasia podem se tornar a verdadeira realidade incorporada de uma sociedade pós-humana. Esse pós-humano viverá mil vidas paralelas que mal podemos imaginar.

Conforme a tecnologia e suas aplicações continuam se aperfeiçoando e evoluindo, aproximamo-nos de uma nova época da história humana na qual as possibilidades de nossas vidas serão diferentes dos limites de nossos corpos. Nesse ponto, o mundo das ideias gerará mundos reais que poderemos habitar: realidades construídas que existirão em diálogo com o mundo físico. Alcançar essa visão não requer uma nova física, somente as inevitáveis ondas de aprimoramento e atualização em que nos tornamos tão bons como espécie. As ferramentas físicas que desenvolvemos foram transformando a Terra ao passo que melhorávamos nossas vidas. Nossas várias tecnologias culturais — os mitos, as histórias e os rituais que cresceram junto com nossas ferramentas físicas — dão forma e significado às nossas inovações. Reformular nossos ambientes, para o bem ou para o mal, tem sido fundamental para a sobrevivência de nossa espécie desde a pré-história. Sempre utilizamos nossa imaginação em conjunto com nossas mãos para explorar novos mundos enquanto expandíamos o nosso. Esse é o impulso humano, e essa dinâmica persistirá mesmo que nossas "mãos" se tornem, cada vez mais, apenas uma figura de linguagem.

Essa visão do futuro pode lhe parecer distópica. Talvez você imagine os seres humanos sendo reduzidos a fileiras de cérebros exangues e pulsantes dentro de frascos, ou lhe preocupe o fato de que as mudanças tecnológicas estejam acontecendo rápido demais. Talvez tema que nosso próprio mundo possa se transformar em lixo e caos à medida que escapamos para o espaço cibernético. Talvez a perspectiva de uma vida mediada por máquinas lhe pareça uma realidade em que seremos privados de nossa essência humana.

Mas quero desafiá-lo a deixar de lado seus pressupostos e considerar o seguinte: ao longo da história de nossa espécie, nós, humanos, sempre imaginamos outros futuros melhores para nós mesmos, mundos intangíveis que esperamos que sejam mais gratificantes e ricos em experiências do que nossa vida cotidiana. Nossa capacidade de vislumbrar e acreditar nesses futuros é, em si mesma, uma tecnologia cultural que usamos para melhorar nossas experiências de vida e realidade. Representações da vida após a morte, criadas por diversos artistas há milênios, não são somente manifestações de devoção religiosa: são extensões de um impulso humano contínuo de instanciar o intangível, de visualizar mundos ideais e, assim, torná-los reais. Sempre quisemos ver, sentir e entender mais do que vemos, sentimos e entendemos, e ao perseguir esse objetivo tentamos constantemente transcender os limites impostos a nós pela biologia e pela geologia e estender-nos a potenciais mundos mediados por nossas mentes.

Essa importante e necessária transformação social não requer uma conexão direta entre o cérebro e a máquina. Embora interfaces cérebro-computador marquem o estágio final mais dramático nessa progressão, o estágio seguinte do processo nos fará focar as atenções sociais e culturais em uma série de realidades digitais construídas. Hoje em dia, essas simulações são conhecidas como mundos virtuais: espaços digitais tridimensionais incorporados em que as pessoas interagem através de avatares. Esses ambientes gráficos complexos, anteriormente considerados apenas domínio dos videogames e do entretenimento, estão evoluindo para algo muito maior. Um "metaverso" de mundos virtuais que se estende a todos os aspectos de nossa cultura está começando a surgir, apresentando novas oportunidades econômicas e sociais que são comparáveis, em termos de alcance, à disrupção causada pela internet. Muitas pessoas caracterizam o metaverso e os mundos virtuais como um modismo ou simplesmente como uma evolução dos videogames. Acredito que essa visão limitada se baseia em um mal-entendido fundamental de por que os humanos criam outras realidades e como buscamos a realização.

A confusão acerca do que é o metaverso gerará modelos inconsistentes e falhos sobre sua finalidade — o que, por sua vez, levará a uma alocação desnecessária de capital, a tentativas ineficazes de regulamentação e a uma ampliação dos aspectos negativos dessa disrupção. Meu objetivo com este livro é ajudar a evitar esses resultados. Nas páginas seguintes, oferecerei uma nova maneira de entender essa transição monumental para uma sociedade virtual — uma mudança que, se for cuidadosamente administrada e se aprendermos com os erros da primeira era da internet, trará à humanidade novas dimensões incomparáveis de liberdade.

Dentro de algumas décadas, os mundos que criamos com pixels e que povoamos com avatares passarão a ser extremamente importantes para centenas de milhões de pessoas; o valor encontrado nesses mundos será criado conjuntamente por uma parcela cada vez maior da sociedade. Com o tempo, esses mundos talvez se tornem indistinguíveis do nosso. Quando esse momento chegar, não será um dia sombrio para a humanidade, mas sim a realização definitiva de um impulso exploratório e engenhoso que é tão antigo quanto a raça humana. Em vez de representar a descida desmoralizante da sociedade ao escapismo tecnológico, o surgimento da sociedade virtual marcará o começo de uma era em que exploraremos novas e positivas fronteiras em termos de gratificação psicológica e saúde mental; reorientaremos nossa economia e nossos modos de educação em torno das necessidades individuais; forjaremos novas e notáveis comunidades baseadas em interesses e experiências compartilhados; e criaremos um mundo mais humano do que aquele que tememos deixar para trás.

Essa esperança por uma nova sociedade empoderadora, justa e igualitária está no núcleo da visão deste livro sobre o nosso futuro virtual. Acredito que o surgimento das chamadas tecnologias pós-humanas logo produzirá sociedades virtuais robustas que transformarão o modo como vivemos na Terra, à medida que redefinem o que significa ser humano. Imagine um mundo no qual você possa dominar uma nova habilidade em uma única tarde usando uma tecnologia de simulação avançada que consiga compactar uma década de tentativas e erros em um período de duas horas. Ou imagine participar de um imenso festival que envolve de forma significativa cada usuário do mundo virtual em que ele existe: uma celebração em escala universal na qual milhares ou até milhões de pessoas têm a chance de ser o centro das atenções. Unidos por um espírito lúdico e um senso de participação mútua em uma mesma experiência transformadora, os participantes desse mundo se sentirão como elementos verdadeiramente essenciais de algo maior do que eles mesmos, em uma escala que nenhuma atividade terrestre pode esperar alcançar.

Os mundos virtuais que pessoas como eu estão trabalhando para construir serão centrados nesses tipos de experiências úteis e gratificantes. Neles, os usuários poderão interagir com amigos, conhecer novas pessoas, aprender habilidades valiosas, ter aventuras emocionantes e participar da sociedade civil. Essas experiências darão às pessoas oportunidades de explorar novos desafios, expressar sua criatividade e encontrar satisfação, elevação social e alegria constantes. As avançadas tecnologias de computação que impulsionarão esses mundos serão capazes de gerar experiências valiosas com velocidade e precisão, a exemplo das máquinas construídas para produzir satisfação humana.

As recompensas da sociedade virtual não serão somente psicológicas. Em pouco tempo, as pessoas ganharão dinheiro em mundos virtuais desempenhando uma série de trabalhos que superarão os do mundo real em termos de salário, acessibilidade e realização. A inevitável expansão de oportunidades econômicas nesses outros mundos terá um efeito transformador na sociedade humana. Em uma ou duas décadas, o *locus* de nossa cultura, economia e sociedade deixará de ser um único mundo — o antigo "mundo real", pode-se dizer — e passará a ser vários mundos.

Embora esses outros mundos envolvam os sentidos, o fato de parecerem "reais" e serem percebidos como tal não é o que os tornará valiosos. Eles serão valiosos porque reformularão nossas vidas ao estender o contexto da sociedade a novos domínios, permitindo a transferência de riqueza, ideias, identidade e influência — elementos básicos das relações sociais humanas — entre nossa realidade atual e as digitais que criarmos. A combinação dessas realidades, e a transferência de valor entre elas, constituirão o metaverso digital.

Este livro é seu guia para mundos virtuais e metaversos digitais: por que são importantes, por que são necessários e por que mudarão a sociedade para melhor. Nele, espero oferecer uma teoria funcional sobre como o metaverso criará valor para os indivíduos e para a sociedade. Com essa teoria em mãos, poderemos então analisar as maneiras pelas quais esse valor pode ser maximizado. Durante o processo, espero ir além dos contextos comerciais e técnicos do metaverso e entrar no contexto humano. Meu objetivo nestas páginas é apresentar uma explicação abrangente de por que a ideação em espaços virtuais é tão importante para nosso passado, presente e futuro. Apesar de esperar que investidores e empreendedores considerem este livro útil, eu o escrevi pensando também em muitas outras pessoas e grupos: cientistas, entidades reguladoras, historiadores, criadores de conteúdo e cidadãos comuns que procuram conciliar o entusiasmo sobre o metaverso com algum entendimento de por que ele será importante para suas próprias vidas.

Pode-se considerar este livro uma tentativa de oferecer uma teoria prática e historicamente fundamentada dos metaversos, ou seja, como defini-los, como medir sua utilidade e como entender sua interação com as ideias existentes. Quais são as forças essenciais que conduzem os humanos a criar esses outros mundos? Como evoluirão enquanto adquirirem forma digital? Por que são importantes para os indivíduos e para a sociedade? Na primeira metade do livro, abordarei essas questões e explicarei por que o metaverso é mais do que apenas o futuro da internet: é o futuro da experiência humana. Embora a obra parta de pressupostos de antropólogos e sociólogos e neles se baseie, não pretende replicar tais trabalhos, somente demonstrar que a utilidade de outros mundos é um fato consumado.

Na segunda metade, adotarei uma visão mais microscópica dos metaversos digitais que em breve estarão afetando nossas vidas. Tentarei estabelecer um conjunto de princípios orientadores para a criação de um metaverso que seja justo, útil, eficiente e gratificante. Apresentarei um modelo organizacional ideal para construir um metaverso valioso; examinarei a relação entre o valor social, psicológico e econômico nos contextos virtuais; e trarei algumas reflexões sobre os mecanismos ideais de supervisão e regulamentação do metaverso. Meu objetivo ali é estabelecer os parâmetros para um metaverso idealmente valioso e também as melhores formas de lhe dar vida.

Minhas visões e previsões para o futuro baseiam-se na experiência prática. Como empreendedor e cientista da computação, com a maior parte da última década dedicada à construção de mundos virtuais complexos e à infraestrutura para o metaverso, tenho uma perspectiva direta sobre os desafios técnicos e organizacionais que estamos enfrentando no caminho para a sociedade virtual. E, talvez o mais importante, há anos compartilho meu tempo com empreendedores, investidores e construtores dedicados a solucionar o desafio da criação do metaverso. Este livro representa a melhor síntese do que aprendi com eles ao longo da última década.

À medida que eu crescia, os jogos digitais me proporcionaram a oportunidade de aprender e vivenciar experiências que eram inacessíveis no mundo real. Esses jogos despertaram em mim um senso de admiração e exploração. Minha experiência com eles foi, na realidade, o oposto da imagem estereotipada de um jogador que quer se afastar do mundo. Nos jogos que eu jogava, queria ir a algum lugar, fazer mais, ser mais, e me sentir mais pleno. Geralmente, voltava de minhas sessões de jogos transformado. Eu me identificava fortemente com as crianças no livro *As Crônicas de Nárnia*, escrito por C. S. Lewis, que atravessavam o guarda-roupa para outro mundo de aventuras e retornavam com novos conceitos e novas perspectivas — tanto que quando criança, eu mesmo investiguei inúmeros guarda-roupas à procura de possíveis portais interdimensionais. (Nunca encontrei nenhum.)

Agora que tenho a sorte ganhar a vida construindo mundos virtuais, estou ainda mais convencido de que a participação neles pode e vai mudar a vida das pessoas para melhor — isto é, se reservarmos um tempo, neste momento crucial, para embasar nossos planos para o futuro numa compreensão clara do valor que esses mundos podem criar para os indivíduos e para a sociedade. Esse valor não se limita ao entretenimento ou ao escapismo. Uma das maiores surpresas da minha carreira tem sido a enorme importância dos mundos virtuais simulados para o futuro do planejamento e da estratégia militar. Minha experiência construindo ambientes virtuais de treinamento para forças armadas do mundo real me convenceu de que esses espaços simulados terão imenso valor para outras incontáveis áreas do empreendimento humano.

Você pode estar cético quanto ao fato de que o metaverso criará qualquer tipo de valor. Afinal, a história recente está cheia de exemplos de previsões malucas sobre várias inovações que os especialistas tendem a agrupar: realidade virtual, realidade aumentada, inteligência artificial, criptomoedas e, sim, o metaverso. A sociedade está agora continuamente antecipando, discutindo e apostando em tecnologias e produtos que ainda não existem completamente. Nesse processo, especialistas e analistas tendem a se agarrar a certas narrativas sobre o futuro, independentemente do fato de serem exatas ou ideais. Essas narrativas então se tornam desproporcionalmente importantes na determinação de quais ideias e projetos são financiados, construídos e usados.

Como resultado, adivinhos tecnológicos geralmente estão corretos sobre a direção geral para a qual a sociedade está indo, mas também estão totalmente errados sobre as especificidades da jornada daqui até lá. Basta pensar na quebra das empresas ponto com e na extinção de tantas outras que, ainda que estivessem no campo certo, tinham um modelo errado de como o valor era ali criado. O público não é bem atendido quando os promotores mais proeminentes de uma nova tecnologia não conseguem explicar claramente seu objetivo ou sua finalidade. Narrativas vagas e esbaforidas sobre o futuro tendem a gerar cinismo e ressentimento. É assim que nos encontramos atualmente em relação ao metaverso.

Na mídia e entre empresários e investidores, os mundos virtuais têm sido discutidos e entendidos principalmente através do prisma dos videogames, do comércio e do entretenimento. Muitos são categóricos ao afirmar que o metaverso é o próximo grande acontecimento, e ainda sim, são incrivelmente vagos quando se trata de definir o que ele é e por que será e deverá ser importante. Suas visões do metaverso geralmente parecem ter origem nos mundos imersivos da ficção: os filmes *Matrix*, por exemplo, ou os livros e histórias de Neal Stephenson ou William Gibson. Conforme questionadas sobre uma definição exata do metaverso, essas pessoas costumam descrever ambientes 3D incorporados de alta resolução com amplas possibilidades de interação — nos quais os usuários podem fazer compras, jogar, encontrar-se, aprender e amar.

O melhor que se pode dizer sobre essas abordagens é que são lamentavelmente incompletas. Visões ultrapassadas ou superficiais, ou dos mundos virtuais e do metaverso tendem a focar no quê, mas não no porquê; na coisa, mas não na sua finalidade; nas oportunidades que estarão disponíveis para nós em espaços digitais incorporados, mas não nas razões pelas quais gostaríamos de buscá-las em primeiro lugar. Essas lacunas conceituais representam um problema caso você esteja tentando construir um negócio de metaverso, ou regulamentar o espaço, ou até mesmo entender as mudanças que estão para acontecer. Na falta de discussões significativas sobre o valor que os mundos virtuais criarão para indivíduo e sociedade, o metaverso pode começar a parecer intangível e superficial.

Esse modelo vasto, porém, raso, está inibindo nossa capacidade de perceber e moldar o futuro. Precisamos de paradigmas melhores para esse futuro, que sejam conceitualmente expansivos, fundamentados em visões de valor social, ao invés de apenas lucro corporativo. Precisamos saber por que estamos construindo e por que mundos virtuais e o metaverso valem o esforço. E, se pudermos entender *o porquê* do metaverso digital — se pudermos articular claramente seu propósito e seu potencial —, então poderemos expandir essa perspectiva em um mundo próprio, que represente e sirva à humanidade da melhor forma possível.

Neste livro, darei ênfase ao *porquê* do metaverso, a fim de realçar o propósito que ele terá em nossas vidas e na sociedade em geral. O metaverso digital que visualizo é aquele que criará um inestimável valor social, psicológico e econômico para os usuários e para o mundo em geral. É uma estrutura para uma sociedade virtual rica que aprimorará, não suplantará, nossas vidas aqui na Terra. Da mesma forma que o desenvolvimento da escrita, ou o advento da era da informática, o amanhecer do metaverso será um grande ponto de inflexão na história da humanidade: uma manifestação do ancestral impulso humano de criar tecnologias culturais que possam melhorar e transformar nossas vidas e sociedades de maneira útil.

Na maioria das vezes, não conseguimos entender que a cultura se adapta à tecnologia de modo não linear. Se você tivesse dito à maior parte dos investidores na aurora da internet que, em vinte anos, as pessoas estariam negociando JPEGs mal desenhados por milhões de dólares enquanto fotografavam obsessivamente cada refeição, ou que um sistema como o *blockchain* poderia ser desenvolvido por indivíduos inteiramente anônimos, ninguém teria acreditado em você. Nossas tecnologias transformadoras tendem a assumir sua própria velocidade e direção, e é por isso que devemos focar nosso pensamento em por que essas tecnologias serão importantes em nossas vidas e não em que formas irão assumir. Na ausência de modelos inteligentes e abrangentes e de um pensamento responsável e proativo por parte dos principais interessados nas esferas de investimento, regulamentação e infraestrutura, o processo de construção do metaverso será marcado pelo desperdício e por erros injustificados. É importante evitar essas armadilhas.

Se você quer vislumbrar o que o aguarda ao virar a próxima esquina, este livro é para você. É um livro que eu gostaria de ter lido quando estava começando neste negócio e estava ansioso por algo que pudesse guiar meu pensamento e meus esforços. Espero que você possa usar os próximos capítulos para nortear sua própria reflexão sobre o metaverso, e para ajudá-lo a entender seu propósito humano concreto. Acredito que o metaverso digital estará entre as mudanças mais importantes que a humanidade já vivenciou, porque provavelmente atuará como uma bifurcação na história. A possibilidade de viver em várias realidades ao mesmo tempo será uma ruptura fundamental entre a natureza mais básica de nossas vidas e a de nossos ancestrais, que desencadeará a radiação adaptativa da sociedade em formas totalmente novas. O metaverso fará evoluir nosso entendimento do que significa ser humano de maneiras que só agora estamos começando a contemplar. Quando todos estivermos vivendo e criando em mundos virtuais, esse será o primeiro passo real entre existir como uma pessoa em um único mundo e existir em muitos mundos como uma pessoa metaversal.

Nossa jornada rumo a esse futuro pós-humano está enraizada no passado. Longe de tratar-se de algo totalmente novo e cintilante para ser exibido a investidores em tecnologia, o metaverso é a mais recente manifestação de uma tendência humana a construir mundos que é tão antiga quanto nossa espécie. Ao longo de milênios, a humanidade optou por criar outros mundos de significado, fazer destes algo importante e usá-los para criar valores psicológicos e sociais aqui na Terra. Para entender por que, no futuro, todos poderemos acabar consumindo este livro como um grupo de cérebros sem corpo, devemos primeiro olhar para o passado: para além das pirâmides, para além de Stonehenge, até o início da raça humana.

Capítulo 1

# OS METAVERSOS ANTIGOS

Na Turquia contemporânea, entre as planícies rochosas do sudeste da Anatólia, ergue-se um monumento de 30 metros de diâmetro, de idade incalculável. As estruturas de calcário em formato de T que pontilham uma antiga colina, algumas delas com uma altura de 5,5 metros, estão dispostas ao redor de câmaras e foram meticulosamente esculpidas com representações de animais. Mais de 240 dessas estruturas foram descobertas por arqueólogos, que, até o momento em que escrevo, escavaram somente uma pequena parte do local, conhecido como Göbekli Tepe. Em conjunto ou separadamente, os megálitos hoje servem como um lembrete do período Neolítico: um vislumbre dificilmente decifrável de nosso passado que ainda oferece uma lição relevante para o nosso futuro.

Quando esse monumento foi erguido, mais de 10.000 anos atrás, o lugar do qual escrevo, localizado no sudoeste da Inglaterra, mal havia se libertado dos lençóis de gelo em escala continental. Mamutes-lanosos ainda se agarravam à existência, e a agricultura ainda não havia sido largamente adotada. Ainda assim, nesse mundo alienígena praticamente pré-histórico, pelo menos 6.000 anos antes de Stonehenge ter sido construído, humanos primitivos levantaram uma série de extraordinários megálitos e os decoraram com entalhes elaborados.

Por que essas estruturas foram construídas? No contexto daquela era não havia razão terrena para que elas existissem. Portanto, não seria irracional perguntar-nos se sua construção não foi motivada por razões terrenas, mas sim, talvez, compelida pela crença em algum outro mundo.

Até onde sabemos, o mundo espiritual ou outra realidade implícita nesse monumento (caso seu propósito tenha sido religioso), na verdade, não existe. Ainda assim, o universo representacional contido no Göbekli Tepe — esse "mundo virtual" inicial — envolveu o deslocamento de massas enormes de pedra ao longo de 1.000 anos, certamente a um custo não desprezível para aqueles construtores que, originalmente, eram caçadores e coletores. Uma tarefa dessa magnitude nunca é realizada por capricho, muito menos nos arredores inóspitos da Anatólia Neolítica, uma época e um lugar fundamentalmente impróprios para divagações sobre arquiteturas frívolas. Para esses construtores nômades e suas sociedade há mais de 10.000 anos, o trabalho invocado por esses megálitos deve ter sido tão importante quanto o mundo físico que eles habitavam, se não mais.

Os megálitos do Göbekli Tepe podem lhe parecer o produto de um passado distante e estranho. Mas acredito que eles representam um impulso humano fundamental, um poder que ainda hoje manifestamos. Os primeiros monumentos erguidos por seres humanos não surgiram tanto da pedra quanto da engenhosidade. Eram ideias vivas que nasceram através de um acordo coletivo, forças imaginárias embebidas com o poder da vida e da morte, mundos virtuais criados pela força da imaginação coletiva de uma sociedade. Por 10.000 anos, os seres humanos têm encontrado maneiras de tornar real o irreal simplesmente por querer que assim seja.

Sempre fomos uma espécie de construtores de mundos. Desde o surgimento da humanidade, temos usado meios engenhosos para existir simultaneamente em múltiplas realidades: a realidade animal de nossas vidas terrenas e a realidade elevada dos mundos que criamos com nossas mentes. Temos concebido essas outras realidades por milênios, com ferramentas não mais avançadas que a nossa linguagem e nossa imaginação. Embora às vezes façamos monumentos de pedra para marcar nossa crença em outros mundos, esses mundos existem de forma separada e independente das estruturas que erguemos para comemorá-los. Damos vida a nossos mundos virtuais com a fala e os sustentamos pela força de nossa crença coletiva.

De uma perspectiva superficial, as pedras empoeiradas do Göbekli Tepe podem parecer monumentos brutos de um mundo esquecido e estranho. Contudo, se você examinar os entalhes atentamente, um universo de imagens e significados inundará sua visão: escorpiões e feras rosnando, padrões geométricos, abutres gesticulando e humanos sem cabeça. Imagine quão significativas devem ter sido as mitologias adotadas por essas pessoas para que elas criassem trabalhos tão intricados em pedra — quão firmemente seu sistema de crenças devia estar entrelaçado à sua existência cotidiana.

Assim como os megálitos do Göbekli Tepe sugerem uma interação dinâmica entre um mundo virtual e a existência cotidiana, os mundos virtuais que discutiremos ao longo deste livro estão longe de ser histórias estáticas e desconectadas de nossa vida diária. São mundos que nossa sociedade trata como reais, que podem ser verdadeiras fontes de riqueza, poder e identidade no mundo físico. Construímos e habitamos esses outros mundos hoje pelas mesmas razões que levaram nossos ancestrais a construí-los eras atrás: para gerar satisfação e valor, para melhorar substancialmente nossas vidas na Terra. Ao invés de marcar com monumentos de pedra os portões para essas outras realidades, na atualidade, criamos portais digitais que nos conduzem de um mundo para outro.

Embora nem sempre tenhamos consciência de que estamos construindo esses mundos, nossa capacidade de fazê-los afeta e direciona todos nossos atos como espécie. Este livro trata, em parte, de como esse talento humano fundamental para a construção de mundos moldará nosso futuro, e como a nova era da sociedade virtual não representa um fenômeno novo e estranho, mas a continuação de antigas tradições que atendem necessidades humanas intrínsecas. Mas antes de seguirmos em direção ao futuro, vamos olhar um pouco mais para o passado e examinar atentamente o que queremos dizer com mundos virtuais e construção de mundos.

## QUANDO PALAVRAS SE TORNAM MUNDOS

Criar modelos da realidade é parte essencial de um pensamento de alto nível. Para sobrevivermos e operarmos efetivamente no mundo, devemos ser capazes de simplificar e experimentar com resultados à medida que planejamos algo ou tomamos decisões. Ao fazer isso, criamos e desenvolvemos mundos de ideias que existem à parte e em diálogo com o mundo físico. Esse processo é tão fundamental para nossa linguagem e nossa cognição que raramente paramos para considerar sua centralidade no nosso dia a dia.

"Os limites da minha linguagem significam os limites do meu mundo", escreveu Ludwig Wittgenstein em *Tractatus Logico-Philosophicus*. Quando verbalizamos esses mundos de ideias, iniciamos a concepção, a partir deles, de modelos sociais que outros, além de nós, podem começar a acessar e usar. Em um sentido significativo, portanto, nossas palavras criam nossos mundos. A conhecida frase "visualize um mundo melhor" — um mundo em que a paz mundial seja a regra, por exemplo — significa fundamentalmente visualizar um mundo virtual, no qual esse resultado idealizado já se tornou realidade, e depois usar a verdade desse mundo para criar um valor equivalente aqui, na Terra.

Essa capacidade individual de construir mundos pode acelerar a criação de mundos ricos, detalhados e intergeracionais que podem nos inspirar a grandes e, às vezes, terríveis realizações: o nascimento das principais religiões, por exemplo, muitas das quais têm tido imensa utilidade para a sociedade, também tem sido fonte de dor contínua. Por via de regra, construímos essas realidades sociais para atender a uma necessidade definida: explicar eventos que de outra forma seriam incompreensíveis, justificar ações, trazer mais emoção às nossas vidas ou simplesmente dar ordem ao caos e aos perigos da existência. À medida que as pessoas passam a acreditar nesses outro mundos, sua fé expande os parâmetros desses mundos e eles podem, efetivamente, ganhar vida.

Fazemos todo esse trabalho não só porque gostamos do ato de construir e acreditar nesses mundos — embora fazê-lo possa, sim, ser muito prazeroso —, mas porque eles atendem a propósitos individuais e sociais sem os quais nossas sociedades não poderiam funcionar. A sociedade usa mundos físicos de cultura e imaginação para criar um propósito comum e lidar com as complexidades emergentes das dinâmicas interpessoais; a sociedade usa essas estruturas para regular a avareza e a ambição e direcionar as energias humanas para fins nobres. Um mundo sem uma cultura em comum, sem uma estrutura para aproveitar a engenhosidade e criar experiências partilhadas, seria uma realidade brutal na qual a vida se reduziria aos modos de sustento e sobrevivência.

"O mito é a linguagem", escreveu o antropólogo francês Claude Lévi-Strauss, "funcionando em um nível especialmente alto onde significado consegue praticamente 'decolar' do solo linguístico em que permanece". Esses mundos míticos "decolam" e se tornam realidades socialmente construídas: outros mundos que dependem de participantes ao longo do espectro que consentem acreditar mutuamente que eles existem e que importam. Assim, esses mundos virtuais são trazidos à vida de forma significativa por esse acordo mútuo.

Esses outros mundos não são realidades alternativas para as quais escolhemos escapar: eles são *mais* realidade. São espaços descobertos em que podemos ampliar, evoluir e aperfeiçoar nossas estruturas sociais. Mesmo hoje, esses outros mundos ativos e os eventos que acontecem lá podem enriquecer, expandir e afetar nossa economia, nossa cultura e nossa vida cotidiana. Pense, por exemplo, na arte e cultura criadas como resultado das crenças sociais em outros mundos. O teto da Capela Sistina é uma obra de valor inestimável em nosso mundo e é também, de certa forma, um portal para o mundo virtual que o inspira, assim como os megálitos do Göbekli Tepe foram, efetivamente, portais para o mundo que inspirou sua criação.

Mercados financeiros modernos também contam como outros mundos que criam valor para o nosso próprio. Nesses mercados, pode-se ganhar ou perder fortunas e reputações quando sociedades em massa concordam em atribuir grande valor e poder a bens que, muitas vezes, não têm valor inerente além daquele acordado pelos participantes. Esportes profissionais também se qualificam como mundos vivos e cheios de significado. Basta olhar o que torcedores fazem para manifestar sua devoção às suas equipes preferidas. Eles vivem em função da sorte dos times de sua cidade natal, ainda que os resultados dos jogos a que assistem com tanta intensidade não venham a ter nenhuma diferença direta em suas vidas. Competições atléticas impactantes podem se tornar lugares onde é possível modificar a realidade temporariamente para resolver ou sublimar problemas sociais. Quando um país com poucos recursos derrota uma nação rica em uma partida de Copa do Mundo, por exemplo, a vitória é sentida profundamente pela nação menor. Ela pode servir como um bálsamo para curar feridas, criar um sentimento de orgulho, incutir confiança e bons sentimentos. Essas partidas são mecanismos para a coesão social significante.

Tal é o poder de um mundo de significados construído: os resultados em um mundo em que as pessoas escolheram ativamente acreditar podem, em última análise, importar mais do que os resultados no mundo em que essas pessoas nasceram por acaso. Esses resultados virtuais geram valor que pode ser transferido de volta para a Terra. Um sinal claro dessa transferência pode ser visto no preço de coisas que não tem valor tangível, mas são consideradas raras ou especiais por outras razões. Como tal, o Sudário de Turim é considerado de valor inestimável não por causa do preço inerente do tecido no qual a imagem aparece, mas porque a sociedade o considera valioso. Esse valor é uma expressão da crença em outro mundo que se tornou substancialmente importante para o nosso. É um *objeto virtual* que, em sua funcionalidade, não é diferente das obras de arte digital que tantas pessoas hoje têm dificuldade de entender: um símbolo discreto e insubstituível imbuído de valor localizado em um mundo de significado construído.

Pode parecer um exagero comparar o Sudário de Turim a um token não fungível (NFT). Mas as diferenças entre as relíquias de ontem e os objetos virtuais de hoje e amanhã — entre os mundos virtuais acessados pelo ritual da imaginação e aqueles acessados por Wi-Fi — não são tão gritantes quanto você poderia pensar inicialmente.

Realidades socialmente construídas, as quais considero uma forma de metaverso prototípico, existiram em todos os continentes habitados, em todas as sociedades, ao longo de toda a história registrada. Elas quase sempre são compostas por alguns elementos distintos: uma sociedade ou grupo de humanos; outro mundo ou realidade envolvendo eventos, identidade, regras e coisas que de algum modo são considerados reais; e uma constante transferência de valor entre os dois que aumenta a satisfação, a riqueza e o significado do indivíduo e do grupo.

Esses mundos não são somente boas histórias. Para seus adeptos, são lugares reais onde causa gera efeito, onde coisas realmente acontecem. Com o tempo, esses mundos tomam forma na mente das pessoas que os trouxeram à vida; com o tempo, esses mundos virtuais podem se tornar de tal maneira consequentes e persistentes que chegam a parecer tão reais e significativos quanto o nosso próprio mundo. A partir deles, o valor é transferido para o nosso mundo no formato de estruturas sociais e coesão, noções de identidade, experiências transformadoras, práticas ritualísticas e assim por diante. Esses mundos se tornam ideias vivas e proveitosas que demandam e recompensam investimentos intelectuais e emocionais de seus adeptos.

A história está repleta de exemplos relevantes. Pense, por exemplo, nos bilhões de pessoas, em todos os continentes e épocas, incluindo a nossa, que acreditaram em mundos próximos habitados por seres mágicos — gênios, elfos, bruxas, fantasmas — e estruturaram suas vidas e, até certo ponto, suas sociedades, em torno da crença nesses mundos. Pense nos antigos romanos que liam entranhas ou recebiam os auspícios que lhes permitiam adivinhar a vontade dos deuses e ofereciam sacrifícios e estátuas para honrá-los e apaziguá-los. Os romanos costumavam se recusar a entrar em guerras a não ser que os rituais adequados tivessem sido realizados. Caso recebessem presságios desfavoráveis, arrumavam as malas e iam para casa até que as coisas mudassem. Até mesmo o comércio parava quando recebia maus indícios.

Em seu livro *Mitos Paralelos,* que examina as similaridades nos mitos atribuídos a diversas civilizações em todo o mundo e no decorrer da história humana, J. F. Bierlein observa que o mito "é uma constante entre todos os seres humanos em todas as épocas. Os padrões, as histórias, e até mesmo os detalhes contidos nos mitos são encontrados em toda parte e entre todas as pessoas". As similaridades entre as muitas facetas desses metaversos modernos e antigos — mundos frequentemente criados praticamente nos mesmos períodos, por sociedades que não tinham meios de se comunicar entre si — sugerem que o ato de criação de mundos é uma habilidade humana primordial. Nos anos 1970, o antropólogo Charles Laughlin e o psiquiatra Eugene d'Aquili propuseram que nossos cérebros evidenciavam um imperativo cognitivo ao uso de mitos e rituais para unir grupos, ensinar lições e resolver oposições binárias. Mais recentemente, d'Aquili e o neurocientista Andrew Newberg usaram imagens de ressonância magnética funcional (fMRI) para demonstrar que o envolvimento com outros mundos religiosos pode de fato satisfazer alguma necessidade neurológica básica.

Em *Myth in Primitive Psychology,* o antropólogo Bronisław Malinowski escreveu sobre "uma classe especial de histórias... [que] não vive por um interesse ocioso, nem como uma narrativa fictícia ou mesmo verdadeira, mas é para os nativos a reafirmação de uma realidade primitiva, superior e mais relevante, pela qual a vida presente, os destinos e as atividades da humanidade são determinados". Apesar de Malinowski estar se referindo especificamente às atividades de criação de mundos de uma tribo Melanésia nas Ilhas Trobiand, a observação seria válida até mesmo para culturas mais modernas. O impulso de comprometer-se com a realidade de mundos forjados a partir de nossa imaginação coletiva é antigo e universal, assim como o instinto de fazer que esses mundos virtuais tenham importância e criem valor para o mundo real. Considere, por exemplo, como a tradição de outros mundos tem sido usada há tempos para ensinar às pessoas lições valiosas e práticas: não beba desse poço em particular, não entre na floresta à noite. O valor criado pelo engajamento em outros mundos não se restringe a advertir as pessoas a evitarem lobos ou águas contaminadas. A construção de mundos não é uma parte menos importante do conjunto de competências fundamentais da humanidade do que o fogo, a linguagem, a agricultura ou qualquer outra ferramenta que consideremos elementar.

Mundos virtuais não são e nunca foram somente jogos e o imaginar, o criar e o encenar dentro deles não é somente uma atividade de entretenimento. Nos dias atuais, assim como na antiguidade, eles são e têm sido realizações humanas fundamentais: unidades de tecnologia cultural que criam valor intrínseco e extrínseco substancial para as sociedades que os utilizam. A nova manifestação digital dessas realidades socialmente construídas será apenas a mais recente em uma longa sequência de metaversos modernos e antigos. A linha que conecta o Göbekli Tepe aos mundos digitais imersivos do futuro talvez seja mais direta do que você pensa.

## O OBJETIVO DAS PIRÂMIDES

A centenas de quilômetros do Göbekli Tepe, em Gizé, há incontáveis toneladas de pedra, extraídas e montadas há mais de 4.000 anos. A Quarta Dinastia do Antigo Egito levou a habilidade humana inata de vivificar uma realidade imaginada a novas e incríveis alturas. Tratava-se de uma civilização onde deuses eram reais e andavam na Terra na forma de faraós, onde o mundo dos mortos era talvez mais importante que o mundo dos vivos. Por séculos, escravos e artesãos trabalharam para construir enormes pirâmides no deserto: tumbas grandiosas o suficiente para abrigar as almas dos monarcas que, após darem seu último suspiro na Terra, passariam a governar os mortos no pós-vida. As pirâmides eram palácios funcionais para seres vivos que, por acaso, estavam mortos segundo os parâmetros humanos.

Muitos na sociedade egípcia antiga passavam suas vidas inteiras na Terra interagindo com esse outro mundo, com suas promessas e com suas obrigações. Em *Death and the Afterlife in Ancient Egypt*, John H. Taylor registrou alguns dos modos pelos quais os antigos egípcios pareciam priorizar a próxima vida às custas da atual. Por exemplo, enquanto a maioria dos egípcios, até mesmo os mais ricos, vivia em casas construídas com materiais perecíveis como juncos e madeira, suas tumbas eram feitas de pedras duradouras, ou seja, casas eternas para o corpo a fim de simbolizar a eternidade do próximo mundo.

Hoje, o legado duradouro da antiga civilização egípcia — as pirâmides — é simultaneamente um legado do mundo virtual que sustentava e entusiasmava aquela civilização. E, no entanto, de um ponto de vista estritamente racional, é difícil pensar em um modo menos útil de os povos antigos gastarem tempo, recursos e energia. Sim, do ponto de vista geopolítico, construir um monte de pirâmides enormes e pouco práticas no meio do deserto era uma forma bem visível de os faraós mostrarem seu poderio militar. Mas cada hora gasta construindo a Grande Pirâmide de Gizé era também uma hora perdida sem inventar alguma outra tecnologia que, caso os antigos egípcios tivessem aplicado sua engenhosidade, poderia ter melhorado materialmente sua qualidade de vida.

É tentador explicar a crença dessa sociedade do passado em um outro mundo efêmero como uma prática meramente sagrada ou supersticiosa, observada por um povo relativamente primitivo; também é tentador, do nosso ponto de vista, numa era atual focada na produtividade, ver as pirâmides como uma espécie de belo desperdício, um projeto que talvez valha a pena admirar, mas com o qual decerto não vale a pena aprender. Essa lente é limitadora e inexpressiva. O resultado da produção não é a única e nem a melhor forma de medir o valor social. O conceito binário de *produtivo* ou *improdutivo* cai por terra quando contemplamos a criação de uma realidade imaginada na qual "coisas" não são o principal resultado. Se você insistir em ver o mundo exclusivamente de um ponto de vista da utilidade produtiva, não somente deixará de entender o passado como também fracassará em seus esforços para criar um futuro ideal.

A verdade é que a fixação dos antigos egípcios em relação ao além pode ser entendida fora de qualquer contexto religioso ou mitológico; é possível, de fato, ser vista como uma escolha social inteiramente racional. Outros mundos são capazes não apenas de ajudar a unir e engajar uma sociedade e seus membros mas também podem gerar um valor social, cultural e econômico significante. Ainda hoje, não é difícil entender esse argumento. O valor que as pirâmides continuam a gerar como lindos e estimulantes monumentos culturais é difícil de contestar. É inconcebível que alguém hoje as caracterize como um desperdício frívolo.

O metaverso será uma construção cultural e tecnológica monumental que exigirá quantidades enormes de energia, tempo e atenção, assim como as pirâmides as exigiram dos antigos egípcios. Um dos principais argumentos contra as realidades digitais é que elas podem acabar nos afastando do mundo "real". Mas, assim como as pirâmides, acredito que o metaverso criará quantidades enormes de valor a serem transferidas de outro mundo para o nosso — valor este que beneficiará a sociedade como um todo, não somente os criadores e árbitros de outros mundos.

Para entendermos como mundos virtuais digitalmente renderizados superarão seus predecessores nesse aspecto, devemos primeiro analisar os vários modos pelos quais mundos virtuais analógicos têm servido aos humanos há milênios. Você provavelmente lembrará de alguns exemplos de cabeça. Os mundos virtuais têm ajudado a explicar nosso próprio mundo, como nos vários mitos da criação das grandes religiões do mundo. Bem ou mal, esses mundos têm sido usados para justificar ações tomadas por líderes sociais. E têm sido usados para introduzir valores culturais, ensinar lições de moral ou moldar os contornos da percepção. Como na adoração de times esportivos, eles podem dar um certo sabor à vida, animando o marasmo da existência cotidiana. Um torcedor fiel reforçará sua própria experiência no mundo esportivo adquirindo vestuário daquele time ou comprando ingressos para presenciar um jogo importante — um exemplo de como os mundos virtuais também podem criar valor econômico para as sociedades que os sustentam.

O fato de que muitos desses mundos entretenham seus participantes, mesmo não sendo a sua função social principal, não pode nem deve ser desconsiderado. Muitos mundos virtuais originaram-se como mitos ou histórias, narrativas concebidas com o objetivo de unir ou confortar uma unidade social em noites longas e frias ou em um interminável período de dias. Mas histórias são divididas entre narrador e ouvinte, autor e leitor, artistas criativos e receptores passivos. Um mundo virtual forjado pela engenhosidade humana elimina a diferença entre as duas partes e transforma todos em participantes ativos na vida desse relato. Uma história na qual todo participante tem a chance de ser protagonista não é uma história: é um mundo.

A prática de construir mundos tão imersivos ou atraentes que chegam a parecer reais para seus participantes é melhor entendida como um impulso humano fundamental em direção à *engenhosidade*, isto é, criatividade aplicada ou solução de problemas. Uma vez que os parâmetros de um mundo são criados, todas as novas contribuições para o mundo devem trabalhar dentro daquele conjunto de regras. Os acréscimos ao mundo não podem ignorar alegremente as informações existentes. Por mais criativo que seja o conteúdo, ele ainda precisa seguir as regras de seu mundo para ser compatível.

Diferente do mito ou da história, o mundo virtual é um processo ativo, não uma narrativa fixa. Como tal, pode reagir ao mundo físico e responder a ele. Acontecem coisas no mundo virtual que parecem reais o suficiente para afetar eventos no mundo real. Enquanto isso, fiéis e participantes têm o poder de determinar e expandir as fronteiras do mundo virtual e criar significados e ordem nesse mesmo mundo através de palavras e ações. Em seu livro publicado em 2012, *Legends of the Fire Spirits,* Robert Lebling escreveu sobre o papel contínuo dos *jinn,* ou gênios, na cultura e civilização árabe e, consequentemente, sobre as maneiras engenhosas com as quais aqueles que acreditam nos gênios estabeleceram os parâmetros de seu reino mágico. "Os *jinn* povoam o mundo com descendentes. Eles também são machos e fêmeas e criam famílias", escreveu Lebling. "São dotados de livre arbítrio e fazem escolhas na vida. Aceitam ou rejeitam Deus. Alguns se tornam renegados e são classificados como demônios ou *ghouls.* Outros praticam religiões já estabelecidas e vivem o que humanos considerariam vidas convencionais e 'normais' entre seus semelhantes." Imbuindo os gênios com um espectro de traços humanos, os que acreditam nos *jinn* tornam o outro mundo mais acessível e criam mais pontos de entrada para o envolvimento humano com esse mundo.

Os mundos virtuais enraizados na cultura ocidental não são estranhos a esse tipo de construção de mundo ativa e participativa. O conceito cristão de Céu é um mundo virtual por excelência: um lugar real, inacessível para a tecnologia humana, para o qual fiéis têm a esperança de ir após a morte. Durante séculos, a Igreja Católica Romana manteve uma espécie de lista incompleta dos habitantes do Céu ao canonizar certos fiéis falecidos como santos, assim confirmando que essas almas devotas agora viviam lá. Além disso, a igreja designou alguns santos para servirem como patronos para causas específicas na Terra, como pode atestar qualquer pessoa que já tenha rezado para São Longuinho para ajudá-lo a achar um objeto perdido.

Esses atos da engenhosidade humana servem para expandir os parâmetros e a utilidade de um mundo virtual. Em *Parallel Myths*, Bierlein cita a observação do psicólogo e filósofo Pierre Janet: "Não devemos supor que a religião poderia ter persistido se os deuses não tivessem falado", o que significa, em parte, que outros mundos são efetivamente inúteis para nós se esses mundos não interagirem com o nosso. Designar santos como patronos de causas humanas cria novas oportunidades para interações entre a Terra e o Céu e, portanto, serve para sustentar os dois mundos. Reconhecer ativamente eventos reais, mudando assim a sociedade real; essa é a transferência de valor inerente do Céu para cá.

A manutenção de registros sagrados descrita anteriormente funciona como um tipo de cadastro histórico coletivo, um conjunto compartilhado de eventos e *dramatis personae* sobre o qual todos os participantes do mundo podem chegar a um acordo. Um mundo virtual importa mais para seus adeptos quando é um mundo persistente que sobrevive a seus criadores, conforme ostenta uma história substancial sobre a qual todos podem alcançar um consenso. O resultado da Copa do Mundo, por exemplo, tem sua importância devido a todos os outros vencedores da Copa do Mundo; o resultado de hoje existe em consonância com os resultados de ontem, e essa continuidade de consequências cria uma profundidade de crença. Ao criar um registro aberto e acessível do que aconteceu, esse processo também gera confiança na fidelidade do mundo e das informações nele contidas. Desse modo, se pensarmos bem, não é totalmente diferente do crescente mundo dos registros descentralizados ou *blockchains*, que permite a grupos de participantes concordarem sobre uma sequência de eventos ou uma declaração de propriedade. (Mais sobre *blockchains* e o metaverso nos Capítulos 7 e 8.)

A esta altura, já concluímos que pessoas expandem os limites de seus mundos virtuais por meio de atos de engenhosidade. Mas por que isso importa e qual é a finalidade desses atos engenhosos? Por que é importante para a sociedade o fato de alguns *jinn* usarem chapéus enquanto outros andam com a cabeça descoberta? Por que essa intricada construção de mundos é boa tanto para o mundo quanto para seus construtores?

Assim como a agricultura ou a construção de abrigos, construir mundos é uma tarefa humana fundamental que as pessoas realizam para sobreviver e prosperar. Quando uma história se torna um mundo a ser explorado, controlado e animado pela força de sua crença, ele pode transcender o mero valor de entretenimento e começar a atender a uma função psicológica para seus participantes. A participação ativa na vida de um mundo virtual exige um tipo de criatividade aplicada que gera sentimentos de satisfação intrínseca.

Nesse sentido, as realidades socialmente construídas são tecnologias culturais criadas por seres humanos para ajudar a melhorar e ordenar suas vidas. Elas representam outro cenário no qual a sociedade exerce suas atividades. As vitórias e as derrotas no mundo do esporte afetam as relações entre países e podem atuar como outra forma de diplomacia. A fama de algumas pessoas cria modelos a serem seguidos por outras. Usamos o "outro mundo" para ampliar o valor psicológico de nossa vida cotidiana, conferindo significados a coisas e ocorrências comuns. Nós "jogamos em um mundo virtual" e marcamos "pontos virtuais" com significados sociais porque algo profundo dentro de nós nos impele a fazê-lo. Satisfazer essas necessidades está correlacionado a resultados mentais e emocionais positivos. Em parte, foram esses tipos de efeitos positivos que levaram à construção das pirâmides. Ao investir na realidade de seu antigo metaverso, os egípcios encontraram maneiras de melhorar diretamente a substância de suas vidas na Terra.

Estudiosos de mitos há muito tempo argumentam que eles dão estrutura e significado à vida humana; esse significado é amplificado quando um mito evolui para um mundo. A capacidade de um mundo virtual em satisfazer demandas cresce quando muitas pessoas acreditam nele. Em contrapartida, um mundo virtual não pode ser sustentado por muito tempo por um mero punhado de adeptos. Considere a diferença entre um esporte global e um jogo que eu inventei com meus nove amigos e que jogo regularmente. Meu jogo pode ser ótimo, completamente imersivo e consumir o tempo e a atenção de todos os meus colegas. Entretanto, se seu alcance for limitado apenas a nós dez então, em suma, não passará de um passatempo estranho e terá uma função social limitada. Para que um mundo virtual proporcione um valor duradouro e abrangente, o grupo de participantes deverá ser grande o suficiente para que seja considerado uma sociedade. Quando esse patamar for alcançado, o valor psicológico poderá se transformar em um valor social abrangente.

O sociólogo Émile Durkheim, em seu trabalho sobre o conceito de efervescência coletiva — efetivamente, o senso de elevação emocional compartilhada em um grupo de pessoas envolvidas na mesma ação ritual — dividiu vida cotidiana em sagrada e profana. O lado profano da vida inclui nossas rotinas diárias, as pessoas e objetos com os quais interagimos, todas as tarefas, trabalhos e responsabilidades que consomem nossas horas de vigília e oferecem pouco em termos de emoção ou alegria transformadora. Em outras palavras, o profano é o mundano. O sagrado é o oposto, mantido à parte e muitas vezes proibido. Quando grandes grupos de pessoas se reúnem para acessar o sagrado durante uma celebração ou observância ritual, o empenho do grupo e a crença no significado e na relevância do evento podem criar uma efervescência coletiva: elevando, mudando ou unindo todos os participantes. Basta acessar o Twitter durante o Super Bowl ou a final da Copa do Mundo para observar uma comunidade se unindo a partir da atenção coletiva em um evento significativo dentro de uma realidade socialmente construída.

A função ritual das realidades socialmente construídas tem também um encargo prático na vida das sociedades que as criam. Essas realidades sociais, historicamente, são acessadas por meio de rituais e a participação neles cria a *communitas*, segundo o termo do antropólogo Victor Turner: um senso de humanidade e afinidade que está ligado às estruturas hierárquicas que governam nossa vida diária. O que acontece em um mundo virtual quando essas estruturas são subvertidas? No prefácio do livro *O Processo Ritual: Estrutura e antiestrutura*, que Turner escreveu após dois anos e meio observando os rituais do povo Ndembu na Zâmbia, ele afirma que “para viver, respirar e gerar novidades, os seres humanos tiveram que criar... áreas liminares de tempo e espaço — rituais, carnavais, dramatizações e, mais recentemente, filmes — [que] estão abertas ao jogo do pensamento, dos sentimentos e da vontade; neles são gerados novos modelos, muitas vezes fantásticos, alguns dos quais podem ser poderosos e plausíveis o suficiente para, no fim, substituir os modelos políticos e jurídicos baseados na força que controlam os principais aspectos da vida de uma sociedade".

Quando, por exemplo, concordamos em acreditar que os gênios são reais, criamos uma "antiestrutura" que oferece uma ordenação alternativa da sociedade e da realidade, com hierarquias e prioridades diferentes daquelas que normalmente regem as nossas vidas. Essa antiestrutura recompensa modos de pensamento e percepção que diferem daqueles que implementamos no mundo real, ou seja, métodos não lineares, oníricos, lúdicos e transgressores. Essa mudança de fase de estrutura para antiestrutura permite que os participantes do ritual pensem, percebam e inventem de um modo diferente. Eles podem, então, transferir esses resultados de volta para o mundo real.

Göbekli Tepe é a primeira amostra aparente desse tipo de mudança de fase em ação. Embora os estudiosos não saibam exatamente por que as estruturas megalíticas foram construídas, eles sugerem que os monumentos podem, de fato, ter tido uma natureza religiosa. Mas, assim como no caso das pirâmides, o valor criado pelo empenho de nossos predecessores em relação a essa realidade paralela pode ser observado e entendido fora do contexto da religião ou da superstição. De acordo com um artigo publicado em 2008 na revista *Smithsonian*, os arqueólogos que escavaram o sítio megalítico postularam que o esforço sustentado e a coordenação necessários para construir o Göbekli Tepe há cerca de 12.000 anos podem ter precipitado a "Revolução Neolítica" contemporânea, na qual os caçadores-coletores daquela era fizeram a transição para assentamentos fixos e desenvolveram sociedades complexas. Em outras palavras, ainda que os megálitos possam ter começado como um esforço para comemorar ou sinalizar um reino espiritual indefinido, eles deram início a uma nova era da civilização bem aqui na Terra.

## QUANDO UM MUNDO SE TORNA UM METAVERSO

O efeito aparentemente civilizador que Göbekli Tepe teve sobre o Neolítico exemplifica a função social primária e mais importante de um mundo virtual: o modo pelo qual o valor é transferido e transmutado daquele mundo para este. Aqui, também, é útil fazer referência à prática ritual como forma de ilustrar esse ponto. Muitos rituais sociais alcançam a apoteose quando participantes consomem a carne de um animal ou algum outro tipo de sacrifício. O consumo da carne tem valor além de seu conteúdo calórico — ou seja, difere do jantar — devido ao significado que foi atribuído à carne por todos os aderentes ao outro mundo. O ato de consumir a carne, portanto, cria uma ponte entre os dois mundos, por meio do qual significado e valor são transferidos de um para o outro.

Como um mundo virtual não é apenas uma história, as ideias vivas nele contidas recebem um certo grau de autonomia de seus criadores. Os deuses e os gênios têm suas próprias prioridades, por assim dizer, e elas nem sempre se alinham com as nossas. No Irã, Robert Lebling escreveu, “o medo da vingança por parte dos *jinn* faz com que muitas pessoas sejam cautelosas. Quando uma criança começa a chorar de repente ou age assustada sem motivo, muitos iranianos concluem que ela deve ter machucado um bebê *jinn* e que sua mãe está retaliando.

Se a mãe da criança estiver presente, ela deve derramar um pouco de seu leite materno no local onde a criança estava sentada. Essa generosidade agradará a mãe *jinn* e ela deixará de punir a criança humana". À medida que um mundo e seus aderentes crescem, as ideias vivas nele contidas reagem sobre a sociedade que as criou, e o ato de originar o mundo evolui para o ato de manter uma conversa com aquele mundo.

No decorrer dessa conversa contínua, o valor é transferido daquele mundo para o nosso, geralmente iniciando com a observância ou experiência ritual e expandindo-se a partir daí. Em Göbekli Tepe, como acabamos de ler, a conversa entre os mundos inicialmente inspirou a construção de megálitos com uma suposta função ritual. No entanto, a fim de construir as estruturas, os nômades tiveram que se estabelecer. Tiveram que construir vilarejos, o que, por sua vez, conduziu a novas formas de organização social.

Os mundos virtuais transformam o mundo real por meios que impedem prever quando os criamos. Tudo o que podemos antecipar razoavelmente, na verdade, é que esses mundos de fato *mudarão* o nosso, se houver tempo suficiente e profundidade de crença. Pode-se até mesmo dizer que os criamos precisamente para que eles mudem o nosso. Se ao longo da história fizemos isso de forma subconsciente, em nosso futuro digital o faremos de maneira intencional, criando mundos virtuais ricos em experiências e significados, pondo-os a dialogar com nosso próprio mundo e assim extrair valor das modificações resultantes. Essa troca bilateral de valores entre os mundos em um conjunto é o que torna esses mundos um metaverso.

Minha definição mais básica de um metaverso é uma conversa, uma estrutura de vários mundos que permite a troca de valores entre eles. (Darei uma definição mais completa do metaverso no Capítulo 5.) Em um nível elementar, essa troca não requer tecnologia avançada ou simulações digitais para acontecer. Assim como o ritual de consumo da carne, a transferência de valor é impulsionada pelo consentimento da comunidade e pela aceitação do valor do outro mundo. Essa crença permite que o outro mundo seja catalisador de mudanças em nosso próprio mundo.

A crença em magia, milagres e criaturas espectrais é um tema persistente na história humana e um exemplo contínuo de realidades socialmente construídas, nas quais o credo generalizado na importância e na existência de uma coisa serve, efetivamente, para a torná-la real. Na Islândia e nas Ilhas Faroe, muitos residentes há muito tempo professam a crença nos Huldufólk, ou "povo oculto": elfos humanoides que vivem em um mundo paralelo que interage com o nosso. Diz-se que os Huldufólk, visíveis somente quando desejam ser vistos, têm o poder de conferir fertilidade ou fome; também se diz que gostam de dar festas barulhentas na época do Natal. O mundo deles é diretamente conectado ao nosso.

Longe de ser uma relíquia de uma era mais simples e ignorante da história islandesa, o mundo dos Huldufólk ainda é relevante para a Islândia atual. Pesquisas mostram consistentemente que uma porcentagem significativa de islandeses está ao menos disposta a reconhecer que os Huldufólk podem existir e alguns jornalistas acreditam que essas pesquisas habitualmente subestimam o número de residentes que permanecem dedicados à realidade do povo oculto. Em 2013, por exemplo, a construção de uma estrada que ligava um subúrbio em Reykjavik à península de Álftanes foi interrompida quando um grupo de defensores dos elfos abriu um processo para interromper a construção da estrada, alegando que ela atravessaria o habitat dos elfos. Sobre o caso, o jornal britânico *The Independent* observou que os Huldufólk "afetam os planos de construção com tanta regularidade que a administração rodoviária e costeira criou um modelo de resposta na imprensa para as perguntas relacionadas aos elfos".

O mundo dos Huldufólk é uma realidade socialmente construída que, até hoje, é importante o suficiente para afetar regularmente a vida cotidiana na Islândia. É real o suficiente para impedir a construção de uma estrada e, embora os céticos possam considerar a crença nos Huldufólk como um impedimento desnecessário ao progresso, a proposta para a estrada citada também teria atravessado o habitat natural de vários animais. Em um artigo publicado no *Georgetown Journal of International Affairs,* em 2020, Bryndís Björgvinsdóttir destacou que, na Islândia moderna, "a crença em elfos é quase exclusivamente manifestada em termos de projetos de construção onde a natureza está sendo transformada por seres humanos. A sacralidade dos sítios naturais estimula conversas sobre o valor da natureza, nosso ambiente e o futuro dos seres humanos na natureza". O mundo dos espelhos ajuda a catalisar os esforços conservacionistas no mundo real.

A transferência de valor de um mundo para outro geralmente assume essa forma, onde o outro mundo oferece um pretexto necessário para a realização de ações desejáveis neste mundo. Aqui está outro exemplo. Era 585 a.C. e, como de costume, o povo medo estava em guerra com o povo lídio. Os dois reinos vizinhos estavam em conflito havia seis longos anos e a disputa tinha se transformado, havia muito tempo, em uma guerra de atrito. Como escreveu Heródoto em suas *Histórias,* "os medos obtiveram muitas vitórias sobre os lídios, e os lídios também obtiveram muitas vitórias sobre os medos". Para seus participantes, às vezes, devia parecer que a guerra só poderia ser interrompida por intervenção divina.

Foi justamente o que aconteceu quando as facções em guerra estavam se enfrentando no território que é hoje a Turquia. Como contado por Heródoto, a batalha havia acabado de começar a esquentar quando, de repente, uma sombra escura pairou sobre o sol. Em pouco tempo, o campo de batalha mergulhou na escuridão. Era um eclipse solar — mas, para os exércitos em guerra, a súbita transição de dia para noite era nada menos que um presságio divino, um sinal do desagrado dos deuses. De imediato, os medos e os lídios "cessaram os combates", escreveu Heródoto, "e ficaram igualmente ansiosos para chegar a um acordo sobre os termos de paz". Esses termos foram rapidamente estabelecidos. O rio Hális [hoje Quizil-Irmaque] foi, a partir de então, estabelecido como a fronteira entre a Média e a Lídia; a paz foi consumada quando o rei dos lídios concordou em prometer a mão de sua filha ao filho do rei da Média. E todos viveram felizes para sempre, pelo menos até os medos serem conquistados pelos persas 35 anos depois.

Considere as condições necessárias aqui para que as partes relevantes alcançassem esse resultado feliz. Os medos e os lídios, duas sociedades em guerra, primeiro tiveram que concordar com a realidade de outro reino importante que existia em diálogo com o deles. Em seguida, tiveram de concordar que os habitantes desse outro reino tinham grande interesse na agitação geopolítica da Terra. Depois, tiveram de concordar que uma decisão tomada nesse outro reino poderia ter efeitos tangíveis na Terra. Por fim, tiveram de concordar em mudar seus planos e seu comportamento na Terra como um meio de apaziguar os atores desse outro reino.

Os resultados do cumprimento dessas condições foram numerosos e positivos. Uma batalha terminou abruptamente. Uma guerra de seis anos foi encerrada. Inúmeras vidas foram salvas e um casamento foi iniciado, tudo porque os medos e os lídios concordaram em acreditar que os deuses haviam transformado o dia em noite para comunicar seu descontentamento. Em termos pragmáticos, é bem possível que, após seis anos de lutas relativamente infrutíferas, as duas partes em guerra estivessem simplesmente cansadas do combate e prontas para agarrar qualquer desculpa possível para encerrar o conflito. Mas eles claramente precisavam de um pretexto para alcançar esse resultado. E sem um investimento mútuo nessa realidade construída, o eclipse não funcionaria nem mesmo como pretexto.

O resultado da Batalha do Eclipse, como ficou conhecida mais tarde, não foi somente um subproduto acidental do fato de as pessoas acreditarem que um eclipse era um presságio dos deuses. É um produto de um antigo metaverso no qual se confiava que as ações no mundo físico provocavam ações recíprocas no mundo virtual; essas ações, por sua vez, faziam com que as pessoas no mundo físico mudassem seu comportamento. É uma função de dois mundos em diálogo constante um com o outro — e ninguém sabe qual desses dois mundos é o mais potente.

## AS LIMITAÇÕES DO OLIMPO

Na introdução deste livro, argumentei que em breve seremos capazes de construir mundos digitais tão presentes e imersivos que poderão chegar a ser praticamente indistinguíveis da realidade — não somente em termos de aparência e sensação, mas em termos de quão importantes são para as pessoas que os utilizam. Esse futuro metaverso não traz consigo apenas a possibilidade de criar mais satisfação, significado e valor para mais pessoas e sociedades do que nunca, também nos permitirá construir outros mundos mais transparentes e democráticos que aqueles que os antecederam.

Embora neste capítulo tenha me concentrado nos efeitos sociais positivos dos mundos virtuais e dos antigos metaversos que os seres humanos construíram e cuidaram ao longo dos anos, nem todo mundo virtual é bom e nem todo ato de transferência de valor metaversal cria mudanças positivas. Os metaversos sombrios ou, pelo menos, conturbados da história mundial às vezes traziam medo e repressão e eram usados por pessoas inescrupulosas para obter e garantir poder sobre outras, enquanto aproveitavam seus próprios cargos para ganhos pessoais. Esses mundos sombrios são quase uniformemente caracterizados pela falta de transparência em relação às regras e prioridades, histórias obscuras e variáveis, e controle rígido sobre a função e a participação ritual. Segundo Pierre Janet, não se trata apenas de que os deuses desses mundos deixam de falar com os mortais, mas sim de que somente um pequeno número de pessoas tenha o poder de ouvir e interpretar as suas vozes.

Vamos considerar o medo da bruxaria em Salém, Massachusetts, no século XVII, tendo em mente essa premissa. Hoje em dia, a maioria de nós concordaria que a necromancia não existe de fato em nosso mundo real e que a onda de julgamentos e execuções com o objetivo de eliminar as bruxas da Massachusetts colonial em 1692 e 1693 é mais bem compreendida como um exemplo de histeria em massa, misoginia e, talvez, envenenamento generalizado por ergot.

Naquela época, porém, teria sido razoável para o habitante comum de Salém acreditar que bruxaria era real e que bruxas andavam entre eles. Afinal, todos os outros em Salém pareciam acreditar nisso: juízes, padres, pessoas sensatas e respeitáveis. As pessoas levadas a julgamento por bruxaria, por mais inocentes que fossem, não podiam fechar os olhos e escapar de seu sofrimento. Uma cidade inteira escolheu acreditar que a bruxaria era real e que muitos de seus amigos e vizinhos estavam em comunicação frequente com outro mundo, um mundo que lhes concedia poderes sombrios para serem usados na Terra. Por dois anos lamentáveis, os cidadãos de Salém viveram e acreditaram nessa outra realidade infeliz. Como não podiam desejar que bruxas desaparecessem, decidiram julgá-las e matá-las. E para que algo morra, primeiro tem de viver.

A razão pela qual os eventos de Salém se tornaram tão conhecidos não se deve apenas ao fato de seus habitantes terem deixado que sua crença em bruxas os levasse à histeria social por alguns anos no final do século XVII. Também se deve ao fato de as autoridades religiosas e jurídicas de Salém terem se tornado os árbitros que decidiam quem era bruxa e quem não. Quando as interações com esses outros mundos são mediadas por alguns poucos escolhidos, um metaverso pode azedar rapidamente. Pense na Europa antes do desenvolvimento da tipografia móvel, quando textos religiosos eram em sua maioria em latim e o acesso era rigorosamente controlado pelo clero. Nessa época, pouquíssimas pessoas podiam ler o "livro de registro celestial" que detalhava o funcionamento e as prioridades do outro mundo. As poucas pessoas que o *conseguiam* ler detinham imenso poder.

Apesar de o eclipse que interrompeu os combates em Hális ter sido o tipo de presságio que todos podiam ver e interpretar, outros presságios na antiguidade nem sempre eram tão acessíveis. Uma casta de sacerdotes controlava o acesso ao Olimpo e aos desejos e caprichos de seus residentes divinos por meio do haruspício e de outras técnicas de adivinhação que forasteiros não podiam analisar, penetrar ou desafiar. Um pequeno grupo de pessoas afirmava que algo havia acontecido em um mundo que se mantinha somente em virtude da fé coletiva em sua existência e um grupo maior de pessoas concordava com essa afirmação. Nesse processo, todos inventavam histórias à medida que avançavam.

A principal limitação do Olimpo, portanto, é que, para a maioria das pessoas, há uma barreira para o valor que pode ser criado dentro de um mundo virtual essencialmente passivo e transferido para fora dele. O alcance de atividades e da distribuição do significado não é democrático. Existe uma barreira rígida entre você e os deuses e, embora os deuses possam, em certas ocasiões, fazer-lhe uma visita, você não poderá visitá-los. Você não pode explorar o Olimpo; não pode descobrir suas verdades por si mesmo. Você, como pessoa comum, depende do que outras pessoas lhe contam sobre o Olimpo e seus habitantes. Em outras palavras, você não tem poder, e um mundo sem poder é um mundo fundamentalmente disfuncional.

O metaverso moderno — a rede de mundos virtuais que conversam com nosso próprio mundo e que constituem o objeto principal deste livro — pode aperfeiçoar seus antigos predecessores e, ao mesmo tempo, atender às mesmas necessidades humanas inatas. Os mundos digitais do metaverso moderno são e serão lugares concretos, estruturados e duradouros que poderão suportar grandes grupos de participantes. Eles suprirão necessidades psicológicas importantes para seus participantes e atuarão no mundo exterior como fizeram ao longo da história humana, criando e transferindo valor de um mundo para o outro.

Haverá muitas diferenças entre um mundo virtual moderno e esses antigos metaversos. Os mundos que criamos com códigos computacionais serão infinitamente mais complexos e imersivos que seus predecessores. Serão mais espaçosos e acessíveis que nunca. Serão lugares que você poderá visitar, lugares onde os parâmetros serão claros e entendidos por todos. Você não dependerá de um sumo sacerdote para lhe dizer o que aconteceu e por quê. Esses mundos terão regras inteligíveis e exploráveis, o que significa que você poderá sempre encontrar suas próprias verdades valiosas dentro deles.

Esse metaverso futurista, tão ricamente definido e repleto de significados e oportunidades existe em um continuum com o passado metaversal. Entretanto, os mundos virtuais do futuro serão os Olimpos que você poderá escalar. Você poderá explorar o terreno, testar seus limites, comungar com os deuses e, de certo modo, até mesmo tornar-se um deles. Os seres humanos trabalharam para criar e investir nesses tipos de mundos desde que começaram a se unir em grupos. Em um futuro muito próximo, pela primeira vez, nós todos teremos a oportunidade de assumir papéis de protagonistas, de tornar nossos esses mundos.

No início, pode parecer estranho aderir a essas novas possibilidades. A sociedade moderna, especialmente no Ocidente, trabalha há mais de um século para elevar o profano acima do sagrado, e todos somos produtos das sociedades em que fomos criados. O Göbekli Tepe, o Antigo Egito, o Império Romano: esses momentos históricos nos parecem estranhos, em parte, porque nossa sociedade não está atualmente organizada em função da constante comunicação com deuses e monstros. Pelo contrário, está organizada em função do tempo e dos modos de produtividade e aperfeiçoamento pessoal. Ainda que nossa produção física na Terra tenha aumentado sob esse regime, raramente nossa confiança e aceitação do mérito e do poder dos mundos de significado construído estiveram em um ponto mais baixo.

Se atualmente existe antiestrutura no Ocidente para além das religiões organizadas e de ficções sociais valiosas, como esportes profissionais e mercado de ações, ela existe na forma de jogos digitais. Esses espaços permitem que seus participantes invertam as hierarquias que governam suas vidas cotidianas e acessem e criem formas de significado diferentes daquelas que estão facilmente disponíveis em casa ou no trabalho. Os jogos digitais imersivos atuais são os elementos básicos dos mundos digitais valiosos e gratificantes do futuro, e é importante que compreendamos como eles funcionam dentro de uma tradição histórica de mundos de significado construídos e engenhosos, além dos importantes papéis que eles desempenham no contexto de uma sociedade que passou a menosprezar e rejeitar o valor da construção de mundos, da diversão e do tempo livre. Para entendermos porque a ascensão da sociedade virtual será algo bom, é preciso entender como e por que a sociedade atual, focada na produção, quer que você pense que não será.

Capítulo 2

# TRABALHO, LAZER E O PROPÓSITO DO TEMPO LIVRE

"Eu não quero trabalhar / Quero tocar bateria o dia todo." Com esse verso clássico de sua música de 1983 "Bang the Drum All Day", Todd Rundgren capturou o relacionamento complicado entre trabalho, lazer e satisfação pessoal na sociedade moderna. Muitos de nós passamos nossos dias em empregos que particularmente não gostamos, enquanto contamos as horas até podermos realizar as atividades de lazer que dão significado às nossas vidas. Entretanto, normalmente não paramos para pensar por que nossas vidas são estruturadas dessa maneira, com a produtividade em primeiro plano e os prazeres individuais relegados às margens. Por que não é o contrário? Por que *não podemos* tocar bateria o dia todo?

Em épocas anteriores, como escrevi no Capítulo 1, muitas sociedades viviam paralelamente a mundos-espelho por elas construídos, mundos normalmente acessados por rituais que invertiam as hierarquias da vida cotidiana. Atualmente, devido a circunstâncias culturais únicas de nossa era hiperindustrializada, a sociedade está firmemente centrada ao redor dos princípios da produtividade. Salvo um punhado de culturas anômalas, todas as pessoas, dos países muito ricos aos países muito pobres, são incentivadas a maximizar sua própria produtividade e tempo realmente "livre" é escasso. Contudo, em eras anteriores, os ricos viviam vidas prazerosas e a classe trabalhadora aspirava fazer o mesmo. "O lazer é essencial à civilização", escreveu Bertrand Russell em seu livro de 1935 *O Elogio ao Ócio*, argumentando os méritos de ver o trabalho como um meio para se atingir um fim e não como um fim em si mesmo.

Os parâmetros de um ótimo "equilíbrio entre vida profissional e pessoal" evoluíram com o tempo, em paralelo com a natureza mutável da economia. A sociedade ocidental não oferece mais abundantes oportunidades para *communitas* que, ao longo da história, contrabalanceou as demandas, pressões e hierarquias do mundo profissional. À medida que nos aproximamos da nova era da sociedade virtual, e de todas as mudanças sociais e econômicas que ela irá trazer, temos uma oportunidade única para reexaminar esses parâmetros — e para redefinir a natureza do trabalho e lazer, enquanto otimizamos a gratificação máxima e não apenas a produtividade.

Neste capítulo, vamos analisar por que gastamos nosso tempo do jeito que fazemos, e eu identificarei alguns dos modos com que mundos virtuais ajudarão a tornar o tempo mais satisfatório, mais interessante e, por fim, mais produtivo. Vou falar sobre nossa compreensão atual dos fundamentos psicológicos da motivação humana e por que jogos e mundos virtuais são construídos para atribuir motivação de maneiras que o mundo exterior não consegue igualar.

Muitas pessoas argumentaram que jogos são ruins para você — e, de fato, alguns jogos *são* ruins para você. No entanto, os melhores mundos virtuais são ginásios para a mente, ambientes que são construídos propositalmente para a satisfação humana. Uma hora gasta em um mundo virtual de alta qualidade não deveria ser entendida como tempo perdido; pelo contrário, como irei argumentar, é razoável ver essa hora como um exercício de autoaperfeiçoamento.

Assim como seu corpo, sua mente precisa de nutrição. Precisa ser desafiada, encorajada e alimentada com problemas a serem resolvidos e habilidades a serem desenvolvidas. Contudo, para muitos de nós, nossos trabalhos oferecem uma dieta fixa de calorias vazias. Cada vez mais pessoas estão obtendo comida para o cérebro durante o tempo livre, através de ambientes de gamificação e mundos virtuais onde o processo é o produto. Até o final deste capítulo, espero ter mudado algumas suposições que você possa ter sobre o que conta como uso "saudável" do tempo na sociedade moderna. Mas, antes de chegarmos lá, é importante entender por que, atualmente, parece que estamos trabalhando duro o tempo todo — e como o trabalho e o lazer evoluíram no decorrer dos últimos duzentos anos.

## O DECLÍNIO E A QUEDA DA CLASSE DO ÓCIO

Do alvorecer da Revolução Industrial até a Idade Dourada — um tempo de grande produtividade industrial, abastecido pelo esforço de trabalhadores braçais esforçando-se por muitas horas por um salário baixo em ambientes não regulamentados, frequentemente sob condições perigosas — a ociosidade evidente era um símbolo de status para os muito ricos. Uma geração inteira de literatura ocidental fala sobre as loucuras e fraquezas da nobreza: as Emma Woodhouses e os senhores Knightleys que já tinham todo o dinheiro que poderiam precisar e que o gastavam em uma sucessão interminável de bailes, jantares e planos de casamento. Na virada do século XX, industriais americanos e suas famílias e dependentes reuniam-se em mansões ornamentadas para férias luxuosas e passavam seu tempo cultivando talentos para praticar equitação, velejar, tocar música, dançar e beber abundantemente no almoço.

Lazeres para operários no mundo industrializado eram vistos de forma diferente. Primeiro, eram mais escassos e tinham como objetivo a devoção ou produção. As oportunidades para lazer mais constantes aconteciam aos domingos quando, pela tradição cristã, ricos e pobres deveriam passar o tempo em adoração, descanso e contemplação. Ao passo que o século XX avançava, trabalhadores eram incentivados por benfeitores e pela mídia a adotarem passatempos, como colecionar objetos ou construir modelos, para que seu tempo livre fosse preenchido com trabalhos autônomos e orientados e não com o que os moralistas assumiam que seria somente bebedeira ociosa. (Você já se perguntou por que nosso fim de semana é composto por dois dias e não somente um? Enquanto o movimento operário pode ter a maior parte do crédito por persuadir empregadores a fornecer dois dias inteiros de descanso, uma tese histórica intrigante postula que o fim de semana de dois dias também foi instituído para impedir funcionários de se embebedarem em seu único dia de folga — domingo — faltando assim ao trabalho no dia seguinte para poderem curar a ressaca. Se eles tivessem o sábado como seu dia de bebedeira, aqueles trabalhadores poderiam dormir no domingo e estar no trabalho quando o apito soasse na segunda-feira de manhã.)

As ligas americanas contra bares e os movimentos de temperança da época eram, essencialmente, centrados em inibir a dissolução dos operários; era esperado que os ricaços fossem gastar seu tempo perdidos em uma névoa frívola banhada a champanhe. Enquanto isso, os pobres trabalhavam até quase morrer, sendo concedidas férias ocasionais como um reforço e uma recompensa pelo trabalho árduo e constante. O sonho do operário era ficar rico o suficiente para ser capaz de fazer absolutamente nada de importante com seu tempo.

As coisas mudaram. Como o professor de direito em Yale, Daniel Markovits, argumentou em seu livro de 2019 *A Cilada da Meritocracia,* um caráter hiperprodutivo e hipereficiente domina a mentalidade dos ricos e poderosos da atualidade. Entre outras coisas, esses hábitos podem assegurar-lhes que sua riqueza é produto de diligência e não de contextos familiares e vantagens sociais. Muitos diretores executivos cultivam o hábito de privação de sono ao participarem de reuniões começando de manhã e indo até a meia-noite, enquanto, ocasionalmente, gerenciam várias empresas ao mesmo tempo. O diretor executivo da Tesla, Elon Musk, afirmou certa vez ter trabalhado inacreditáveis 120 horas semanais, envergonhando assim os incontáveis aspirantes que empreendem somente 100 horas semanais. (Apesar de eu próprio ser diretor executivo de uma startup — infelizmente propenso a longos dias de trabalho — ainda não compreendi como Musk estava contando essas 120 horas. Segundo a minha estimativa, um cronograma como esse não só impossibilitaria totalmente o tempo livre, provavelmente também exigiria defecar sem sair da mesa.) Até a prática ser feita ilegal pelo Supremo Tribunal Popular em outubro de 2021, muitas companhias chinesas esperavam que seus trabalhadores respeitassem o sistema de horas de trabalho “996”: 9h às 21hs, seis dias por semana. Financistas e investidores passam longas horas desenvolvendo e ajustando algoritmos complexos para obterem pequenas vantagens nos mercados financeiros. Advogados, consultores e outros profissionais geralmente avançam em suas carreiras com base no número de horas faturáveis que podem gerar. A sociedade meritocrática não considera mais os domingos como sagrados e o dia não é mais visto como de descanso forçado.

Esse *ethos* de trabalho árduo e duro escorrega das profissões para a economia. Uma vez que muitos empresários e profissionais estão trabalhando tanto, muitos outros prestadores de serviço devem ficar abertos o tempo todo, para que estejam lá quando os clientes precisarem deles. Enquanto seus antepassados pareciam gostar de trabalhar o mínimo possível, para os ricos e poderosos de hoje, a vida é uma busca incessante para otimizar e expandir sua própria produtividade.

No caso dos empregos operários, enquanto leis trabalhistas, reformas sociais e melhorias tecnológicas fizeram os locais de trabalho menos perigosos, em muitos casos, um conjunto de mudanças econômicas, políticas e demográficas também tornaram o emprego da classe trabalhadora menos estável, lucrativo e gratificante do que em décadas passadas. Também os trabalhadores de colarinho branco já não vivem em um mundo de almoços longos, caros e acompanhado de bebidas alcoólicas e gordas contas de despesas. Automação, informatização e terceirização; uma ênfase corporativa geral em maximizar o valor dos acionistas; estagnação salarial generalizada; e a atual mudança de uma economia industrial para uma economia de dados transformou a natureza do trabalho da classe média, seja ela de colarinho azul ou branco — bem como o tempo livre dessa classe.

Atualmente, embora o número de horas trabalhadas pela classe média tenha diminuído ao longo do tempo — um estudo realizado em 2017 pela Organização para a Cooperação e Desenvolvimento Econômico (OCDE) mostrou que a média de horas trabalhadas em sete países desenvolvidos declinou de 1970 para 2017 (apesar de que essa mesma métrica, recentemente, tenha começado a aumentar novamente em alguns países) — a qualidade dessas horas, em termos de gratificação individual, também caiu substancialmente. O falecido antropólogo David Graeber argumentou que a automação criou um vasto reservatório de "bullshit jobs", ou "trabalhos sem sentido", nos quais muitas pessoas "passam toda a sua vida profissional executando tarefas que, secretamente, acreditam não precisar serem executadas". A trajetória que acabei de descrever — com os gestores e os operários sendo impelidos na direção de um trabalho efetivamente perpétuo, acompanhada por um declínio no tempo de ócio de uma lado e pelo declínio da qualidade de horas trabalhadas pelos que se encontram nos níveis inferiores da hierarquia empresarial de outro — é a evolução natural e inevitável do modo com que, séculos atrás, o Ocidente industrializado veio a orientar seu tempo ao redor de modos de produtividade.

O tempo se movia de forma diferente, particularmente em sociedade agrárias. Uma vez que a colheita fosse semeada, gastar mais mil horas de trabalho no campo não ajudaria as plantações a crescerem mais rápido. Não é coincidência que as pirâmides e outros grandes projetos públicos no Antigo Egito tenham sido construídos durante esse período de tempo ocioso, da cadência anual de agricultura e das cheias do rio Nilo. É claro que há mais tempo para comunhão com o mundo espelhado durante a "baixa estação" do nosso mundo.

O advento da Era Industrial mudou o relacionamento entre tempo, trabalho e capital. As fábricas podiam produzir 24 horas por dia e podiam fazê-lo com velocidade e volume maiores do que nunca. Uma máquina que funciona 12 horas por dia irá produzir mais dispositivos do que uma que funciona por somente 8 horas diárias — e uma máquina que funciona 24 horas por dia produzirá mais que qualquer outra. Portanto, em muitas fábricas, o dia de trabalho é dividido em turnos de 8 horas, para que sempre haja pessoas disponíveis para manter as máquinas funcionando. A industrialização aumentou o valor potencial de cada hora trabalhada — quanto mais você trabalhava, mais você produzia e mais dinheiro recebia — e assim salários se tornaram proporcionais ao esforço e à produção. A mão de obra, anteriormente guiada por ciclos de colheita, se tornou orientada por tempo e a sociedade começou a se reorganizar ao redor de novos princípios de produtividade.

Essa mudança não foi toda ruim. Os aumentos em produtividade industrial criaram prosperidade, prolongaram a expectativa de vida e aumentaram os padrões de vida em todas as economias industrializadas. Pessoas comuns se beneficiaram de terem muitas coisas novas e melhores para comprar, e muito mais oportunidades de emprego do que estavam quantitativamente disponíveis na era do campesinato pré-industrial. Contudo, em troca desses ganhos, muitos sacrificaram a autonomia que conheciam como artesãos e trabalhadores rurais, para controlar os contornos dos seus dias de trabalho. À medida que as sociedades se industrializavam, eles implicitamente incitavam seus trabalhadores a se enxergarem como uma peça integral de uma grande máquina, uma que produzia coisas para o benefício coletivo de todos.

A barganha era boa, até que os termos de súbito mudaram. Parte do objetivo da industrialização, pelo menos como entendido por teóricos utópicos, era que a automação reduziria a carga de trabalho individual e criaria riqueza e tempo livre para pessoas comuns. "Num mundo em que ninguém tenha de trabalhar mais do que quatro horas diárias, todas as pessoas poderão saciar a curiosidade científica que carregam dentro de si e todo pintor poderá pintar seus quadros sem passar por privações, independentemente da qualidade de sua arte", escreveu Bertrand Russell, argumentando que a sociedade deveria utilizar das tecnologias industriais para diminuir as horas de trabalho diárias e fazer todas as mulheres e homens membros da classe do ócio. Na prática, o que aconteceu foi bem diferente. Conforme a grande máquina se tornava cada vez mais eficiente, produzindo cada vez mais coisas com padrões mais elevados e em menos tempo — e, igualmente importante, ao passo que outras partes do mundo alcançavam o Ocidente e começavam a competir nos mercados mundiais —, a busca por produtividade foi dissociada da procura por uma vida melhor e mais rica para os trabalhadores.

De acordo com um estudo feito em 2015 pelo Instituto de Políticas Econômicas, a produtividade do trabalhador e o valor da hora trabalhada nos Estados Unidos aumentou em uma taxa praticamente idêntica de 1948 até 1973. Mas de 1973 até 2015, o valor da hora trabalhada estagnou e a produtividade continuou a subir em disparada — efetivamente, isso significa que a prosperidade social e a individual não estavam mais caminhando juntas.

Para muitas nações desenvolvidas, a produtividade se tornou o único objetivo. É um fim que serve principalmente aos poucos plutocratas que se sentam no topo da economia; uma meta que existe separada de qualquer ambição de assegurar dignidade e prosperidade individual àqueles que servem de engrenagens para a grande máquina. A noção de produtividade como um bem irredutível é, atualmente, incontornável. A partir do momento que começamos nossa jornada escolar, somos expostos a uma narrativa social incansável de melhoria de produtividade, eficiência, rendimento econômico e progresso coletivo alcançados através da criação. Vivemos e trabalhamos em sociedades que, literalmente, dependem do crescimento produtivo interminável e de suas fundações políticas; como tal, nós contraímos empréstimos a serem pagos em um futuro no qual esperamos que as pessoas sejam mais produtivas que hoje. Os fundos de pensão que pagam por nossa população em processo de envelhecimento são investidos e exigem a mesma promessa de crescimento futuro. Ser mais produtivo ou inventivo de maneiras que o tornem mais eficiente é a natureza e o propósito de nosso trabalho mais importante.

Embora as grandes empresas falem muito sobre o equilíbrio entre vida pessoal e profissional, muitos trabalhadores corporativos hoje, de forma tácita ou explícita, são encorajados a tratar seus trabalhos *como* vida. Um século atrás, líderes empresariais incentivavam seus trabalhadores a encontrarem passatempos em seu tempo livre. No presente, apesar de diretores executivos ainda encorajarem seus subordinados a saírem de suas mesas para, digamos, jogar tênis de mesa ou participar de aulas de ioga, diversas dessas atividades acontecem dentro do ecossistema de trabalho. Existem mesas de pingue-pongue em salas de descanso. O professor de ioga está na folha de pagamento. Tempo ocioso se tornou uma isca, atraindo trabalhadores a ficarem até tarde em seus escritórios e a trabalharem mais enquanto estão lá. Não só parece pitoresco imaginar os diretores executivos modernos aconselhando seus trabalhadores a irem pilotar aeromodelos em seus dias de folga, como também imaginar trabalhadores de TI *tendo* dias de folga reais.

Os imperativos da produção da economia moderna têm, por sua vez, criado um profundo ceticismo com os mundos do ritual social, do lazer e da diversão. Por vezes, pode parecer como se a sociedade ativamente desencorajasse as pessoas a terem passatempos sem resultados mensuráveis, passatempos que você pratica não pelo que pode conquistar, aprender ou ganhar, mas simplesmente porque eles são divertidos e fazem você se sentir bem. Mas, mesmo se a sociedade não tolerar mais o lazer, existe ainda um desejo pela libertação oferecida pelo ritual social e a diversão. É possível sentir esse desejo nos grupos de fãs cercando as obras de cultura popular, nos quais entusiastas se juntam para discutir essas obras e estender suas mitologias através de histórias criadas por fãs e obras de arte. Nós podemos senti-lo na memeficação do discurso online; na natureza transgressora e antiestrutural de conversar sobre assuntos importantes sem um argumento lógico, mas através de frases atrevidas coladas sobre uma fotografia de um gato. Porém, em minha mente, o maior indicador desse desejo por diversão é a popularidade dos videogames que, como indústria e passatempo, são uma enorme aberração na tendência atual de se trabalhar até cair.

A indústria dos jogos é massiva e multibilionária, com uma receita mundial em torno de US$180 bilhões em 2020, de acordo com a MarketWatch — mais do que foi ganho pela indústria de filmes e por profissionais do esporte juntos em toda a América do Norte. As indústrias supracitadas são diferenciadas por mais do que seus resultados financeiros. Assistir a um filme, por exemplo, é uma atividade passiva e finita. Você pode assistir a um filme inteiro nas horas entre o jantar e a hora de dormir. Você também pode relaxar enquanto assiste, uma vez que ele não requer envolvimento por parte do espectador para avançar a trama. Tudo que você pode fazer com um filme é vê-lo, e quando ele acaba, ele acaba. Se você voltar a assisti-lo, o que provavelmente não fará, será o mesmo filme que era antes.

Videogames são diferentes. Os melhores jogos são ambientes ativos e expansivos construídos para envolver intelectualmente seus usuários por semanas, meses ou, até mesmo, anos. Para seus devotos mais apaixonados, jogar pode consumir tanto tempo quanto trabalhar. Muitos gamers voltarão para casa após o trabalho e dedicarão uma quantidade de tempo equivalente a um dia de trabalho ao seus consoles: não só passivamente consumindo um produto de entretenimento, mas usando suas mentes e reflexos para ativamente se engajarem com o mundo na tela. "Eu sou uma avó de 50 anos com 5 netos e uma jornalista premiada com um emprego respeitável em um jornal local", escreveu uma gamer chamada Alyssa Schnugg para a revista *PC Gamer* em 2018, em um artigo relatando seu trabalho intenso como Mestre de Guilda do *Ultima Online*. "Todas as noites, eu me sento em meu computador, inicializo a versão clássica do *Ultima Online* e meu segundo emprego começa."

A enorme variedade de games com os quais jogadores se apegam implica que os jogos podem oferecer mais do que efeitos de curto prazos de dopamina. Alguns dos meus exemplos favoritos de jogos que requerem um comprometimento ativo e de longo prazo de seus jogadores são as simulações de transporte rodoviário com caminhões, tais como o *American Truck Simulator,* que imita o ambiente que você encontraria atrás do volante de um grande caminhão. Embora esses simuladores de transporte sejam avançados de modo tecnológico, quando se trata dos gráficos e das dinâmicas de direção, não há nada particularmente complicado em sua premissa. Jogar o jogo é como estar em um caminhão, transportando bens rodovia abaixo, e pode levar tanto tempo para completar a rota no simulador quanto na vida real.

Curiosamente, esses simuladores são populares entre os verdadeiros caminhoneiros. Isso mesmo: um caminhoneiro pode chegar em casa após uma semana transportando uma carga de repolho por todo o país e então sentar em frente ao seu simulador e relaxar... transportando virtualmente uma carga de repolho por todo o país. A partir de uma certa perspectiva, essa tendência pode parecer um pouco deprimente: um sinal de que estamos tão treinados em valorizar a diligência que, mesmo em nosso tempo livre, só podemos descontrair ao imitar um trabalho produtivo. No entanto, esses simuladores geralmente servem para lembrar os caminhoneiros daquilo que eles gostam ao transportar cargas. Ao conversar com um repórter da revista *The Face* em 2019, um ex-caminhoneiro explicou seu afeto pelo *Euro Truck Simulator* 2: "Você é seu próprio patrão, você tem a liberdade de escolher qualquer caminhão, carga ou destino que quiser. Você pode fazer com que seja fácil — ou difícil". Outro caminhoneiro revelou que gosta de jogar *American Truck Simulator* para experimentar dirigir outros caminhões e carregar tipos diferentes de cargas que ele nunca poderia transportar na vida real. É o trabalho como jogo e o jogo como trabalho.

Por que esse tipo de jogo que exige muito trabalho vem ganhando tanta força em um mundo onde várias pessoas não estão mais trabalhando duramente e por muito tempo, mas, também são sutilmente dissuadidas de fazer qualquer coisa que não esteja relacionada ao aumento de produtividade e ao aperfeiçoamento pessoal? Como e por que as pessoas estão se sujeitando a "trabalhos" ainda mais pesados sem qualquer compensação financeira? De fato, os gamers muitas vezes pagam para ter o privilégio de jogar, ainda assim, seu tempo de jogo cumulativo não produz valor produtivo óbvio no contexto de como tradicionalmente entendemos nossa economia. Cada hora gasta em um jogo de RPG online para múltiplos jogadores (MMORPG) é uma hora a menos que o jogador poderia estar melhorando sua produtividade ou, até mesmo, buscando outras atividades mais produtivas, como correr em uma esteira na academia. Então, o que está acontecendo?

A resposta simples e fácil, como dito por especialistas, é que videogames são um vício tão perigoso para a saúde da classe trabalhadora quanto os bares contra quais os moralistas se rebelaram há mais de um século. Em 2006, antes de se tornar o primeiro-ministro britânico, Boris Johnson criticou os games em uma coluna do jornal *The Telegraph* intitulada "The Writing Is on the Wall — Computer Games Rot the Brain" [Os sinais são evidentes — Jogos de computador apodrecem o cérebro, em tradução livre]. Encarando a tela com um controle na mão, Johnson argumentou que os gamers "se tornam lagartos piscantes imóveis e absortos, com apenas os pequenos movimentos das mãos para indicar que ainda estão conscientes. Essas máquinas não lhes ensinam nada. Não estimulam o raciocínio, a descoberta ou o feito da memória". Considere o *Cyber Hunter*, um jogo da companhia chinesa Netease, que se tornou tão popular na China — não é incomum que as pessoas de lá dediquem uma média de 8 horas diárias ao jogo — que o governo chinês impôs um limite rigoroso ao tempo de jogo para menores de idade em um esforço para refrear sua suposta dependência ao "ópio espiritual" desses jogos.

Mas, se os videogames são buracos negros para o raciocínio — se são vetores para o vício e para a letargia —, então por que eles parecem tão envolventes e complexos quanto um passatempo detalhado ou um processo industrial? Jogar parece substancialmente diferente de outros comportamentos viciantes, como fumar ópio ou beber, por exemplo. Não há nada muito exigente em beber em um bar. Tudo que a tarefa requer é dinheiro para pagar pela cerveja e costas fortes o suficiente para sentar em um banco por horas. Com a exceção de uma noite de perguntas e respostas, beber em público não exige que o consumidor resolva uma série de quebra-cabeças cada vez mais difíceis. E, no entanto, existem campeonatos mundiais para os principais videogames, com prêmios multimilionários, o que claramente sugere que esses jogos são bem mais desafiadores e significativos do que beber vodca com energético depressa em uma sexta-feira à noite. (Uma atividade que é, definitivamente, um vetor para o vício, mas não para a letargia.)

Participar de um ambiente de jogos moderno pode ser uma atividade cognitivamente complexa. Os melhores jogos modernos demandam um empenho que não pode ser dito sobre outras formas populares de entretenimento, e são intelectualmente envolventes de um modo que não está de acordo com o que sabemos sobre hábitos viciantes destrutivos. Ao contrário de pessoas que escolhem se engajar em lazeres passivos durante seu tempo livre, os jogadores de hoje não estão somente se abstraindo: eles estão se trancando.

A quantidade e variedade de atividade cognitiva requerida pelos ambientes virtuais de hoje sugerem que videogames não são somente fugas do mundo real: eles são uma alternativa, preparada para cumprir as necessidade psicológicas que já não são satisfeitas pela sociedade em sua busca por aumento de produtividade. Em vez de desprezar ou temer esses mundos virtuais que agora estão tomando tanto de nosso tempo, devemos aprender com eles e descobrir modos de incorporar esses aprendizados no mundo real.

Para entender por que videogames estão se tornando cada vez mais complexos e como mundos virtuais irão interagir com o nosso, devemos transcender esse modelo recente de sociedade onde produtividade interminável é o objetivo final e examinar o entendimento científico sobre as motivações cruas dos seres humanos. A sociedade moderna precisa se reorientar ao redor de formas de satisfação social e individual. Contudo, antes de podermos fazer isso, vamos compreender exatamente o que queremos dizer com *satisfação* — e por que elaleva à produtividade, e não o contrário.

## PROPÓSITO E SATISFAÇÃO

Em uma entrevista de 2010 para a *ABC World News Tonight*, o físico Stephen Hawking afirmou que o "trabalho oferece sentido e significado, e a vida sem ele é vazia". No contexto da sociedade moderna, há muita verdade nessa declaração. Não somente seu trabalho é um meio de ganhar o dinheiro necessário para que você viva — uma necessidade significativa —, mas existe também uma satisfação inerente em se sentir como um membro produtivo da sociedade, como se você estivesse desempenhando um pequeno papel no funcionamento dela. Como já estabelecido, nosso mundo moderno é organizado ao redor de modos de produtividade e nós fomos condicionados a acreditar que satisfação é um subproduto da produtividade.

No entanto, nas últimas décadas, o modelo social dominante de crescimento constante de produtividade tem reduzido o âmbito de oportunidade empregatícias significativas disponíveis para os trabalhadores do mundo Ocidental. Muitas empresas descobriram que podem produzir mais bens e serviços, por menos dinheiro, se automatizarem seu processo produtivo e/ou transferirem trabalhos para mercados laborais emergentes. Essa situação e as resultantes ondas de desemprego e subemprego em massa são geralmente caracterizadas como uma crise de rendimentos. Mas também são crises de propósitos.

Onde décadas atrás era comum para as pessoas trabalharem na mesma empresa desde o treinamento até a aposentadoria, o gerenciamento moderno de negócios tem dizimado o tipo de emprego monogâmico de longo prazo que era anteriormente aproveitado tanto por trabalhadores de colarinho azul quanto branco igualmente.

Como resultado, muitas pessoas de hoje estão trabalhando muitas horas enquanto equilibram múltiplos empregos e trabalhos temporários, nenhum dos quais oferecem o mesmo tipo de renda estável e estabilidade duradoura que os empregos das gerações anteriores. Um artigo publicado em 2021 pelo jornal *The Guardian* reportou que aproximadamente 4,4 milhões de adultos na Inglaterra e no País de Gales estavam trabalhando para empresas da "economia gig" (baseada em trabalho freelancer) — um número que mais que dobrou desde 2016. Essa tendência é espelhada nos Estados Unidos: somente em 2010, de acordo com a revista *Small Business Trends,* a "economia gig" nos Estados Unidos cresceu 33%, expandindo-se 8,25 vezes mais rápido que a economia dos EUA como um todo. Diversas outras pessoas não têm emprego nenhum e passam seus dias procurando por vagas que não existem e, talvez, nunca voltem a existir. Pouquíssimo disso é existencialmente gratificante.

Se, ao menos em parte, o trabalho te dá propósito, é lógico dizer que quando você perde o emprego, você perde também seu senso de propósito. Como notado por David Graeber em seu livro *Bullshit Jobs: A Theory* (no Brasil, saiu como *Trabalhos de Merda: Uma Teoria)*, perder seu propósito pode ser uma experiência psicologicamente devastadora. Pode fazer com que você questione seu lugar no mundo e se sequer existe um objetivo em seguir em frente. Em um mundo sem rituais que oficialmente não valoriza mais o envolvimento com realidades socialmente construídas, se não conseguirmos encontrar um objetivo no trabalho, pode ser difícil achar um propósito em geral.

O fenômeno em curso de suicídios de fazendeiros nos Estados Unidos, e em outros locais — precipitado pelo aumento dos débitos, perda de renda e, frequentemente, o confisco dos bens dos fazendeiros como resultado dos fatos anteriores —, é um trágico exemplo que mostra como perder seu propósito em uma sociedade orientada pela produção pode servir como uma sentença de morte de forma figurativa e literal. "Quando sua fazenda não é bem-sucedida ou é necessário vender uma parte de sua propriedade, você não está somente decepcionando você e sua família, mas também o legado de sua família", disse um porta-voz do Gabinete Agrícola de Ohio ao jornal *USA Today* em 2020. "'Meu bisavô começou esta fazenda e agora eu sou quem está causando sua extinção?' Cara, esse é um pensamento difícil. Mas muitos fazendeiros estão passando por isso agora mesmo."

Esse exemplo não é exclusivamente um problema de renda. É, também, um problema de *propósito*, um que é endêmico para uma sociedade onde o trabalho humano é cada vez mais espremido entre as crescentes exigências de produção e a melhoria constante das eficiências de empresas. A produtividade tende a crescer no longo prazo, já que as máquinas e programas usados em contextos de trabalho estão evoluindo o tempo todo. Mas, à medida que o trabalho maquinário se torna o centro do processo de produção, a mão de obra humana vai necessariamente se tornar mais marginalizada. E, conforme as pessoas perdem a centralidade de seu propósito em uma sociedade que vê a produtividade como objetivo principal, a crise psicológica geral atual só ficará pior.

A solução para esse dilema social está em desvincular os conceitos de propósito, trabalho e emprego — e em perceber que garantir que as pessoas estejam satisfeitas é tão importante para a continuação da funcionalidade da sociedade quanto garantir que elas tenham empregos remunerados. Emprego e satisfação contínuos são as duas coisas mais importantes que uma sociedade deve prover a seus membros. Por séculos, a sociedade ocidental tem focado no primeiro, quase sempre em detrimento do segundo. Jogos digitais e mundos virtuais podem auxiliar no reequilíbrio da balança.

Enquanto o emprego possa, efetivamente, dar às pessoas um senso de propósito, *propósito* e *emprego* não são necessariamente sinônimos. Um trabalho remunerado e produtivo não é a única nem a principal coisa que dá sentido a nossa vida. Nós sabemos disso a partir de nosso estudo do antigo metaverso no primeiro capítulo, mas também sabemos disso por nossas próprias experiências de vida. Afinal, você pode trabalhar em um jardim e tirar um grande sentido e propósito desse trabalho, mesmo que não seja um emprego que gere rendimentos e que não tenha uma grande utilidade social. Você pode trabalhar em projetos artesanais, ou em reparações domésticas, ou em coleções de selos, ou em inúmeros outros hobbies e passatempos e projetos passionais, dedicando tanto tempo e mão de obra a eles quanto dedicaria a trabalhos remunerados e sair de seus esforços sentindo-se mais feliz e com mais objetivos do que se tivesse passado uma quantidade de tempo equivalente em sua mesa de escritório.

Da mesma forma, nós todos sabemos intrinsecamente que mesmo os trabalhos mais estáveis e produtivos não são necessariamente gratificantes. Muitos trabalhos são repetitivos e chatos, repletos de tarefas recorrentes que não estimulam ou desafiam o trabalhador. Igualmente, muitos ambientes de trabalho não priorizam a satisfação de seus empregados; pelo contrário, eles tomam como garantido que a produtividade gera satisfação. Mas eu argumentaria que o trabalho não é gratificante porque é produtivo. Trabalhadores são mais produtivos quando seu trabalho é gratificante.

Quando você se sente realizado em seu ofício — seja ele remunerado, um projeto pessoal ou alguma outra coisa que demande seu empenho cognitivo a longo prazo —, você tende a trabalhar mais e de forma mais inteligente. Você procura novos projetos e desafios; você está essencialmente motivado a fazer seu serviço. Quando você se sente desafiado, o esforço pode se tornar sua própria recompensa.

Por um lado, percebemos isso ao olhar para a história recente dos jogos digitais. Muitos dos jogos digitais imersivos atuais são trabalho em seu melhor sentido: eles são ambientes cognitivamente complexos que idealmente desafiam seus participantes e encorajam empenho a longo prazo. As pessoas passam horas sendo produtivas em ambientes de jogo — tornando-se boas neles, acumulando pontos, habilidades, conquistas e status dentro do mundo digital — porque esses jogos são construídos para serem gratificantes.

Se você parar para pensar nas vezes que se sentiu esgotado em seu emprego, é provável que elas correspondam às vezes que não se sentiu ouvido ou valorizado por seus colegas ou gerentes, ou quando suas tarefas careceram do tipo de complexidade necessária para fazer com que o emprego seja consistentemente interessante. Nesses tipos de situação que tiram seu poder, você pode muito bem decidir passar a colocar um esforço mínimo em seu trabalho. Em seu livro de 1975, *Intrinsic Motivation*, o psicólogo pesquisador Edward L. Deci descreve como trabalhadores que são microgerenciados e privados de autonomia no ambiente de trabalho podem se rebelar contra suas situações, deliberadamente se tornando menos produtivos. "De fato, muitas vezes, as pessoas satisfazem sua necessidade natural de serem criativas inventando maneiras de vencer o sistema", escreveu Deci. "Isso pode assumir a forma de sabotagem sutil e certamente irá se manifestar em pessoas que tentam obter as maiores recompensas da organização enquanto empregam um esforço mínimo a ela."

Curiosamente, algo similar pode acontecer em jogos que fazem um trabalho insuficiente em gratificar seus jogadores. É justo dizer, então, que um emprego terrível é razoavelmente similar a um videogame ruim. Bons jogos e empregos começam com gratificação e assim esperam que a produtividade venha a seguir. Jogos e empregos ruins começam com mandatos de produção e logo esperam que a gratificação venha a seguir. A crise de propósitos no mundo ocidental atual é indiscutivelmente um subproduto de um mundo que passa tempo demais preso ao modelo apresentado no segundo exemplo, enquanto cuidadosamente evitam qualquer consideração significativa ao primeiro modelo.

## SOBRE GESTÃO E MOTIVAÇÃO

Por muito tempo, vários grandes ambientes de trabalho eram organizados ao redor de descrições de funções especializadas e medidas de produtividade rigidamente quantitativas, ao mesmo tempo que faziam relativamente poucas concessões para a satisfação dos trabalhadores. Para esses empregadores, o melhor modo para motivar trabalhadores era distribuindo recompensas ou punições por seus resultados, ou pela falta deles: bônus e promoções para performances excepcionais, destituições ou demissões por trabalhos inferiores. Os trabalhadores mais produtivos recebiam a maior parte da validação externa, enquanto os menos produtivos recebiam o mínimo.

A estrutura motivacional desses ambientes de trabalho era fortemente influenciada por um campo acadêmico chamado psicologia comportamental ou comportamentismo. Entre outras coisas, os comportamentalistas argumentavam que os seres humanos são sobretudo motivados por recompensas e punições externas, e que o melhor modo de fazer com que as pessoas façam as coisas é treinando-as para associar certas tarefas e comportamentos a recompensas e punições. Complete uma tarefa, ganhe uma bala. Falhe em completar a tarefa, sem bala para você. Feche o acordo, ganhe uma promoção. Falhe em fechar o acordo, seja demitido. Se o chefe do filme *O Sucesso a qualquer preço* fosse um ramo da psicologia, ele seria a psicologia comportamental.

Os behavioristas (ou comportamentalistas) não pensavam que nossas necessidades naturais fossem conhecidas ou importantes, ou que os humanos sequer eram capazes de escolhas verdadeiramente autônomas. (O arquibehaviorista B. F. Skinner chegou ao ponto de afirmar que "o livre arbítrio não passa de uma ilusão".) Em vez disso, eles acreditavam que os seres humanos não eram nada diferentes dos cães de Pavlov e que o comportamento humano poderia ser melhor entendido como uma série de respostas assimiladas a estímulos externos. O ambiente fez o homem, em outras palavras — e exercendo um controle rígido sobre o ambiente, você poderia transformar o homem no que quer que ele fosse.

Essa filosofia, você deve ter notado, não é particularmente receptiva à premissa de que mundos construídos de significado podem enriquecer as vidas dos indivíduos e criar valor para a sociedade. O comportamentalismo não admitia a necessidade ou o valor de espaços antiestruturais que os humanos escolheram há muito tempo construir e habitar. À medida que a teoria comportamental ganhava credibilidade, esses outros mundos vinham a parecer menos necessários para o funcionamento da sociedade de estímulo/reposta que a industrialização havia criado.

O comportamentalismo radical caiu por terra desde então. (Muitas das teorias de Skinner foram desmanteladas de forma convincente em 1959, pelo linguista Noam Chomsky, que argumentou que o comportamentalismo poderia não levar em conta o fenômeno da aquisição da linguagem em crianças, entre outras coisas.) Mas, em seu tempo, a marca do comportamentalismo de Skinner foi influente — e, o que é mais importante, seus princípios se alinhavam com as exigências de produção cada vez maiores da era industrial.

Mesmo antes de o comportamentalismo se tornar proeminente, muitos negócios haviam começado a se organizar a partir de teorias de "gestão científica" e eficiência. Os ambientes de trabalho "eficientes" se tornaram altamente organizados e controlados nos quais os trabalhadores eram despojados de suas vontades individuais e treinados a realizar tarefas muito específicas para padrões bem específicos. Esses locais de trabalho minimizaram a complexidade individual para maximizar a produtividade total. Ao passo que teorias de gestão evoluíram e corporações cresciam e se tornavam mais valiosas, muitos ambientes de trabalho se inclinaram na direção dos princípios comportamentalistas de motivação.

É interessante rever alguns dos livros de administração mais populares do século XX para ter uma ideia de como eram as estratégias ideais de motivação naquela época.

Enquanto alguns dos mais vendidos encorajavam gerentes a considerar as necessidades intrínsecas de seus empregados, muitos outros eram focados no poder e na autoridade, enfatizando estrutura, medição e resultados quantificáveis. De acordo com esses livros, os gestores de sucesso eram líderes que motivavam seus empregados ao dizerem o que deviam fazer e como. Essas estruturas motivacionais eram centradas em extrair o máximo de produção de cada trabalhador. Mas também não consideravam a possibilidade de que os trabalhadores pudessem ter uma necessidade natural profunda por complexidade e satisfação no trabalho — e que um negócio pudesse obter benefícios significativos ao situar seus trabalhadores de modo a satisfazerem essas necessidades.

Contudo, pesquisas psicológicas recentes nos dizem que nossos cérebros são órgãos para resolução de problemas que necessitam de uma dieta estável de impasses gradativamente mais difíceis para resolver. Nós queremos progredir no domínio das coisas que fazemos. À medida que nos aproximamos da maestria, acessamos níveis novos e diferentes de satisfação psicológica. É bom ser bom em algo, e é bom ficar melhor nisso com o tempo. Curiosamente, ou não, as pessoas querem poder experimentar sucesso contínuo — elas querem obstáculos que possam aprender a superar, não os que irão frustrá-las ou entediá-las toda vez — e por isso é tão desanimador que tantos dos nossos empregos pareçam estar presos em um ciclo eterno e enervante.

Nossos dias agora assemelham-se aos nossos empregos. O mundo atual nos torna permanentemente presos ao trabalho, em uma sociedade que, cada vez menos, oferece oportunidades regulares para o lazer ou para rituais em comunidade Ainda que nossos empregos ocupem mais espaço do que nunca, eles dificilmente são mais gratificantes do que um dia já foram, uma vez que gratificação pessoal não é, e nunca foi, o objetivo da sociedade industrial. O objetivo é a produtividade e os locais de trabalho modernos são processos tremendamente eficientes que têm sido aperfeiçoados ao longo do tempo para eliminar todos os aspectos que são externos à produção quantificável.

Assim como os behavioristas com quem compartilham tantas características, os ambientes de trabalho atuais postulam que as vidas internas dos indivíduos são irrelevantes. Mas, como um milênio de engajamento cognitivo humano com mundos que existem somente em nossas mentes mostra, nossas vidas interiores importam, *sim* — e não somente em um sentido junguiano ou freudiano, onde todas as nossas ações conscientes estão linearmente conectadas aos nossos sonhos e ao nosso subconsciente. Pelo contrário, humanos têm necessidades inatas por complexidade e satisfação. Nós queremos nos sentir bem ao realizarmos ações, queremos nos sentir desafiados pelas coisas, com uma medida de controle sobre nossas próprias escolhas e um senso de pertencimento dentro de nosso meio. Queremos utilizar nossa engenhosidade para criar valor, para nós e para os mundos que são importantes para nós. Em *Intrinsic Motivation,* Deci observou que "situações podem ser estruturadas para que as pessoas motivem a si mesmas... As pessoas podem estar empenhadas em fazer seu trabalho bem e podem obter satisfação das evidências que são eficazes". Em outras palavras, a perspectiva de um pagamento não é a única coisa que pode motivar alguém a realizar um trabalho.

Esse intenso desejo por gratificação intrínseca é o motivo pelo qual muitas pessoas hoje em dia estão migrando para jogos digitais e mundos virtuais. Os melhores jogos da atualidade são mais do que somente diversão, e estão muito distantes de serem uma perda de tempo sem sentido. Longe disso: são equipamentos complexos configurados para oferecer o tipo de satisfação inerente que tantas outras instituições sociais, por muito tempo, negligenciaram. Repetindo o refrão anterior, esses jogos são ginásios para a mente, e quanto maior o tempo gasto dentro deles, mais forte e saudável sua mente se torna.

É claro que existem muitos jogos que são ruins para você: jogos que desrespeitam seu tempo, atenção e inteligência; jogos que são gratuitamente desagradáveis; jogos que nem tentam satisfazer as necessidades inerentes de seus jogadores. Mas pense por este lado: também existem vários trabalhos que são ruins para você — e esses trabalhos são ruins para você do mesmo modo que as pessoas pensam que *todos* os jogos são ruins para você. Esses trabalhos ruins podem levar ao desinteresse, à alienação, à tristeza, à solidão e a outros resultados sociais negativos. Se você odeia um jogo ruim, você pode simplesmente parar de jogá-lo. Se você odeia seu trabalho, bem, ele continua sendo seu trabalho e frequentemente você está preso a ele — até que você o perca, e a partir desse ponto, sua crise de propósito cresce ainda mais.

Jogos e brincadeiras recompensam a engenhosidade e, como sabemos pelo capítulo anterior, engenhosidade dentro de parâmetros tem sido fundamental para a saúde mental e o bem-estar humano por milênios. Ao contrário de ambientes de trabalho, muitos dos quais são projetados para tratar empregados como engrenagens substituíveis em um processo de produção, jogos celebram tanto os resultados quanto o processo. Os melhores jogos promovem crescimento, curiosidade, solução de problemas, trabalho em equipe e criatividade. Idealmente, queremos que nossos jogos e trabalhos sejam bons para nós. Contudo, é mais fácil fazer um bom videogame do que criar um trabalho de fato satisfatório. O trabalho em uma economia industrial sempre será orientado em torno de princípios de produtividade. Porém jogos podem ser sintonizados para priorizar os princípios da gratificação mais facilmente do que empregos.

Como sociedade, podemos reconhecer que existe um amplo mérito em posicionar pessoas para vivenciar gratificação individual. Talvez não seja possível refazer completamente o mundo real como ele existe atualmente, mas podemos entender a importância em deixar que as pessoas usem seu tempo livre para balancear suas vidas. Como temos feito como espécie por 10.000 anos, somos capazes de tentar criar novos mundos fundados em mais princípios humanos que o nosso mundo atual. No próximo capítulo, falarei sobre a ciência que embasa os esforços contemporâneos em criar mundos digitais ressonantes e ricos, que melhoram e expandem nossas vidas ao oferecer acesso consistente a experiências úteis e gratificantes. Jogos e brincadeiras podem ajudar pessoas a satisfazerem suas necessidades psicológicas básicas de maneiras que o emprego não consegue. O vasto mundo virtual de amanhã fará isso de forma ainda melhor.

Capítulo 3

# EXPERIÊNCIAS MELHORES PARA UMA VIDA MELHOR

Em 1932, a corporação DuPont adotou um lema que capturava o espírito da época: "Coisas melhores para uma vida melhor... Através da Química." Era um slogan apto para os dias de glória da Revolução Industrial. Na era após a Primeira Guerra Mundial, a padronização de processos de fabricação prometia trazer satisfação às pessoas através do acesso a mais bens de consumo do que um dia já fora possível. As coisas que as pessoas podiam comprar seriam mais baratas e com uma qualidade melhor do que haviam sido em gerações anteriores — e coisas novas e melhores estavam sendo inventadas o tempo todo. Em épocas anteriores, as pessoas sabiam que suas vidas cotidianas implicariam certas privações — dias de faxina intermináveis, idas à casa de banho externa em dias frios, casas sufocantes nas tardes de verão — e isso talvez seja uma razão pela qual o pós-vida era tão proeminente em suas mentes. Mas, na era moderna, você não teria mais que esperar pelo mundo além para viver sua vida perfeita. Pelo contrário, poderia comprar sua vida perfeita na Macy's.

Não era total coincidência que Coisas Melhores fossem apresentadas como um antídoto tácito para os males da Grande Depressão. Nos anos de 1930, com o mundo corporativo intoxicado pelo evangelho da gestão científica, alguns líderes empresariais abraçaram teorias que presumiam que motivação, satisfação e propósito eram de origem externa. O lema de DuPont era produto de uma ética industrial que considerava experiências internas como sendo irrelevantes, que via os trabalhadores como funcionalmente indistinguíveis das máquinas que operavam. Como apontei no Capítulo 2, alguns dos pensadores organizacionais e behavioristas mais influentes da era industrial argumentavam que os seres humanos não tinham mundos internos que merecessem ser estudados ou reconhecidos. Assim sendo, fazia perfeito sentido para a DuPont reivindicar que coisas melhores iriam, de fato, levar a uma vida melhor — e, implicitamente, que a produtividade era o objetivo da existência humana.

As estruturas sociais da era industrial divergiam drasticamente das que a precederam no decorrer dos milhares de anos de civilização humana. Como escrevi no Capítulo 1, a sociedade humana quase sempre reverenciou mundos que existiam além do nosso e, aparentemente, um senso aguçado do valor que o engajamento com esses mundos pode criar na Terra. Contudo, a industrialização tornou esses outros mundos supérfluos para uma sociedade que considerava produção e satisfação como sinônimos. A promessa de um Céu aos poucos se tornou menos potente em um mundo com lava-louças e ar-condicionado central.

Em anos recentes, novas pesquisas nas áreas de psicologia, linguística e filosofia reviveram a noção de mundos internos e virtuais como estruturas vitais para a saúde da sociedade humana — e nos fez reencontrar as lições que nossos antepassados aprenderam tanto tempo atrás. Hoje em dia, teorias convincentes sobre o comportamento humano e a motivação enfatizam fatores internos ao invés de externos. Elas argumentam que os seres humanos são conduzidos menos pela perspectiva de punições e recompensas e mais por oportunidades de exercitar autonomia e engenhosidade em um contexto social. Essas perspectivas — que, como mostrarei mais à frente neste capítulo, são suportadas por pesquisas laboratoriais — se alinham com o que já sabemos sobre os modos pelos quais participar em realidades socialmente construídas pode promover resultados para os indivíduos e para a sociedade. De acordo com esse modelo, as pessoas desejam uma variedade robusta de experiências envolventes, úteis e empoderadoras que desafiem sua mente, enquanto as conecta com seus colegas em um mundo mais amplo. Em outras palavras, são mais gratificados pela jornada do que pelo destino final. Enquanto a perspectiva de ganhar um bônus ou ser demitido por falta de assiduidade pode fazer com que as pessoas compareçam ao trabalho diariamente, ser consistentemente desafiado por empregos que respeitem suas habilidades e humanidade é o que mantém os trabalhadores felizes.

Existem falhas óbvias em um modelo social que pressupõe que trabalhamos para receber, recebemos para comprar, compramos para usar e usamos para descartar repetidamente até que nos aposentamos e morremos. Um abastecimento infinito de coisas novas pode servir para alimentar o PIB de um país desenvolvido, mas não serve mais para aumentar de forma significativa os níveis de satisfação marginal de seus cidadãos. "Coisas" são as prerrogativas de nosso mundo centrado em produção. Mas experiências vão ser a moeda de nossas sociedades virtuais. Desse modo, gostaria de propor um novo slogan que se adeque a nossa era virtual iminente: Experiências Melhores para uma Vida Melhor.

Há ampla evidência científica que nos mostra que as vidas mais gratificantes são as que maximizam sentimentos de autonomia, competência e afinidade. (Terei mais a dizer sobre esses três fatores em algumas páginas adiante.) Esses sentimentos são acessados por meio de atividades, desafios e buscas que envolvem e estimulam a mente. Seja viajando pelo mundo para expandir nossas perspectivas, tentando adquirir novas habilidades ou aprimorando uma já existente, ou simplesmente buscando um passatempo que nos dê alegria, existe um grande valor psicológico e prático em fazer atividades que nos empolgam, envolvem, desafiam e transformam. Poder-se-ia até argumentar que o objetivo de nossa jornada pela vida é potencializar esse tipo de experiências, ao mesmo tempo que minimizamos as prejudiciais.

De certa forma, uma experiência que envolva transporte é uma forma de comunhão com outro mundo. Os seres humanos procuram experiências externas — grandes e pequenas divergências de nossas realidades básicas — a fim de serem mudados por elas para melhor. Uma excepcional viagem para um destino desconhecido, visitar um "quarto de fuga", um retiro espiritual: experiências são oportunidades para sair de sua vida cotidiana e engajar-se com um conjunto de premissas desconhecidas. Elas oferecem uma medida de antiestrutura que pode ajudar a contrabalançar, contextualizar e modificar o curso de nossa vida cotidiana.

Os seres humanos valorizam e buscam experiências não somente para satisfação interna, mas também para aprender uma nova competência, preparar-se para o futuro ou abordar um problema já existente. Então, a experiência otimizada é gratificante e útil: é aquela que proporciona satisfação intrínseca enquanto catalisa crescimento pessoal e mudanças produtivas. Mundos de significado construídos têm fornecido esse tipo de experiência para seus participantes por milhares de anos. Ao oferecer às pessoas espaços para a ideação aplicada e novos conjuntos de desafios para definir, avaliar e resolver dentro do contexto social de um grupo, esses mundos geram realização e valor. O propósito de um mundo virtual digital é criar, de forma eficiente e segura, experiências valiosas para seus participantes com uma consistência e fidelidade maiores do que nunca.

No Capítulo 2, escrevi que os melhores jogos digitais desafiam e gratificam seus jogadores, mergulhando-os em ambientes cognitivos complexos que oferecem os tipos de desafios ideais que são escassos no mundo do trabalho. Os mundos digitais de um futuro próximo serão construídos em cima dos jogos de hoje, criando inúmeras experiências ricas e úteis para seus participantes: buscas que são imersivas e densas com significado, em ambientes que parecem ser abundantes com vida inteligente. Quando esses mundos digitais forem postos em contato entre si e com o mundo real através de redes digitais, o metaverso resultante servirá como um poderoso novo motor para a criação de experiências, transferência de valor e satisfação intrínseca.

Neste capítulo, falarei sobre experiências úteis, satisfação intrínseca e como mundos virtuais em rede gerarão a segunda ao proporcionar a primeira. Mostrarei como os psicólogos vieram a acreditar que satisfação e motivação estão atadas à busca para tornar-nos o melhor de nós mesmos e apresentarei algumas pesquisas que apontam por que o engajamento dentro de mundos de significado construídos avança essa busca de maneiras que nossos empregos não o fazem. Explicarei por que experiências e satisfação estão conectadas e por que valorizamos as experiências não somente pelo modo como elas nos fazem sentir, mas pelo que elas podem nos ensinar. Esboçarei alguns dos modos com que mundos virtuais renderizados digitalmente transformarão a produção de experiências internas ideais, assim como a criação e transferência de valor atados a essas experiências. E, por fim, defenderei que uma rede de mundos irá oferecer acesso inigualável a esse tipo de experiências úteis e poderosas que as pessoas costumam encontrar, talvez, uma vez na vida.

Assim como a Primeira Revolução Industrial refinou o processo de produção para os bens existentes, enquanto simultaneamente produzia bens que nunca existiram antes, os mundos virtuais renderizados digitalmente industrializarão a produção de experiências internas ideais — mas não no sentido de padronização e barateamento das mesmas. Em vez disso, trarão uma nova confiabilidade e precisão para a produção de experiências existentes, conforme forem criando novos tipos de experiências que nunca teriam sido acessíveis para nós sem esses mundos virtuais. Através da história, por exemplo, a mitologia nos trouxe contos de heróis perseguindo objetivos nobres através de missões fantásticas. Em um futuro muito próximo, seremos capazes de vivenciar tais experimentações heroicas por nós mesmos — e não somente de modo superficialmente interativo dos jogos modernos. Não somente "brincaremos" de ser heróis, vilões, generais ou serralheiros pioneiros em um universo fantástico. Para todos os efeitos, esses papéis e cenários realmente existirão. Viveremos nossos próprios contos épicos em vez de somente ler sobre as grandes aventuras de outras pessoas.

Cabe a nós modelar esse futuro virtual de uma forma que tenhamos o máximo de benefícios para os indivíduos e para a sociedade. Se o futuro ideal acontecer será porque a sociedade enxerga o benefício — a humanidade essencial — em criar mundos que possam, de forma consistente, engajar seus residentes em vez de tratá-los como sobras de um processo industrial hipereficiente. Devemos abordar a profunda crise de propósitos da sociedade, começando por compreender como o propósito é alcançado e examinando por que o engajamento cognitivo dentro de espaços virtuais tem, historicamente, servido e gratificado os seres humanos. Para fazer isso, passemos ao fascinante ramo da psicologia conhecido como teoria da autodeterminação.

## O PODER DA AUTODETERMINAÇÃO

Se você pudesse fazer qualquer coisa no mundo agora mesmo, neste instante, o que escolheria fazer? Talvez você ame videogames e seu dia ideal consiste em explorar todas as facetas de um mundo digital ricamente renderizado. Talvez você esteja em seu momento mais feliz andando pela praia com um detector de metais, procurando tesouros enterrados na areia. Talvez realmente goste de ler e preferiria estar sentado com um novo livro cativante sobre a chegada da era da sociedade virtual. (Se você se identifica com esse último exemplo, parabéns: você já está vivendo sua melhor vida.)

Todos nós provavelmente podemos pensar em alguma atividade que achamos sobretudo desafiadora, estimulante e empolgante — alguma tarefa ou passatempo que nos faça sentir bem com a vida e feliz por estarmos vivos. Nossa sobrevivência física em geral não depende desse tipo de atividade, nós não as enxergamos primeiramente como um caminho para a fama e fortuna, e ninguém gritará conosco se as deixarmos inacabadas. Nós simplesmente sabemos que precisamos realizar essas coisas para sermos felizes de verdade. Como os psicólogos Edward L. Deci e Richard M. Ryan defendem, perseguir e satisfazer esse tipo de necessidade natural é a chave para a motivação duradoura e o bem-estar psicológico.

Deci e Ryan são os principais defensores de um ramo da psicologia chamado *teoria da autodeterminação (TDA)*, que reivindica que nossas necessidades intrínsecas são necessidades primordiais, que são criticamente importantes para nossa saúde e felicidade como espécie. A satisfação intrínseca quase sempre não depende de nenhuma recompensa externa, como pagamentos ou elogios, pelo contrário, a alegria derivada da busca por essas necessidades tem menos a ver com o que você obterá quando satisfizer tal necessidade do que com o que você ganhará no processo.

Ao longo dos últimos quarenta anos, em uma série de livros e artigos influentes, Deci e Ryan têm defendido que orientar as pessoas para alcançarem satisfação intrínseca é a melhor maneira de ajudá-las a crescer como indivíduos e tomar o controle de suas próprias vidas. "O termo autodeterminação se refere à capacidade de uma pessoa gerir a si própria, de fazer escolhas com confiança e de pensar por si mesma", escreveram Deci e Ryan em seu texto seminal de 1985, *Intrinsic Motivation and Self-Determination in Human Behavior.* Uma pessoa autodeterminada, diziam eles, era provavelmente mais feliz, saudável e bem-ajustada. Quanto mais pessoas coerentes houver em uma sociedade, mais estável essa sociedade se tornará.

Desde que *Intrinsic Motivation and Self-Determination in Human Behavior* foi publicado pela primeira vez, a teoria da autodeterminação vem oferecendo uma estrutura convincente sobre como e por que podemos centrar nossas vidas e sociedades em torno de princípios de satisfação. Mas o que, exatamente, a satisfação significa nesse contexto? E como ela se relaciona com a elevação individual e comunitária que sentimos quando participamos em mundos virtuais?

Deci e Ryan argumentam que os seres humanos são motivados por suas necessidades fundamentais por *autonomia, competência e afinidade*: as bases para a construção da satisfação humana e do crescimento psicológico. *Autonomia* é, basicamente, o desejo de definir sua própria pauta: a liberdade de articular e perseguir seus próprios objetivos e projetos, enquanto exerce controle sobre seu próprio comportamento. *Competência* é a necessidade de se sentir apto a fazer coisas: de ser capaz de crescer em conhecimentos e conquistas, de adquirir e masterizar habilidades e de aplicá-las em uma variedade de ambientes. *Afinidade* é a necessidade por um senso de conexão com as pessoas ao seu redor: aqueles sentimentos de ligação e pertencimento que podem fazer com que você se sinta incluído e estimulado pela dinâmica do grupo.

Satisfazer essas três necessidades está associado a resultados positivos na saúde mental. Enquanto nos sentimos independentes, competentes e relacionados tendemos a nos sentir mais felizes e motivados. Interagimos melhor com o mundo e com as pessoas ao nosso redor. Dormimos melhor à noite. E é mais provável que sigamos um caminho de autodeterminação que nos ajude a nos tornarmos uma versão melhor de nós mesmos.

A teoria da autodeterminação afirma que os seres humanos são organismos que procuram complexidade e que nossos cérebros são órgãos para resolução de problemas que requerem uma dieta estável de problemas gradativamente mais complicados para resolver. Quando resolvemos problemas difíceis com êxito, sentimo-nos capazes e felizes. Quando somos privados de obstáculos difíceis para resolver e dominar, tendemos a nos estagnar. Como apontei no Capítulo 2, os melhores jogos digitais atuais são desenvolvidos para prover desafios complexos que satisfaçam as necessidade internas dos jogadores e, ao mesmo tempo, sejam divertidos de jogar. Dentro do contexto de jogos, os dois imperativos estão conectados, a diversão e a satisfação — uma das razões pelas quais alguns têm dificuldade em levar jogos a sério.

Em um mundo cada vez mais focado em usos produtivos de tempo, estamos condicionados a ser desconfiados com coisas que são "divertidas", sem ter nenhuma utilidade mais ampla aparente. Mas, à medida que os jogos evoluem, também evolui o entendimento dos desenvolveres de jogos sobre o motivo exato pelo qual as pessoas acham seus jogos tão prazerosos. Em seu artigo de 2007, "The Player Experience of Need Satisfaction", e em várias publicações subsequentes, Scott Rigby e Richard Ryan sugerem que, em ambientes de jogos, a diversão é melhor entendida como um subproduto da necessidade por satisfação.

Os melhores jogos satisfazem as demandas dos jogadores por competência oferecendo a eles uma série contínua de *desafios ideais* — isto é, desafios que são igualados ao nível de habilidade do jogador e que ficam mais difíceis à medida que o jogador evolui — e *experiências de "maestria em ação"*, nas quais jogadores talentosos podem demonstrar suas habilidades e enfrentar desafios no jogo sem muito esforço. De acordo com Rigby e Ryan, jogos podem satisfazer a necessidade dos jogadores por autonomia ao oferecer a eles uma gama de *oportunidades para ação* e a possibilidade de construir suas próprias identidades no jogo. Por fim, os *games* podem satisfazer a necessidade dos jogadores por afinidade ao oferecer oportunidades para interação, colaboração, trabalho em equipe e aprendizado entre os personagens do jogo.

Em seu livro *Glued to Games*, Rigby e Ryan sugerem que o texto de um jogo é menos relevante que seu subtexto psicológico para compreender a razão de seu sucesso ou falha — tal como o conteúdo específico de um ritual comunitário é frequentemente menos importante que a função social que preenche. Não existe nada inerentemente divertido em enfrentar uma horda de zumbis, por exemplo, como jogadores vêm fazendo em dezenas de jogos populares ao longo das duas últimas décadas. Se encontrássemos essa horda na vida real, nós provavelmente fugiríamos o mais rápido e mais silenciosamente possível. Contudo, em um ambiente de jogos com múltiplos jogadores, matar zumbis parece divertido porque fazê-lo satisfaz as necessidades fundamentais do jogador por autonomia (você escolhe quais zumbis matar e como matá-los), competência (você se torna melhor em matar zumbis com o tempo) e afinidade (você geralmente mata zumbis ao lado de pessoas em sua guilda de matadores de zumbis).

Críticos podem olhar para um jogo violento e enxergar um "simulador de assassinatos" sem nenhum valor redentor, um jogo que está ensinando crianças a matar. Mas a alegria não está no texto do jogo — as armas, as hordas e os respingos de sangue —, e sim no subtexto, no modo com qual o jogo apresenta consistentemente situações aos jogadores que os fazem sentir capazes e satisfeitos. Embora os críticos possam dizer que esses jogos ensinam as crianças a associarem violência com satisfação, eu acho mais adequado dizer que eles ensinam as pessoas a associarem solução de problemas a satisfação.

É importante notar aqui um paradoxo fascinante. Por um lado, eu não sei de nenhuma prova concreta aceita pela comunidade científica que tenha, de forma conclusiva, ligado violência simulada a violência real. As pessoas parecem inteiramente capazes de distinguir entre fantasia e realidade nesse sentido. Porém, ao mesmo tempo, o impacto intrínseco dessas experiências virtuais é muito real. A satisfação tangível oferecida por experiências virtuais parece ser tão nutritiva do ponto de vista psicológico quanto qualquer experiência "real" — em alguns casos é mais nutritiva devido à natureza irrestrita dos desafios e oportunidades disponíveis em um mundo virtual. Ganhar em um videogame tem o mesmo impacto que ganhar em qualquer outra atividade, em termos do sentimento de satisfação e competência derivados dessa vitória. Relacionamentos forjados dentro de jogos podem, também, ser relacionamentos reais, com os mesmos tipos de benefícios tangíveis existentes em amizades do mundo real. Não se engane: experiências virtuais *são* experiências reais.

À medida que estúdios e programadores trabalham para construir jogos e mundos virtuais cada vez mais imersivos e complexos, a teoria da autodeterminação vem para influenciar imensamente a indústria dos jogos. Alguns estúdios mantêm especialistas em teoria da autodeterminação como consultores, onde trabalham com desenvolvedores para ajudar na construção de ambientes que ofereçam oportunidades ilimitadas para que usuários experimentem sentimentos de competência, autonomia e afinidade. Esses ambientes digitais ricos em gratificação apontam nosso caminho para o futuro e, paralelo a isso, remetem às lições do passado.

Como escrevi no Capítulo 1, muitas sociedades pré-industriais sabiam instintivamente o valor social de cuidar da vida interior das pessoas. Eles faziam isso através de realidades socialmente construídas que se tornaram importantes pela participação e pelas crenças, geralmente acessadas por experiências ritualísticas que invertiam a estrutura da vida cotidiana enquanto criavam *communitas*. Nossa era pós-mitológica se afastou desses mundos, mas a fome humana por experiências internas ideais ainda prevalece. Uma das lições da teoria da autodeterminação é que a satisfação não é opcional quando se trata da saúde mental. Sua ausência cria sérios problemas para os indivíduos e sua presença tem uma função semelhante ao exercício físico: um bem quase universal com benefícios que se estendem a todos os aspectos da vida. Por isso, não é surpreendente que muitas pessoas que se consideram constantemente incapazes de encontrar satisfação no mundo real estejam gravitando na direção dos jogos em seu tempo livre.

Se os jogos podem prover satisfação intrínseca a seus jogadores, então mundos virtuais interligados e expansivos serão capazes de impulsionar esses níveis de satisfação e convertê-los em valor social. Esses mundos estarão mais bem equipados para prover experiências significativas a seus participantes. Um mundo virtual difere de um jogo em alguns aspectos, o mais importante deles sendo que o mundo virtual é um lugar de consequências. As coisas que acontecem nesse mundo importam para seus participantes, assim como importariam se essas coisas acontecessem na vida real. Ao, por exemplo, ter sua casa virtual assaltada em um mundo virtual significativo, você poderia achar a situação tão devastadora quanto se sua casa no mundo real fosse assaltada; em todo caso, as coisas que forem roubadas de seu espaço virtual não irão reaparecer magicamente na hipótese de você reiniciar a sessão.

Em um mundo virtual com significado, ações têm consequências que persistem entre sessões. Essa continuidade de consequências é uma coisa boa. As pessoas *querem* viver em um mundo onde suas ações importam. Imagine um mundo virtual no qual seu avatar pega uma pedra e a lança pela janela da casa do seu vizinho. Se esse mundo tem significado, então provavelmente existirá um acerto de contas. Uma briga poderá acontecer. Policiais poderão aparecer. Você terá que pagar pelos danos. Ganhará uma reputação ruim em sua rua e seu relacionamento com seu vizinho poderá não ser o mesmo por muito, muito tempo. As coisas não voltarão ao normal no dia seguinte. Nesse exemplo não importa se a pedra lançada se assemelha a um geodo fotorrealista. O fato de seu vizinho virtual sair de casa, repreendê-lo por quebrar a janela e odiar você por anos a fio é o que faz a situação toda parecer real.

A competência dos mundos virtuais de gerenciar e manifestar a complexidade enquanto mede a satisfação e o crescimento vivenciados pelos participantes levará a novas fronteiras na necessidade pessoal de satisfação. Alcançar esse tipo de satisfação via dados já é bem possível. A indústria dos jogos tem estabelecido maneiras eficazes para medir o envolvimento e é fácil imaginar esses métodos evoluindo e melhorando em universos mais complexos. Outra característica distintiva entre até mesmo os mais avançados jogos e os mundos virtuais do amanhã será o tamanho. Pressupondo melhorias viáveis em hardware e softwares, um mundo virtual espaçoso poderá sustentar milhões de participantes simultaneamente — o que seria uma ordem de magnitude mais populosa do que os mais sofisticados jogos com múltiplos jogadores. Essa densidade populacional criará efeitos de rede que serão sentidos mais intensamente na quantidade e na qualidade das experiências disponíveis para as pessoas no mundo.

## UMA VIDA MELHOR ATRAVÉS DE EXPERIÊNCIAS MELHORES

O monomito, como foi articulado pelo escritor e mitólogo comparativo Joseph Campbell, é o arquétipo da jornada do herói. Nele, o herói sai em um aventura, aprende coisas novas, enfrenta desafios pelo caminho e, no final, é significantemente transformado pela experiência. Da viagem de Ulisses a Ítaca passando pela busca de Buda pela iluminação e a trajetória de Luke Skywalker na saga *Guerra nas Estrelas*, a jornada do herói tem sido a base da cultura contemporânea e dos sistemas de crenças por milênios. Esse tipo de história nos permite viver indiretamente, por meio de seus protagonistas e imaginar o que faríamos se nos encontrássemos no lugar deles.

Embora muitos contos heroicos tenham origem na tradição oral, uma vez que eles são passados para o papel ou filme, tendem a se tornar entidades fixas. Apesar dos ajustes periódicos de George Lucas no material de origem, os filmes de *Guerra nas Estrelas* não se alteram materialmente de uma exibição para a outra. Você pode assistir *Star Wars: Uma Nova Esperança* cem vezes diferentes, memorizar todos os diálogos e se sentir emocionalmente conectado aos personagens, mas o filme não evoluirá para corresponder ao seu domínio dele. Ele permanece o mesmo, ainda que você cresça e mude, oferecendo a mesma experiência repetidamente. De fato, a fome por novas experiências dentro do universo de *Guerra nas Estrelas* é o que estimula a criação de tantas fanfics da saga.

Da mesma forma, o engajamento passivo tem sido a forma predominante de envolvimento com a mídia monomítica. O seu papel na história era limitado ao de um espectador. Ainda que os contadores de histórias habitassem *A Odisseia* a cada vez que a contavam, os ouvintes não podiam se colocar fisicamente no lugar de Ulisses e experimentar a adrenalina de fugir do Ciclope, navegar Cila e Caríbdis ou combater Circe. Ler sobre a jornada heroica de outra pessoa pode ser emocionante de seu próprio jeito, mas, do ponto da satisfação psicológica potencial que alguém pode tirar da experiência, não é o mesmo que ter suas próprias aventuras. Essa limitação se aplica a muitos outros tipos de histórias, fantasias e experiências em nossa cultura. A maioria de nossos pontos de contato culturais não são particularmente interativos. Não importa o quanto você queira, você não pode vivenciar como é ir para Hogwarts: uma lição dolorosa que todas as crianças de 11 anos — incluindo, era uma vez, este autor — devem ter aprendido no fim.

Por décadas, os jogos digitais têm enviado pessoas comuns para todos os tipos de aventuras potencialmente transformadoras que Campbell consideraria canônicas. “Um herói sai em uma jornada” é, efetivamente, a sinopse da maioria dos jogos digitais atuais. No processo de avançar em um jogo, os jogadores aprendem novas habilidade, encontram pessoas e informações que auxiliam em seu percurso e passam a entender o mundo do jogo melhor do que entendiam quando iniciaram. Dentro do contexto dos jogos MMORPGs, que podem conter milhares de outros humanos habitando o mesmo espaço, eles podem começar a parecer mundos inteiros. Jogos digitais são otimizados para proporcionar a seus participantes o tipo de experiências positivas que permite que eles se tornem, de certo modo, os heróis de suas próprias histórias. Gêneros como os jogos de estratégia em tempo real, jogos de simulação e, até mesmo, simuladores de voos fornecem uma riqueza de experiências potenciais. É certo que, esses jogos são geralmente limitados em sua interatividade; até mesmo os mais avançados jogos atuais são, em última análise, universos simples quando comparados ao mundo real.

Mesmo com suas limitações, os jogos de hoje em dia são aperfeiçoamentos do grupo de aventuras históricas disponíveis no mundo real, até porque é, por certo, muito difícil viver aventuras heroicas no mundo real. Mas, assim como o surgimento de jogos digitais expandiu o acesso a experiências de entretenimento, os mundos virtuais oferecerão acesso a experiências muito mais consequentes. Se o advento dos jogos digitais concedeu ao mundo um novo paradigma para experiências com jornadas heroicas, então os mundos virtuais farão com que essas experiências importem. Essas jornadas estarão situadas em mundos vivos com importância real para a sociedade. Esses mundos disponibilizarão a seus usuários oportunidades nunca vistas antes para vivenciar sentimentos de competência, autonomia e afinidade.

Para que uma experiência importe, você deve ser capaz de controlar um amplo alcance de decisões e opções, e não ter elas limitadas artificialmente por parâmetros impostos por outra pessoa em sua busca. Você deve sentir o tipo de afinidade que vem de investimentos reais nas apostas do mundo em que você existe. Você pode até estar criando esses mundos em conjunto por meio de suas ações, de maneiras que se baseiam significativamente nas oportunidades mais primitivas de criação disponíveis hoje em jogos como *Minecraft* e *Roblox*. Você pode até mesmo ganhar a vida fazendo isso — uma perspectiva que discutirei no Capítulo 7.

Além da satisfação de motivações intrínsecas existe uma segunda dimensão do que pode fazer uma experiência ser valiosa: as habilidades, lições e perspectivas que ganhamos a partir dela. Quando estudantes vão para a faculdade, por exemplo, eles esperam aproveitar seu tempo lá. Porém a maioria deles também espera aumentar seu conhecimento enquanto aprendem sobre o mundo e sobre si mesmos e que essas lições lhes sirvam para o resto de suas vidas. As experiências podem tanto produzir mercadorias quanto funcionar, elas mesmas, como mercadorias. São tesouros da mente que podem não só nos satisfazer, mas nos tornar melhores, incluindo aumentar nosso potencial de ganhos e status social.

Não há nada imediatamente produtivo sobre uma experiência útil, pelo menos pelos padrões dominantes da era industrial. Pelo contrário: experiências úteis por via de regra consomem tempo e atenção que você poderia estar devotando a seu trabalho. Se você for para a faculdade estudar técnicas de administração agrícola, essa escolha geralmente significa que você não estará em casa, na fazenda da família, quando eles precisarem de sua ajuda para a colheita. Mas, se experiências minam sua produtividade a curto prazo, elas tendem a fazê-lo mais motivado e produtivo a longo prazo.

Viajar é um exemplo clássico de uma experiência não diretamente produtiva, mas que é vista como uma forma proveitosa de usar o tempo. O conceito de aventuras juvenis turísticas que mudam sua vida tem sua origem na tradição iluminista conhecida como Grand Tour, na qual jovens ricos marcavam sua entrada à vida adulta passando meses ou anos imersos em toda a arte, cultura e história que a Europa tinha a oferecer. O raciocínio era que havia um grande valor inerente em ver e experimentar o mundo mais vasto, e que o valor a longo prazo de tirar um tempo para viajar excedia o valor a curto prazo de se passar aquele período em uma atividade mais essencialmente produtiva.

Embora a premissa do Grand Tour seja agradável, o fato é que existia somente uma parte muito pequena de seres humanos na Terra que podiam dar-se ao luxo de passar meses ou anos longe de casa explorando a Europa na esperança de que, de alguma forma, pudessem melhorar através da proximidade de grandes obras de arte e catedrais góticas. Historicamente, a tecnologia tem servido como um equalizador de experiências. Nos últimos 150 anos, melhorias em tecnologias para viagens fizeram o Grand Tour ser acessível para qualquer pessoa que possa pagar uma tarifa aérea com desconto e um beliche em um albergue. Viajantes modernos agora podem ver os mesmos pontos turísticos que seus ricos antepassados, por uma fração do tempo e custo que uma jornada dessas costumava levar.

Assim como o surgimento de voos baratos e albergues ubíquos se aperfeiçoou e democratizou a experiência de viagens pela Europa, tecnologias digitais têm sido usadas há muito tempo para acelerar e simplificar muitos outros tipos de processos que consomem muito tempo e trabalho, servindo para separar as pessoas de experiências potencialmente úteis. Quer estejamos tentando aprender algo novo, fazendo download de um monte de livros e artigos ou simplesmente procurando oportunidades de comunicação e conexão com velhos amigos, estamos todos acostumados a usar computadores para alcançar um espectro mais amplo de experiências confiáveis e de alta qualidade do que poderíamos acessar no mundo exterior. O mesmo será verdade dentro dos mundos virtuais de amanhã.

O propósito dos mundos virtuais é criar, de modo eficiente e confiável, experiências úteis e gratificantes para seus participantes. Sua habilidade única de processar e gerenciar complexidade permitirá que eles produzam esses tipos de jornada interior de alta qualidade com precisão e regularidade. A chave para manter padrões de qualidade recairá em nossa aptidão de medir e quantificar a satisfação relativa e o valor de uma experiência em um mundo virtual, comparando-a a uma experiência similar em outro. A métrica relevante aqui não é somente atenção, mas engajamento a curto e longo prazo.

Por fim, à medida que mundos virtuais se tornam não só simulações complexas e vívidas, mas também ambientes que podemos acessar através de interfaces ainda mais ricas, eles podem começar a igualar e exceder a gratificação possível no mundo real. Para entendermos a progressão de experiências dentro dessa evolução projetada, gostaria de tocar no conceito de *experiências próximas e distantes.*

## EXPERIÊNCIAS PRÓXIMAS E DISTANTES

As experiências que chamo de *experiências próximas* são aquelas disponíveis para nós agora mesmo ou que estarão disponíveis em breve, baseadas nas tecnologias que temos no momento ou que estamos bem próximos de ter. O que chamo de *experiências distantes* são aquelas que podemos esperar ter em algum momento, a partir da evolução esperada das tecnologias que usamos para criar e acessar essas experiências. Podemos comparar a "internet próxima" de 25 anos atrás — um apanhado, em grande parte caseiro, de sites pessoais, gráficos com baixa resolução e boas intenções — com a internet elegante, sofisticada e hiperfuncional de hoje como um modo de entender esse conceito. Nós estamos, presentemente, na experiência distante da internet e embora, de uma perspectiva de impacto social, ela possa ter evoluído ao longo do tempo, a quantidade e qualidade das possíveis experiências atuais disponíveis ali ampliaram-se tanto que a internet de hoje mal se parece com a que tínhamos no início.

As experiências próximas nos mundos virtuais atuais e nos jogos online com múltiplos jogadores em larga escala são muito diferentes das que, eventualmente, estarão disponíveis para nós em um futuro próximo. Mas, assim como o começo da internet parecia mágico e significativo para seus usuários, as experiências próximas dos mundos virtuais atuais são igualmente transformadoras à sua maneira. Mesmo agora, as pessoas conseguem ter experiências educacionais e sociais em mundos virtuais que melhoram as oportunidades equivalentes disponíveis no mundo real — enquanto também melhoram as oportunidades disponíveis na internet distante, com a qual hoje estamos todos acostumados.

Tomemos, por exemplo, o processo de fazer novos amigos e construir novos relacionamentos online. Existem várias histórias de pessoas que nunca se encontraram pessoalmente, mas se tornaram amigos de verdade através, em exclusivo, das trocas realizadas ao longo do tempo na internet. Experiências compartilhadas criam um espaço em comum de referência no qual se torna mais fácil construir um relacionamento significativo — e os mundos virtuais podem facilitar esse processo com mais eficácia do que as mídias sociais ou os videogames. Mesmo ambientes sociais interativos em jogos são, em geral, limitados a um pequeno grupo de jogadores, que normalmente não podem falar ao mesmo tempo ou interagir com o mundo de maneiras complexas. (Esses tipos de limitações são em grande parte técnicas, e as discutirei com mais profundidade no próximo capítulo. É importante notar que tecnologias mais novas, como a plataforma metaversal M², permitem que dezenas de milhares de jogadores se reúnam.)

Pesquisas mostram que compartilhar experiências memoráveis com um estranho é um modo confiável para criar uma conexão duradoura com aquela pessoa, transformando assim um estranho em um amigo. No livro *Friendship Processes*, Beverley Fehr categorizou quatro "variáveis diádicas" na formação de amizades, a primeira sendo "companheirismo (i.e., compartilhando uma atividade ou experiência)". Em um artigo de 2004 na revista *Personal Relationships,* Barbara Fraley e Arthur Aron descobriram que dividir uma experiência engraçada levava a uma maior probabilidade de sentimentos de proximidade com seu parceiro de interação. Escrevendo sobre amizade dentro de mundos virtuais em um artigo de 2011 para a revista *Ethics and Information Technology,* Nicholas John Munn argumentou que "na medida em que a atividade partilhada é um elemento central na formação de amizades, estas podem moldar-se em mundos virtuais imersivos, assim como acontece no mundo físico".

Mundos virtuais irão industrializar a produção de experiências compartilháveis realçando assim o processo de fazer amigos. Jogos online podem ter isolado comunidades focadas em jogar um único jogo. Mesmo que amizades possam surgir e o façam nesses ambientes, elas são geralmente limitadas a seus modos de expressão dentro do jogo. Os mundos virtuais prósperos e interligados que fazem parte de um metaverso criarão muito mais contextos em que as pessoas poderão se encontrar, ter razões confiáveis para formar relacionamentos de longo prazo e buscar desenvolver estes. Você pode encontrar uma celebridade em um estádio com milhares de pessoas em um mundo virtual e vivenciar uma fascinante interação cara a cara envolvendo o teletransporte para um outro mundo, embarcando em uma aventura que seria impraticável, impossível ou insegura no mundo real. Poderá até levar a um emprego virtual trabalhando com seu ídolo. Muitos tipos de interações sociais do mundo real são potencialmente mais adequados para o espaço virtual, mesmo que seja por razões de conveniência. Um comício político para um grande movimento internacional poderia envolver fãs e apoiadores do mundo congregados instantaneamente. Um campus universitário global poderia existir, misturando estudantes de todos os lugares em um contexto livre de muitos tipos de discriminação.

A experiência próxima de aprender em mundos virtuais também melhorará as experiências equivalentes na internet e no mundo real. Em *Matrix*, Neo, o personagem de Keanu Reeves, tendo acabado de escapar da simulação do computador titular, faz o download de várias técnicas de luta diretamente para seu cérebro. Ele o faz através de uma conexão neural direta com um computador, o que lhe permite que fique instantaneamente experiente em jiu-jítsu, taekwondo, kung fu e inúmeros outros métodos de combate.

Em um mundo sem interfaces avançadas entre cérebro e computador é improvável que aprender kung fu — ou qualquer outra habilidade — um dia será tão fácil quanto apertar um botão. Contudo, a premissa básica da cena citada não é tão improvável. É, no mínimo, uma representação metafórica das maneiras pelas quais uma experiência de aprendizagem auxiliada por computador pode ser diferente em alcance e velocidade de sua homóloga no mundo real. No mundo real, são necessárias décadas para estudar, meditar e treinar o suficiente a fim de dominar o kung fu. Entretanto, no mundo de *Matrix*, Neo é capaz de simular uma década de treinamento em kung fu e condensar o processo de prática em um período de tempo curtíssimo. O computador não só baixou um punhado de livros sobre kung fu para o cérebro de Neo: ele o submeteu a inúmeras simulações de combates de kung fu em uma rápida sucessão, até que ele acumulasse experiência suficiente para poder dizer que tinha dominado a arte.

Existem paralelos no mundo real com esse tipo de formação rápida de habilidades. Pegue, por exemplo, o jogo conhecidamente desafiador Go. A empresa britânica DeepMind desenvolveu um produto chamado AlphaGo em que era possível dominar o jogo tão completamente que inventou novas estratégias que surpreenderam os melhores jogadores do mundo. A AlphaGo desenvolveu esse conhecimento, em parte, ao jogar contra si mesmo em um vasto número de partidas em tempo acelerado, aprendendo com cada experiência. Esse processo é uma versão muito mais eficiente das formas pelas quais jogadores humanos aprendem com seus erros através de experiências produtivas. Acesso a um metaverso de mundos simulados abrirá milhares de possíveis ambientes de aprendizado nos quais podemos aperfeiçoar de forma drástica a performance no mundo real em várias atividades.

Como mostram os exemplos, estratégias e habilidades que levariam um tempo considerável a serem desenvolvidas no mundo real podem emergir rapidamente a partir de simulações. Enquanto simulações conseguem ajudar as pessoas a aprenderem rapidamente, elas também permitem que indivíduos e grupos se envolvam em situações e experiências totalmente novas e aprendam com elas, para assim estarem melhor preparados quando situações semelhantes surgirem no mundo real. Modelos e memórias de experiências passadas são a base do aprendizado, o que quer dizer que um mecanismo que gera experiências é a maior ferramenta de aprendizado.

Existem incontáveis aplicações práticas para o aprendizado mediado por um poderoso mecanismo de experiência digital. Tomemos como exemplo a guerra e as táticas militares. Por milênios, o treinamento militar e o planejamento estratégico foram processos imprecisos. Você pode submeter um soldado ao treinamento e um pelotão a um exercício de jogos de guerra, mas o fato é que um ambiente de treino, seja ele físico ou psicológico, será sempre diferente dos ambientes encontrados em situações de combate reais. Do mesmo modo, embora os estrategistas militares possam formular planos de batalha e contingência, basicamente não passam de suposições fundamentadas. Como diz o ditado militar, “Nenhum plano sobrevive após o primeiro contato com o inimigo". Não existe um jeito de saber realmente se um plano funcionará, ou exatamente como ou se plano é falho, até que ele seja aplicado. Então, caso o plano não funcione, geralmente é tarde demais para descartá-lo e criar um melhor.

No mundo real, as forças armadas têm sido consideravelmente lentas para evoluir suas táticas. A história militar nos mostra que quando um exército encontra uma nova situação para a qual não está preparado — terreno novo e desconhecido, novas armas poderosas, um oponente com táticas de combate pouco ortodoxas — acaba perdendo de forma terrível. Durante a Primeira Guerra Samnita, por exemplo, os romanos haviam utilizado o sistema grego de falange para combate, mas descobriram que ele era inadequado para as colinas rochosas de Sâmnio. Foram necessárias uma série de derrotas durante a Segunda Guerra Samnita para que Roma mudasse por completo para um sistema novo de organização de campo chamado manípulo. Esse sistema era bem mais maleável, Roma foi muito mais bem-sucedida, Sâmnio foi, finalmente, posta sob o controle de Roma e Roma conquistou a maior parte do mundo conhecido. Mas as lições da última guerra nem sempre são relevantes para quando a próxima aflorar. Em vez disso, há normalmente um novo oponente, com táticas novas e desconhecidas e o ciclo de encarar a próxima guerra com estratégias da última se inicia novamente.

Esse ciclo acontece, em parte, porque as forças armadas simplesmente não lutam em tantas guerras assim, o que significa que não acumulam a experiência necessária para melhorar o ajuste de suas estratégias para obter os melhores resultados. Como descrito no brilhante livro de Ben Wilson sobre a história naval britânica, *Empire of the Deep*, as navegações europeias levaram centenas de anos para progredir através de diferentes interações táticas somente para perceber que estratégias simples, como organizar "navios da linha" e disparar em uníssono, seria mais eficaz que planos intricados e impossíveis de executar devido a confusão da guerra naval. As estratégias militares são uma questão de tentativa e erro e, se não houver muitas tentativas ou se as tentativas malsucedidas resultarem na sua morte, levará muito tempo para minimizar ou eliminar falhas.

Os mundos virtuais tornarão muito mais fácil para os militares acelerarem seus processos de aprendizado e se prepararem para situações de combate que ainda não aconteceram, em vez de dependerem de suposições, intuição e lições antigas que podem não ser mais relevantes. Hoje, graças ao trabalho pioneiro no metaverso, liderado por algumas poucas empresas (incluindo, devo acrescentar de maneira egocêntrica, a minha), as forças armadas são capazes de usar mundos virtuais para simular cenários de combate repetidamente, da mesma forma que o AlphaGo simula milhões de jogos de Go antes de enfrentar os melhores jogadores do mundo. Eles podem colocar soldados contra insurgentes em um terreno virtual, repassar essas batalhas várias vezes e gradualmente extrair lições a partir dos resultados; essas lições podem, então, ser aplicadas em situações no mundo real, como um modo de nivelar a curva de aprendizado e obter melhores resultados em terra. O ditado militar sobre nenhum plano sobreviver ao primeiro contato com o inimigo se torna menos relevante se você conseguir testar seu plano um milhão de vezes no espaço virtual antes de aplicá-lo na vida real. Essas tecnologias agora se estendem a simulações em grande escala de nações inteiras. É possível que, no futuro, as forças armadas mais poderosas sejam aquelas capazes de ver além de esquinas metafóricas, através do acesso a várias realidade hipotéticas. No livro *Periféricos*, o autor William Gibson prevê um cenário no qual novas armas são descobertas ao observar-se uma realidade fictícia envolvida na Terceira Guerra Mundial.

Experiências próximas e distantes terão a oportunidade de ser tão significativas e objetivas quanto as experiências equivalentes no mundo real. Com o tempo, uma vez que o metaverso atinja uma massa crítica, encontraremos cada vez mais situações em que uma experiência metaversal será qualificável e confiável, mais gratificante e útil que a melhor versão plausível de seu equivalente no mundo real — em que as pessoas extraem mais valor de experiências no mundo virtual do que no mundo real. Mesmo que seja difícil imaginar a humanidade algum dia cruzando essa linha, eu os remeterei aos antigos metaversos descritos no Capítulo 1 para notar que temos uma vasta experiência em caracterizar outros mundos como melhores ou mais significativos e gratificantes que nosso mundo presente. Uma vez que criarmos um outro mundo recompensador que pessoas possam realmente visitar, então aquele mundo poderá começar a eclipsar o nosso em termos do valor dado a ele pelas pessoas.

Como vimos nos último cem anos, a economia industrial não está configurada para produzir satisfação individual. O pressuposto de que a felicidade está ligada às formas de produção e consumo é falha e insustentável. Um mundo virtual focado na satisfação das necessidades individuais acabará sendo visto como preferível a um mundo cada vez mais incapaz de reconhecer, e menos ainda de atender, as necessidades de seus residentes. O mundo que promover as melhores experiências será o que terá mais valor.

Por *valor*, estou me referindo não somente à satisfação intrínseca, mas também ao valor social e econômico comercializável. Ao longo da história humana, foi agregado extenso valor aos artefatos físicos e aos relacionamentos sociais produzidos por experiências significativas. O mesmo acontecerá no metaverso. Com um excesso de experiências metaversais significativas, haverá um nível de bens e serviços equivalentes: recordações, artefatos, reputação, relacionamentos e assim por diante. A recente mania dos Tokens Não Fungíveis (NFT) indica o valor que pode ser agregado a artefatos puramente digitais. Na era da sociedade virtual, os NFTs serão totêmicos: representações simbólicas digitais de experiências significativas em um mundo virtual. Os NFTs no espaço virtual nos permitirão proteger nossas memórias mais estimadas e contá-las como os bens que são e sempre foram. O valor acumulado de bens, serviços, experiências e artefatos em um mundo virtual criará um poder econômico e cultural que será importante dentro e fora do metaverso e trará consigo tudo de bom e ruim que essas forças implicam.

No começo deste capítulo falei sobre a industrialização de experiências internas no contexto do metaverso. Assim como no mundo real, a industrialização acarreta o risco real de que os lucros e o poder que vêm com ela se consolidem em poucas mãos e que essas mãos sejam as erradas. Embora eu tenha mais a dizer sobre esse tópico na segunda metade do livro, observarei que, em um metaverso de valor ideal, se um mundo deixar de prover satisfação, você poderá se aventurar em um novo mundo que atenda mais diretamente às suas demandas. A competição entre realidades pode até mesmo servir para impulsionar melhores oportunidades para todos. Se você estiver se sentindo estagnado ou bloqueado em casa poderá sair em seu próprio Grand Tour, para se beneficiar de todas as novas perspectivas e oportunidades que esse tipo de experiência pode proporcionar.

A moeda dos mundos virtuais estará na qualidade e na quantidade das experiências que promovem. Os mundos que fizerem um bom trabalho atendendo às necessidades de experiências de seus usuários prosperarão, e os que fizerem um trabalho ruim, em última instância, fracassarão. Em seu livro *Viagem à Itália*, o escritor alemão Johann

Wolfgang von Goethe explicou que o propósito de sua longa viagem pela Europa era para "descobrir a mim mesmo nos objetos que vejo". Ver coisas maravilhosas é justamente onde o metaverso começará. Os mundos virtuais interligados serão cheios de objetos que você pode ver, sentir, tocar, segurar e usar. Haverá mais para ver, fazer, experimentar e pensar no metaverso do que podemos começar a imaginar hoje. E, apesar de os gráficos avançados terem um papel importante na oferta dessas experiências, a mudança de paradigma de que estou falando tem pouco a ver com complexidade gráfica. O que importa aqui não é a perspectiva de gráficos melhores e mais complexos — é a perspectiva de interações melhores e mais complexas. Explicarei por que no próximo capítulo.

Capítulo 4

# UMA ABORDAGEM SOBRE A COMPLEXIDADE EM MUNDOS VIRTUAIS

O filme de 2018, *Jogador Nº1,* baseado no romance homônimo de 2011, é centrado em um mundo virtual que existe no limite da experiência distante. O mundo virtual é chamado de OASIS e é, basicamente, todas as coisas para todas as pessoas: shopping center, biblioteca, patrimônio social comum, local de trabalho e lugar para aventuras de todos os tipos. Gráficos avançados e tecnologias táteis fazem do OASIS um ambiente inteiramente imersivo. Nele, incontáveis participantes podem, ao mesmo tempo, engajar-se em praticamente qualquer atividade, do fantástico ao prosaico, sem atrasos, lacunas ou falhas. O OASIS existe em contraposição ao "mundo real" de *Jogador Nº1*, que é descrito como uma terra deserta da qual as pessoas estão desesperadas para escapar.

*Jogador Nº1* está longe de ser a única peça de ficção a situar um futuro no qual complexos mundos virtuais digitalmente renderizados coexistem com o mundo real. De filmes como *Matrix*, *Johnny Mnemonic* e *Cyborg — o Dragão do Futuro* a livros como *Neuromancer* e *Snow Crash*, a cultura popular tem constantemente apresentado a realidade virtual como um meio que será indistinguível, ou até mesmo superior, à realidade. Mas as disparidades ficcionais em geral apresentadas entre esses ricos e gratificantes mundos virtuais e o mundo exterior estéril e desolado também levam as pessoas a interpretarem essas simulações digitais como mecanismos de controle ou fantasias de fuga — o "pão e circo" do mundo moderno criado para distrair participantes de suas vidas cotidianas monótonas.

Esses mundos ficcionais raramente são feitos para representar qualquer tipo de futuro idealizado para a humanidade. Pelo contrário, eles são representações de nossas falhas como espécie; dispositivos de enredo em histórias de fundo moral que apresentam futuros nos quais nossas vaidades nos levam a instaurar o inferno enquanto o chamamos de céu. O mundo real inevitavelmente se degrada nesses futuros virtuais, porque os mundos virtuais da ficção são apresentados como destrutivos, construídos para propósitos duvidosos. Nenhum valor é transferido para fora deles porque, no final, nada de valioso acontece lá dentro. Juntos, esses mundos servem como um aviso e uma previsão de que criar e habitar mundos virtuais complexos somente prejudicará a humanidade. Quando esse futuro chegar, avisam autores e cineastas, será um sinal de que nossa espécie ultrapassou o ponto de não retorno.

Para a maioria de nós, nossas experiências atuais e nossa familiaridade com os mundos virtuais ainda são mediadas por suas representações ficcionais. Livros, filmes e programas de televisão não só nos dão modelos mentais de mundos virtuais: eles também influenciam a linguagem que usamos para descrevê-los. O livro *Snow Crash* de Neal

Stephenson, por exemplo, cunhou o termo *metaverso* e popularizou o termo *avatar*. Em sua história "Burning Chrome", William Gibson desenvolveu a palavra *ciberespaço* e a definiu como uma "alucinação consensual em massa" auxiliada pela rede. Onde está a mentira?

De muitas maneiras, esses trabalhos de ficção ajudaram a trazer o metaverso digital à realidade, despertando a imaginação dos pensadores e desenvolvedores que estão ajudando na construção dos mundos virtuais de hoje e amanhã. Mas esses trabalhos também são responsáveis por muitos equívocos quando se trata do metaverso: o que ele é, o que fará e o que significará para o mundo exterior. Enquanto trabalhos de ciberficção têm ajudado a visualizar o metaverso, eles também têm servido para antecipadamente manchar o futuro, imbuindo-o com conotações de pecado e decadência.

O metaverso digital real não será um dispositivo de enredo em um filme de ficção científica. E, como escrevi no Capítulo 1, esses mundos nunca estiveram separados por completo de nosso próprio mundo. Pelo contrário: historicamente, os mundos virtuais têm criado valor para o mundo real. As versões digitais iminentes desses mundos seguirão os mesmo imperativos que seus predecessores. O objetivo social desses mundos é criar experiências úteis e complexas que tornem o mundo real melhor, e não experiências destrutivas que o tornem pior. Entretanto, para que cheguemos lá, devemos examinar os modelos com os quais estamos trabalhando, para que possamos separar fato de ficção e iluminar o caminho para um futuro complexo de forma útil. A complexidade será o tema chave deste capítulo.

Ainda estamos longe de desenvolver mundos virtuais que possam se comparar com suas contrapartes ficcionais mais rudimentares. Embora seja fácil, graças aos filmes, imaginar um metaverso contínuo de complexidade infinita, é bem mais complicado construir um. Na indústria de *games*, jogos que poderiam legitimamente ser chamados de mundos virtuais somente agora começam a chegar ao mercado e, normalmente, deixam muito a desejar. Na maioria das vezes, os mundos virtuais atuais podem comportar somente uma pequena quantidade de jogadores que praticam atividades muito básicas.

Se você não é um *gamer*, poderá achar essa afirmação confusa, especialmente porque, pelo menos superficialmente, os jogos têm se tornado mais bonitos que nunca. Uma "revolução de engines de jogos" fez com que empresas como a Unreal e a Unity criassem *front-ends* maravilhosos para experiências de jogo, com ferramentas fáceis de usar para a produção de excelentes gráficos, animações e interfaces de usuário. Esses *front-ends* juntaram-se ao surgimento de hardware gráfico dedicado que torna computacionalmente viável a representação de ambientes hiper-realistas em tempo real. Contudo, esses avanços não foram acompanhados por um progresso equivalente em termos de rede, simulação e melhorias no *back-end* ou no "lado do servidor", que permitisse aos mundos virtuais darem vida real a esses belos gráficos.

Na capacidade máxima, produtos como o Unreal Engine podem suportar não muito mais do que algumas centenas de pessoas em um mundo virtual rico antes de que os limites de execução de uma simulação inteira em um único computador causem uma pane no sistema. Quando você ouve falar de universos como *World of Warcraft* tendo milhões de jogadores, isso significa que os jogadores estão distribuídos através de muitas cópias idênticas do mesmo mundo e, portanto, não podem interagir ao mesmo tempo. Essa "fragmentação" limita drasticamente a consequência das interações com esses mundos e dentro deles. Não faz muito sentido ser o maior herói em um mundo com apenas um punhado de pessoas. Como os capítulos subsequentes mostrarão, o metaverso realmente requer uma escala enorme para atingir sua proposta de valor.

Ironicamente, ainda que indiquem corretamente os enormes recursos técnicos que resolveriam todos esses problemas e até descrevam possíveis soluções com detalhes surpreendentes (como o mecanismo de simulação distribuída mencionado em *Jogador Nº1*), representações ficcionais de mundos digitais inclinam-se à má interpretação do objetivo e do propósito do metaverso, que é facilitar a transferência contínua de valor de um mundo para outro. Em vez disso, habitantes desses mundos virtuais ficcionais tendem a fixar-se em escapar deles, controlá-los ou ambos. Os imperativos de enredo de mundos ficcionais também são capazes de levar os criadores a representarem seus mundos virtuais como jogos em que os participantes podem vencer, o que é um conceito um pouco confuso. Somente na ficção o metaverso será um jogo de soma zero.

A visão pessimista de mundos virtuais como ambientes viciantes que as pessoas podem usar para escapar de seus problemas se assemelha pouco ao metaverso que eu vejo sendo construído na vida real. De maneira oposta, ao prover satisfação psicológica e experiências úteis a seus usuários, os mundos virtuais melhorarão o mundo exterior dando aos usuários as ferramentas que precisam para prosperar em suas vidas cotidianas. Os mundos virtuais criarão valor para o mundo real, e o metaverso é um veículo para esse valor.

A lacuna entre os mundos virtuais que temos agora e os que vemos na ficção serve para perpetuar o ceticismo e o equívoco. O metaverso ficcional cria expectativas irreais para o metaverso real e consegue gerar suposições inexatas sobre o que precisa acontecer para que os mundos virtuais atuais pareçam “reais”. Do mesmo modo, modelos ficcionais podem levar críticos e moralistas a rejeitarem de antemão a perspectiva da sociedade virtual como algo frívolo, sem valor, ou até mesmo perigoso. Mas os únicos mundos virtuais sem valor serão aqueles inspirados pelas impressões superficiais de seus modelos ficcionais

— mundos que enfatizam a imersão visual e os gráficos hiper-realistas enquanto minimizam experiências e oportunidades úteis para a satisfação intrínseca. Esses mundos não serão complexos de forma útil. Devemos ir além desses modelos se formos criar um futuro ideal.

Assim como na ficção, na vida real muitas pessoas ainda confundem imersão gráfica e complexidade proficiente quando avaliam a qualidade e a utilidade de mundos virtuais. De acordo com muitos deles, realismo no contexto de ambientes digitais é, de modo geral, sinônimo de *fotorrealismo*. Os avatares desse mundo parecem pessoas reais e não desenhos? Seus cenários se assemelham ao tipo de visual que você veria em um filme de ação ou programa de televisão? Quando está ventando no contexto de um mundo virtual, é possível ver movimento no cabelo do avatar?

Os mundos que podem fornecer respostas afirmativas para essas e outras questões similares são, quase sempre, aqueles que são considerados os mais complexos — e, em termos do poder computacional empregado para os gráficos, eles realmente são. Contudo, essa é uma definição muito estreita de complexidade e não é muito útil quando tentamos entender o valor que o metaverso criará. A complexidade manifestada por esses mundos visualmente avançados nem sempre leva aos tipos de experiências valiosas que descrevi em capítulos anteriores. Como mostra a história dos jogos e da realidade virtual, a utilidade e o valor de um ambiente virtual, para o usuário, se devem menos à fidelidade dos recursos visuais e mais à variedade, complexidade e utilidade das experiências contidas nesses ambientes. Devemos julgar a utilidade desses mundos com base na complexidade de seus ambientes e de quão bem eles podem satisfazer motivações fundamentais.

No Capítulo 3, expliquei que mundos virtuais são veículos para a autodeterminação e a satisfação psicológica. Para começarmos a entender o *como* e o *por que* do metaverso — o metaverso idealmente valioso que eu vejo, não aqueles vazios oferecidos por corporações e pela ficção distópica —, você deve primeiro entender o conceito de complexidade no contexto de ambientes virtuais.

No restante deste capítulo, vou explorar a complexidade relacionada aos mundos conectados dentro de um metaverso digital, para que possamos separar realidade virtual de retórica. Meu objetivo é dar a você as ferramentas necessárias para diferenciar entre os níveis de complexidade que podemos gerenciar hoje e os níveis de complexidade necessários para que algumas das previsões mais ousadas sobre mundos virtuais se tornem realidade. Começarei fazendo uma breve retrospectiva da primeira onda de mundos virtuais incorporados para explicar por que ótimas interações importam mais do que ótimos gráficos quando se trata de construir um ambiente virtual complexo e sustentável. Apresentarei o conceito de *complexidade útil* para mostrar por que a profundidade é tão importante se seu objetivo é erguer mundos virtuais que possam satisfazer necessidades individuais e sociais. Explicarei os desafios tecnológicos envolvidos em ascender de um nível de complexidade para o próximo e por que "operações de comunicação por segundo" é a heurística mais importante a ser levada em conta quando avaliamos a profundidade de um certo mundo, ou qualquer infraestrutura proposta que opere esse mundo.

Em última análise, toda essa sofisticação poderá significar que os mundos virtuais acabarão parecendo mais reais que o mundo real. Ainda não estamos lá — e não só porque a tecnologia atual ainda não consegue criar figuras humanoides realistas até o último fio de cabelo. Embora muitos desenvolvedores de jogos trabalhem hoje com especialistas na teoria da autodeterminação, muitos outros continuam priorizando a imersão do usuário em detrimento da satisfação do usuário; eles escolhem projetar de fora para dentro e não o contrário. Desse modo, nós ainda estamos só começando a abordar a experiência próxima dos mundos virtuais. Ainda podemos trabalhar para criar visões novas e positivas para a experiência distante da sociedade virtual; ajudar a criar novos mundos que aumentem o nosso, e não o diminuam, mundos que reflitam e ampliem o melhor da humanidade, e não o pior.

Vamos voltar por um momento para *Jogador Nº1*. O filme termina com o protagonista Wade Watts, tendo vencido a caça ao tesouro e assumido o controle de OASIS, decidindo fechar o mundo virtual dois dias por semana para que os participantes possam reconectar-se com o mundo real. Esse é um final fundamentalmente deprimente, pois implica, entre outras coisas, que o OASIS nunca foi construído com a satisfação psicológica do usuário em mente, que iniciou com imersão gráfica apenas para que as coisas dessem errado a partir daí. Desenvolvedores do mundo real têm cometido esse erro desde os primórdios da realidade virtual. Para que possamos evitar os futuros sombrios previstos pela ficção, devemos recalibrar nosso modo de pensar e entender o tipo de complexidade que realmente importa — e sempre importou — em ambientes virtuais.

## UM CONTO DE DOIS MUNDOS

Em 1990, o aparente futuro da computação digital chegou a um shopping em Chicago. Juntamente a um museu infantil e a um restaurante temático estava o multimilionário Centro BattleTech: a primeira aplicação mundial, focada no consumidor, de uma nova tecnologia chamada realidade virtual. Por apenas US$8, clientes e turistas podiam entrar em um "cabine de controle" e passar 10 minutos jogando o que um jornal chamou de "o jogo de computador mais sofisticado do mundo". A cabine era composta por um grande monitor, que exibia os gráficos relativamente avançados do jogo, e um microfone que permitia que você falasse com seus companheiros de jogo nas outras cabines. "Eu realmente tracei uma distinção entre os salões de jogos e isso", disse Jordand Weisman, cofundador do Centro BattleTech, a um repórter de televisão de Chicago em 1990. "É o mesmo que comparar um carrossel com Disney World."

A animação com o Centro BattleTech tipificou o entusiasmo que cercava a realidade virtual (RV) nos anos 1990. A perspectiva de pisar em um mundo virtual nítido e realista era irresistível para investidores e comentaristas de tecnologia. Alguns até mesmo previram que o mundo virtual logo ofereceria experiências mais empolgantes e satisfatórias do que as disponíveis no nosso mundo. "Se [as pessoas] pudessem, digamos, jogar basquete com um Michael Jordan virtual, então elas não trabalhariam, não comeriam e não tomariam banho", disse um especialista à *Sports Illustrated* em 1991. "Comparada à RV, a realidade não é isso tudo."

O discurso foi convincente o suficiente para vários investidores de tecnologia, que gastaram milhões de dólares com pesquisa e desenvolvimento em realidade virtual. O Centro BattleTech logo se expandiu para algumas dezenas de shoppings em todo o mundo e outras aplicações de RV voltadas para o consumidor logo se seguiram. O diferencial, todos pensavam, eram os gráficos imersivos e complexos que caracterizavam a realidade virtual. Enquanto com outros jogos de computador você encarava uma tela enquanto jogava, a realidade virtual colocava você dentro do jogo. Empresas desenvolveram fones estereoscópicos que ofereciam uma visão de 360 graus do mundo do jogo e luvas digitais que transformavam a mão do usuário em uma manete. Imersão gráfica era o que dava valor a esses mundos virtuais, e o que, para muitas pessoas, os fazia parecer o futuro.

Mas o futuro nunca aconteceu. No final dos anos 1990, muitos Centros BattleTech estavam fechando e a tendência da realidade virtual tinha diminuído. O entusiasmo caiu por terra por várias razões. Primeiro, o conceito de realidade virtual havia superado a tecnologia disponível na época. Os *headsets* de realidade virtual eram volumosos e desconfortáveis, além de muito caros para usuários domésticos. Com todas as promessas e potencial dos gráficos imersivos de realidade virtual — e os gráficos *eram* avançados para a época —, eles ainda não eram, de forma objetiva, tão bons assim, e não se pareciam em nada com o mundo real. Criar um ambiente de jogos explorável e fotorrealista é mais difícil do que criar uma pintura estática fotorrealista, em grande parte porque artistas gráficos são limitados pela capacidade das ferramentas de hardware e software disponíveis para eles — e, nos anos 1990, tal capacidade não era muito alta. É difícil pintar como Richard Estes se tudo o que você tem para trabalhar é uma caixa de giz de cera.

Mesmo que você pudesse pagar por seu próprio *headset* de RV, não havia muito o que fazer com ele. Nos anos 1990, a maioria dos internautas ainda se conectava à CompuServe e à AOL por meio de modems com linha discada. O acesso à banda larga de alta velocidade ainda era, em sua maioria, exclusividade de universidades e grandes instituições. Sem a competência de se conectar a uma rede de outros usuários de RV, você acabaria perambulando sozinho por um espaço digital, jogando quaisquer jogos que você comprasse até que se cansasse deles.

E as pessoas se cansavam deles bem rápido. Apesar de o mundo da RV ser graficamente complexo e visualmente imersivo, era estéril em termos de experiência. Jogos de RV funcionavam como pinturas *trompe-l'oeil*, como se os gráficos fossem panos de fundos que visavam transmitir a ilusão de profundidade, sem oferecer nada tangível com o qual os participantes pudessem interagir de forma significativa. Você não podia vagar por esses mundos e determinar seu próprio plano. Não podia se conectar de modo significativo com outros participantes, porque não havia muitos — a infraestrutura computacional da época simplesmente não suportava muitas conexões simultâneas em tempo real para um ambiente com tantos recursos, o que por vezes limitava o valor que poderia ser criado dentro desses mundos. Simplesmente não havia muito para fazer nesses mundos virtuais além de jogar o jogo, e mesmo essa experiência tinha retornos marginais decrescentes.

A primeira onda de RV fracassou não só porque os gráficos não eram hiper-realistas ou porque a infraestrutura ainda não estava pronta para o sucesso, mas porque as pessoas não conseguiam encontrar satisfação dentro desses mundos virtuais. O que se pode tirar disso, antes e agora, é que a imersão gráfica não é suficiente para sustentar um mundo virtual útil. Imersão sem experiência é somente uma visita a um museu de cera cheio de figuras estáticas e estranhas ou, no máximo, um passeio no Disney World: um ambiente rico, mas no qual é preciso se manter em um caminho predeterminado. Um mundo virtual que, exclusivamente, enfatiza a imersão é um que aponta suas próprias limitações e nesse processo dissuade o usuário de investir por completo em seu ambiente. Tal mundo é um produto da insuficiência de complexidade. Enquanto os aparelhos de RV de hoje são bem mais sofisticados que seus predecessores, muitos dos mundos com que se conectam continuam sendo insípidos e vazios. A energia gasta em construir gráficos melhores ainda pesa mais que o esforço feito em criar mundos vivos e sofisticados.

Mesmo em 1990, observadores perspicazes perceberam que satisfação importava mais que gráficos quando se tratava de mundos virtuais. Em um artigo publicado naquele ano, falando sobre o entusiasmo e investimento sendo direcionados à realidade virtual, os desenvolvedores de software Chip Morningstar e F. Randall Farmer escreveram que "a euforia quase mística que parece atualmente cercar todo esse hardware é, em nossa opinião, excessiva e um pouco deslocada. Não podemos deixar de ter uma sensação incômoda de que tudo isso é uma distração das questões realmente urgentes".

Morningstar e Farmer também estavam no negócio dos mundos virtuais. A dupla desenvolveu em conjunto um jogo chamado *Habitat* que é, provavelmente, o primeiro mundo virtual online incorporado. Lançado pela empresa Lucasfilm Games em 1986 e executado em um dos primeiros serviços online chamado Quantum Link — um precursor do AOL —, *Habitat* foi um experimento inicial de autonomia online radical e de satisfação de necessidades individuais. Os jogadores eram livres para explorar o mundo aberto do jogo em seu próprio tempo, de acordo com seus próprios interesses e carências. Eles podiam escolher seus próprios avatares e criar suas próprias identidades. Se quisessem sair em uma caça ao tesouro, eles podiam; se quisessem somente ficar parados e conversar com outros jogadores, podiam fazer isso também. *Habitat* foi uma placa de Petri para a autodeterminação.

Com autonomia para traçar seus próprios caminhos, os participantes iam a lugares que poucos iriam prever. Um jogador criou um jornal dentro do mundo do jogo, passando mais de vinte horas por semana fazendo reportagens, escrevendo e disseminando as notícias centradas no *Habitat*. Outro jogador, um pastor na vida real, fundou uma igreja virtual, onde oficiava casamentos virtuais entre avatares. Quando, inevitavelmente, algumas dessas uniões virtuais acabavam em divórcios virtuais, os infelizes casais recorriam aos serviços de advogados no mundo *Habitat*, que mediavam a distribuição dos bens virtuais das partes lesadas. Os jogadores até mesmo elegeram um xerife virtual, que era responsável por combater crimes virtuais.

Não obstante o jogo tenha sido feito para replicar o mundo humano, *Habitat* não parecia particularmente realista. Parecia um desenho, e um desenho rudimentar. Os avatares "conversavam" uns com os outros por meio de balões de diálogo. Os cenários eram em blocos e não tinham detalhes finos: as casas eram grandes quadrados ou retângulos, os gramados eram tiras monocromáticas de verde. Essa crueza visual comparativa não incomodava Morningstar e Farmer, que acreditavam que os habitantes de mundos virtuais tinham outras prioridades: isto é, "as capacidades disponíveis para eles, as características de outras pessoas que podiam encontrar lá e os modos com que esses vários participantes podiam afetar um ao outro". Quanto à sofisticação gráfica da tecnologia em si, os dois desenvolvedores escreveram que era "uma preocupação periférica".

*Habitat* saiu do ar em 1988, mas as lições de sua arquitetura de mundo aberto e de seu modelo centrado na satisfação têm se refletido em uma sucessão de enormes ambientes de jogos com múltiplos jogadores que redefiniram o que significa existir em um espaço virtual. Do *Second Life* ao *Minecraft* ao *Eve Online*, incontáveis jogos e mundos virtuais têm, desde então, apresentado a jogadores reinos abertos nos quais eles são livres, dentro dos parâmetros do jogo e da tecnologia que o alimenta, para escolherem seus próprios destinos. Esses e outros mundos virtuais optaram por enfatizar interações complexas e a autonomia do jogador além de apenas seus impressionantes gráficos. Nesse processo, eles têm se tornado cada vez mais parte integrante da vida cotidiana de seus participantes.

O jogo em massa para múltiplos jogadores *Eve Online*, por exemplo, é um mundo virtual que está ativo desde seu lançamento em 2003. Em princípio, uma aventura espacial de RPG na qual jogadores assumem várias posições como colonos de uma nova galáxia, o mundo e as experiências vividas dentro dele provaram ser tão importantes para os participantes que um homem, o ex-jornalista Andrew Groen, assumiu a responsabilidade de atuar como historiador não oficial de *Eve Online*. Groen publicou dois livros físicos contando a história no mundo do jogo de 2003 até 2016: guerras travadas, alianças feitas, personalidades memoráveis, eventos significativos e outras coisas dignas de nota, todas relatadas, verificadas e inseridas em uma cronologia histórica clara. Os livros não tratam da história de como o jogo foi desenvolvido, mas sim da história de coisas que aconteceram dentro do mundo do jogo. Sua própria existência é um testamento à centralidade do mundo de *Eve Online* na vida de muitas pessoas.

Mais de trinta anos após o lançamento de *Habitat* e *BattleTech*, os ambientes digitais se tornaram mais satisfatórios, úteis e onipresentes do que nunca. Enquanto isso, a experiência visual oferecida pela realidade virtual se tornou muito melhor, assim como os gráficos disponíveis na vanguarda dos jogos modernos. Mas, mesmo que a tecnologia gráfica esteja melhor que nunca, muitos dos jogos mais importantes de nossa era são, na verdade, de fidelidade gráfica mais baixa do que poderiam ser. Vejamos o *Minecraft,* por exemplo, o popular jogo de mundo aberto com uma quantidade de terreno funcionalmente infinita para que seus jogadores explorem. Embora *Minecraft* seja um mundo complexo, seus gráficos são deliberadamente grosseiros. Os avatares e o terreno são em bloco e parecem desenhos animados. A estética visual do jogo é muitos níveis abaixo da experiência visual ideal que a melhor tecnologia atual pode prover.

Seus jogadores não parecem se importar muito: em agosto de 2021, o *Minecraft* contava com mais de 141 milhões de usuários ativos mensais. As pessoas não ficam doentes no *Minecraft*. Continuam jogando o jogo e continuam encontrando jeitos de fazer seu mundo funcionar para eles, e não o contrário. Ainda que o objetivo original do *Minecraft* seja minerar materiais que podem então ser usados para criar diversos itens, na prática os participantes podem escolher suas próprias aventuras dentro do mundo virtual do jogo. Tal como, muitas crianças se conectam ao Minecraft quando chegam em casa depois da escola para visitar seus amigos da escola. O jogo se tornou algo como uma praça da cidade para a geração mais nova. *Minecraft* é um condutor de experiências úteis e satisfatórias, mesmo que essas experiências não sejam particularmente imersivas.

O ideal, é claro, é que desejemos tanto a imersão quanto a experiência dentro de nossos mundos virtuais — gráficos de ponta e interações de ponta — e o bom é que, tecnológica e culturalmente, estamos nos aproximando desse ponto. Os jogos digitais de hoje podem proporcionar a seus jogadores mundos realmente interativos, em vez de apenas ilusões visuais atraentes. Enquanto isso, melhorias no poder de processamento computacional nos permitem renderizar e apresentar esses mundos — e as oportunidades disponíveis neles — a milhares de pessoas de uma só vez, em algo que se aproxima do tempo real. Finalmente, tanto o acesso à internet de alta velocidade quanto a dispositivos em rede estão hoje amplamente disponíveis. Décadas após ouvir pela primeira vez que todos logo estaríamos jogando basquete com um Michael Jordan virtual, ou percorrendo terrenos virtuais à procura de aventuras digitais, finalmente o metaverso está alcançando nossas ambições.

Como um empresário que trabalha nessa área, de vez em quando, tenho acesso a demonstrações e experiências que oferecem vislumbres de cair o queixo sobre o que pode ser possível no futuro metaversal. Em maio de 2021, por exemplo, minha empresa, a Improbable, realizou uma demonstração que incluía 4.144 avatares separados, controlados por 4.144 pessoas diferentes, em um mesmo espaço virtual, ao mesmo tempo. O objetivo da demonstração era fazer com que cada avatar controlado por um humano pudesse ver, ouvir e reagir a todos os outros avatares controlados por humanos dentro do mundo: para criar intimidade em escala.

Havia, de fato, algo profundamente íntimo e, ainda assim, vasto na demonstração, com tantos avatares autônomos existindo e trabalhando juntos ao mesmo tempo em um espaço virtual imersivo e visualmente denso. Havia uma efervescência coletiva na experiência que parecia uma amostra do que está por vir. A certa altura de nossos testes, permitimos voz em larga escala e uma horda de centenas de estranhos começaram, simultaneamente, a cantar *Africa*, de Toto. Esse acontecimento foi acompanhado de uma grande emoção, onde o metaverso pareceu de repente ganhar vida. A mente das pessoas mudou abruptamente ao aceitar aquela realidade. Cada um se sentia estranhamente constrangido, sabendo que tantas pessoas podiam ouvir sua voz. Os mundos virtuais do futuro próximo serão íntimos em uma escala ainda maior. Eles combinarão a arquitetura do mundo aberto de *Habitat* com os gráficos imersivos prometidos pela realidade virtual há tanto tempo, tudo isso para promover experiências úteis que satisfarão os sentidos e a alma. Vamos discutir como medir a complexidade que precisaremos para que isso aconteça.

## COMPLEXIDADE ÚTIL

Sabemos há muito tempo como quantificar e avaliar a imersão visual em ambientes digitais. Fazemos isso ao considerar tanto os gráficos — pixels, taxa de atualização e resolução — quanto a extensão com a qual o ambiente segue as mesmas leis naturais pelas quais o universo físico é limitado. A partir dessas entradas, podemos entender empiricamente a variância entre o que um computador pode apresentar e o que podemos ver no mundo real com nossos olhos e, em seguida, julgar quão bem-sucedido o computador foi ao criar um ambiente imersivo convincente.

Os primórdios dos jogos de computador foram definidos por experiências com níveis de fidelidade gráfica que eram somente uma fração do que humanos precisariam para que as experiências realmente parecessem reais. Em contrapartida, as experiências gráficas oferecidas pelos mundos virtuais ficcionais mais proeminentes em geral apresentavam níveis de imersão extremamente altos. Não é difícil entender como um desenvolvedor pode usar métricas imersivas para avaliar a lacuna entre a simulação e o real, tentando executar um produto mais imersivo em versões subsequentes do jogo.

Para atingir o pico de utilidade, nós precisaríamos usar métodos similares para quantificar e assim avaliar as experiências e a satisfação que um mundo pode fornecer. Um mundo virtual é um lugar que gera significado para seu habitantes. Mas como avaliar sua capacidade de prover esse significado não só para um único usuário, e sim para todos os participantes simultâneos naquele mundo?

Existem dois critérios principais pelos quais podemos avaliar a complexidade da experiência em mundos virtuais: quão rico o mundo é em termos de interação individual e quão bem o mundo consegue suportar a vasta rede simultânea de mudanças necessárias para sustentar uma sociedade. Em conjunto, esses critérios se combinam para medir a *complexidade útil* de um dado mundo. O termo, nesse contexto, tem vários significados. Por um lado, refere-se ao mundo em si e à quantidade e qualidade das experiências possíveis de serem vividas dentro dele. A complexidade útil de um mundo virtual aumenta com cada novo objeto que um participante pode pegar, segurar e implementar; cada novo ambiente que um participante pode explorar; cada novo avatar com o qual pode interagir de forma significativa. A referência aqui — a coisa contra qual a utilidade de um mundo virtual deve ser medida — é o mundo real. Este não é nada além de profundidade, e o fato de tendermos a tomar essa profundidade como garantida é um testamento para sua fiabilidade e integridade.

Imagine que você está em uma festa na casa de alguém, em uma sala cheia de pessoas. Embora possa não perceber de imediato, há um número funcionalmente infinito de coisas que pode fazer lá. Você pode interagir com qualquer item presente na sala: pode sentar nas cadeiras, ligar e desligar as luzes, olhar os livros na estante do anfitrião, comer pipoca vorazmente, pegar um abridor de garrafas e utilizá-lo para abrir uma cerveja. Pode percorrer a sala, interagindo com todas as pessoas ali presentes, conversando e rindo com eles; você também pode interagir com eles de modo não verbal, assentindo e acenando para pessoas de quem você gosta ou tentando evitar cuidadosamente aquelas de quem não gosta. Pode arrancar a camisa e colocar um abajur na cabeça em uma tentativa de se tornar a vida da festa. Pode abraçar pessoas. Pode entrar em uma briga física com elas. Pode se afastar e vagar pelo resto da casa para ter um pouco de paz. Existem inúmeras possibilidades para você interagir com o ambiente da festa e tudo o que está lá — e dependendo de como essas interações se desenrolam, elas podem ter consequências de curto ou longo prazo no futuro. (Se você começar uma briga em uma festa no mundo real, por exemplo, você pode não ser convidado para a próxima.)

Mesmo um ambiente familiar no mundo real é capaz de ser rico em possibilidades interativas. E aqui existe outra coisa importante a ser notada: todas as outras pessoas na festa no mundo real também estão tendo sua própria experiência individual da festa enquanto você está tendo sua experiência da festa. (O mundo real é ótimo em prover intimidade em escala.) Não importa quantas pessoas fiquem amontoadas naquela sala, suas experiências individuais serão limitadas, principalmente, por suas próprias escolhas e não pelo ambiente em si. Sim, em uma festa em casa no mundo real, fica mais quente dentro da casa e leva mais tempo para chegar à cozinha à medida que mais pessoas surgem, mas a casa em si não apresenta falhas e demora mais para ser renderizada quando está cheia de gente.

Essencialmente, todas essas experiências individuais se combinam. Todo participante consegue, simultaneamente, experimentar todas as mudanças no ambiente, o que pode criar oportunidades maravilhosas e profundas para experiências emergentes. Intuitivamente, é possível entender como a conectividade gerada quando muitas pessoas se encontram pode criar oportunidades que, de outra forma, seriam improváveis. Pense na mágica de um canto espontâneo em estádios de futebol, por exemplo, que requer a coordenação rápida entre milhares de pessoas reagindo umas às outras de uma só vez.

Representações ficcionais de mundos virtuais, como o OASIS em *Jogador Nº1,* são capazes de apresentar perfeitamente todos seus participantes com profundidade infinita e equivalente. Contudo, por razões técnicas, os mundos virtuais atuais até o momento têm tido dificuldade em corresponder a esse tipo de complexidade útil. É preciso um imenso poder de processamento para criar e renderizar um ambiente digital no qual cada objeto e indivíduo seja igualmente interativo, e que possa sustentar um número crescente de participantes, oferecendo as mesmas oportunidades de experiência para todos eles. Mas, o que é ainda mais importante, esse problema não tem nada a ver com a construção de gráficos melhores. É um problema de comunicação e rede.

Um sistema deve ser capaz de entender e capturar todos os diferentes participantes conectados e conciliar seu acesso às informações — um pouco como uma grande torre de controle de tráfego aéreo, ainda que deva operar a uma velocidade insondável. Embora este livro não tenha o objetivo de focar na ciência da computação do metaverso, é válido destacar rapidamente que esse problema é muito mais difícil de ser resolvido do que parece. Até mesmo sistemas modernos enormes como o Google Search ou a loja da Amazon baseiam-se na solução do que é conhecido como problemas "embaraçosamente paralelos". Quando duas pessoas fazem uma solicitação de pesquisa ou tentam comprar um par de meias, não há necessidade de troca de informações entre esses participantes. Essas solicitações podem simplesmente ser transferidas e tratadas por processos diferentes. No entanto, o problema de construir uma realidade social interativa densa não pode ser resolvido dessa maneira, uma vez que conceber a perspectiva de um usuário requer conhecer algo do que todos os outros usuários estão fazendo, em tempo real. Ao passo que o número de usuários cresce, o problema se torna muito mais difícil.

Na próxima seção, falarei mais sobre o que exatamente é preciso para maximizar esse tipo de operações de comunicação; por enquanto, todavia, é suficiente dizer que, com cada passo que damos na direção de fazer mundos virtuais mais universalmente e simultaneamente interativos, também chegamos mais perto de otimizar as experiências úteis que podemos encontrar neles e a extensão das sociedades que esses mundos podem suportar. Enfim virá o dia em que uma festa em um mundo virtual parecerá ainda mais autêntica do que uma festa no mundo real, porque haverá mais experiências úteis disponíveis em uma festa metaversal do que em seu equivalente no mundo real. É possível que você consiga perceber isso de várias perspectivas ao mesmo tempo; por exemplo, é viável que consiga examinar uma sala repleta de pessoas e saber imediatamente o nome e a ocupação de cada participante. Por enquanto, porém, estamos trabalhando para nos aproximar do nível de profundidade do mundo real, colocando um chapéu de festa virtual por vez.

A boa notícia é que um mundo virtual não precisa refletir exatamente o nível de profundidade do mundo real para suportar uma sociedade. Afinal de contas, *Habitat* foi um ambiente cartunesco que mesmo assim suportava uma sociedade complexa em termos de experiência. As sociedades virtuais podem e vão surgir sempre que um mundo for suficientemente amplo, resiliente, persistente e consequente. A complexidade surge de modo natural a partir de mundos abertos para facilitar as interações do usuário, apresentar uma variedade de experiências valiosas e permitir que os usuários tracem seus próprios caminhos dentro do mundo. Esses tipos de mundo são aqueles nos quais a complexidade também pode ser aplicada para resolver problemas no mundo real.

Se um mundo é complexo o suficiente para modelar de forma precisa cenários do mundo real, então podemos começar a usá-lo para apoiar métodos ideais de ensaio para todos os tipos de trabalho e passatempo: planejamento urbano, gestão de desastres, lançamento e desenvolvimento de produtos. Com o tempo, os mundos virtuais funcionarão como máquinas do tipo "e se" que poderemos usar para responder a perguntas sobre as coisas, de maneira que possamos passar de uma sociedade que muitas vezes é geralmente prejudicada por problemas complexos para uma que possa aprender a gerenciar melhor a complexidade no mundo real. (Devo observar que essa visão exigirá um grande aumento na complexidade computacional de tais mundos virtuais.) Esses mundos serão úteis tanto em nível individual quanto social. Eles criarão valor real e duradouro para seus usuários e para a sociedade.

O objetivo dos desenvolvedores deverá ser criar ambientes que sejam úteis de todos os meios mencionados: ambientes que possam sustentar incontáveis interações simultâneas com incontáveis itens e usuários, oferecendo, juntos, oportunidades crescentes de satisfação psicológica e também criando valor que possa ajudar a tornar o mundo real mais produtivo, prático e inteligente. Quando um mundo virtual conseguir satisfazer consistentemente essas três necessidades, saberemos que estamos nos aproximando da verdadeira profundidade e da utilidade máxima.

Mas qual será nosso critério? Como podemos quantificar a progressão da jornada em direção à utilidade máxima? Muito da conversa sobre mundos virtuais carece de rigor empírico — terei mais a dizer sobre isso no próximo capítulo — o que leva a muitas promessas e expectativas irreais e mantém a imagem popular do metaverso presa à suas representações ficcionais e à falácia de seus promotores mais interessados. Uma métrica viável para a utilidade tornará mais fácil para observadores neutros distinguirem entusiasmo de realidade e dará aos desenvolvedores algo concreto para alcançar enquanto trabalham para criar mundos virtuais que, em seu potencial máximo, poderão vir a ser mais úteis que o nosso. A métrica que considero melhor foi criada por meus cofundadores da Improbable, e é chamada de *operações de comunicação por segundo*. Pense nela como o mega-hertz do metaverso.

## O MEGA-HERTZ DO METAVERSO

Se você tivesse que criar um único videogame que uma criança pequena, um orangotango e um marciano pudessem entender igualmente bem, dificilmente faria melhor do que replicar o *Pong*. Lançado pela Atari em 1972, o primeiro videogame de sucesso comercial se mantém como um dos mais simples da história desse meio. Uma versão simulada do tênis de mesa, *Pong* possui duas "raquetes" — linhas brancas grossas que se movem em um eixo vertical nos dois lados da tela — que os jogadores usam para lançar uma bolinha de um lado para o outro por cima de uma "rede" de linhas pontilhadas que separa a tela em dois. Se seu oponente não conseguir devolver seu lançamento, você marca um ponto. Para todos os efeitos, o jogo é esse.

Existem três partes que se movimentam em um jogo de *Pong*: as duas raquetes e a bola. A qualquer momento, pode haver no máximo três coisas acontecendo separadas e simultaneamente. Operações por segundo é uma medida de quantas coisas separadas e simultâneas podem acontecer em um ambiente virtual, ao refletir quantas mensagens estão sendo enviadas ou devem ser enviadas ao mesmo tempo para modelar esse ambiente. Como exemplo, no momento em que escrevo, um jogo de *Fortnite* que permite a interação entre 100 jogadores requer cerca de 10 mil operações de comunicação por segundo. Essa estatística significa que o servidor precisa processar todas essas mensagens e também enviá-las rapidamente para os computadores de cada usuário conectado que precise delas.

Adicionar mais jogadores e ter que sincronizar cada vez mais informação acabaria sobrecarregando o servidor de tal forma que o jogo ficaria lento e depois travaria. Quanto mais interativo o jogo se torna, mais operações por segundo são necessárias, já que mais informações precisam ser sincronizadas. Se, de repente, o mundo estiver cheio de tigres com raiva, então todos aqueles tigres criarão mudanças que deverão ser propagadas para todos os outros participantes que podem vê-las, criando uma carga de comunicação ainda maior. Quanto mais operações por segundo o mundo for capaz de suportar, mais rico, realista e imersivo ele se tornará. A métrica quantifica a potência que, em seu limite mais alto, poderá tornar a realidade virtual algo próximo ou superior à realidade.

A julgar pela perfeição das interações que ocorrem lá, a maioria dos mundos virtuais que vemos na ficção ostenta um nível funcionalmente infinito de operações por segundo. Mas o infinito não pode ser alcançado no mundo real. Pelo contrário, nossas operações máximas por segundo são limitadas pelas capacidades das tecnologias que dão suporte aos mundos virtuais que construímos — e à medida que nos aproximamos desses limites, nossos mundos virtuais podem começar a parecer um pouco instáveis. Imagine que alguém coloque um peso de 1kg nos seus ombros e que a cada poucos segundos esse peso aumente, 1kg por vez. Você aguentará facilmente suportar o peso nos primeiros minutos, mas chegará um momento em que começará a ter dificuldades. Seus joelhos e costas vão tremer; você começará a suar e a ficar tenso. No final, não importa o quanto tente ficar em pé, o peso se tornará demais para você e desmoronará sob ele. Não importa o quão forte você seja, sempre haverá um ponto de colapso.

O mesmo sempre valeu para mundos virtuais e os níveis de operações por segundo que são capazes de sustentar. Seria necessário um número impressionante de operações por segundo para simular de forma convincente o mundo real. Vamos voltar ao exemplo anterior da festa virtual como um modo de esclarecer esse conceito. Um mundo virtual de utilidade máxima não teria apenas que ser competente para sustentar e apresentar as incontáveis operações de comunicação simultâneas que acontecem em uma festa virtual — teria que ser capaz de fazer isso para centenas de festas virtuais acontecendo simultaneamente em todo seu mundo. Teria que poder sustentar um espetáculo virtual onde 50 mil pessoas estão juntas em um mesmo espaço. Teria que ser suficientemente amplo para nos deixar simular uma guerra inteira.

A partir desse ponto, estaríamos olhando para bilhões, até mesmo trilhões, de operações de comunicação por segundo, servidas a clientes conectados em todo o mundo e com uma latência suficientemente baixa para permitir interações em tempo real. Esse é um desafio absolutamente colossal e é, com frequência, ignorado quando as empresas lançam trailers bem-feitos que prometem tais futuros. Mesmo que você seja capaz de suportar tais escalas, encontrará novos desafios relacionados. Mas como testar uma infraestrutura dessa magnitude? Como evitar que ela seja vítima de hackers e exploits, ou que funcione com estabilidade considerável para que lhe seja confiada a gestão de ativos digitais de valor elevado? Empresas como o Google construíram milagres modernos com suas infraestruturas de pesquisa que superam, em muito, a complexidade de quase tudo no planeta, mas, mesmo esse tipo de capacidade não está nem perto do que seria necessário para construir uma verdadeira representação do mundo real em que todos poderiam entrar — não por ordens de grandeza.

Como regra geral, ao construir sistemas distribuídos difíceis — tipos de sistemas de computador nos quais muitos dispositivos diferentes devem interagir para executar algum recurso —, à medida que a escala cresce por um fator de dez, você precisa de tipos completamente diferentes de arquitetura para gerenciar o crescimento e os desafios cada vez maiores que representa. Na atualidade, existem muitas empresas que afirmam estar a um pulinho do metaverso — e ainda assim não oferecem quase nenhuma demonstração de soluções reais de trabalho para os complexos problemas descritos. Espero que este capítulo tenha preparado você para questionar a utilidade de demonstrações gráficas brilhantes como prova de que um produto ou empresa possa, realmente, suportar mundos virtuais úteis.

Algum dia chegaremos ao ponto em que os mundos virtuais serão extremamente úteis — e, como indicado antes, o critério de qualificação será uma questão de escala. Conforme o número de pessoas simultaneamente envolvidas em um mundo virtual cresce, assim também cresce o valor desse mundo. Se milhões de pessoas estiverem engajadas em um mundo virtual e todas elas estiverem tendo experiências ricas, complexas e satisfatórias, então esse mundo será imensamente valioso.

Logo começará a gerar não só valor intrínseco, mas também valor extrínseco significativo. Então seremos capazes de quantificar o valor que o mundo apresenta, e esse mundo começará a se tornar uma força econômica. Uma vez que tenhamos mundos poderosos o suficiente para otimizar as experiências e ajustá-las para atingir o pico de utilidade e satisfação, alcançaremos o tipo de experiência de RV prometida trinta anos atrás — o tipo da qual você não quer sair, não porque está tentando fugir de sua "vida real", mas porque o mundo virtual é uma perfeita extensão e um aprimoramento de sua vida real.

Pode-se dizer que as muitas visões distópicas dos mundos virtuais acertaram em pelo menos uma coisa: a ideia de que o mundo real está, de fato, à beira do caos. Uma pergunta importante a ser feita à medida que nos aproximamos da era da sociedade virtual é se usaremos nossos mundos digitais para escapar de um mundo em dificuldade ou se ajudaremos a corrigi-lo. Na ficção científica, essa pergunta já foi respondida. A ficção nos diz que quando nos reunimos em mundos virtuais, simultaneamente abandonamos o nosso próprio mundo. Contudo, no mundo real, podemos fazer escolhas diferentes e melhores. Podemos aprender com as lições dos mundos virtuais e usá-las para ajudar a consertar muitas das coisas que estão atualmente erradas no mundo real, sob as perspectivas social, econômica e política.

Mas os mundos virtuais não afetarão de forma significativa o mundo real enquanto estiverem separados dele. Devemos forjar uma conexão permanente entre os mundos virtuais e o mundo real para que o valor criado nesses reinos digitais possa ser transferido para o nosso próprio mundo. Essa ligação entre os mundos é o que queremos dizer quando falamos sobre o metaverso. Nos próximos capítulos deste livro, entrarei nos detalhes de como podemos construir e sustentar um metaverso valioso.

Capítulo 5

# UMA REDE DE SIGNIFICADOS

Em junho de 2021, o diretor executivo do Facebook, Mark Zuckerberg, anunciou que estava apostando o futuro de sua empresa no metaverso. Zuckerberg proclamou que o gigante da mídia social criaria um mundo virtual imersivo que transformaria o trabalho, os jogos, as compras e, bem, a vida como a conhecemos. O metaverso era o futuro do futuro, e o Facebook — que logo passaria a chamar-se "Meta" — estava planejando construí-lo.

O impacto desse anúncio, que também era claramente uma tentativa de tirar a atenção pública dos outros problemas do Facebook, foi um pouco amortecido pela sensação inevitável de que nem Zuckerberg nem ninguém que estivesse participando do anúncio poderia, na realidade, definir o que o metaverso era ou viria a ser. Foram feitas alusões vagas à realidade virtual e aos avatares. O metaverso foi apresentado como um espaço sem limites. Nada daquela retórica foi particularmente útil para explicar, de modo preciso, o que o metaverso é ou por que vale a pena utilizá-lo. A visão do Facebook sobre o metaverso não passava de uma fantasia empresarial: um espaço teórico no qual usuários poderiam fazer quase qualquer coisa e, por consequência, uma ideia que, na prática, se resumia a nada.

Nos meses seguintes, à medida que o Facebook trabalhava para se recriar ao redor do metaverso, muitos outros foram atrás, trabalhando horas extras para estabelecerem suas próprias visões do metaverso e definirem onde suas empresas e produtos caberiam dentro dele. A explosão de interesse e atividade em torno do metaverso não serviu para esclarecer o conceito. Muito pelo contrário. Mais de um ano depois, com milhões de dólares e incontáveis horas de trabalho tendo sido gastas tentando dar vida ao metaverso, ainda parece, por vezes, como se o discurso estivesse fugindo das muitas questões fundamentais que devem ser respondidas a fim de que o metaverso digital tenha algum valor para alguém além dos oligarcas que esperam construí-lo e possuí-lo.

Eu defendo que não se pode começar a entender o metaverso sem primeiro compreender o *como* e o *porquê* dos mundos virtuais que existirão dentro dele e dos que existiram ao longo da história humana de outras formas. Até o momento, este livro tem se preocupado, principalmente, em estabelecer a base para essa compreensão. Exploramos como os mundos virtuais, que têm sido foco da imaginação e engenhosidade humanas por milênios, oferecerão, em seus formatos modernos, acesso inédito a uma grande variedade de experiências úteis e enriquecedoras; também, como participar dessas experiências irá, por sua vez, melhorar a vida das pessoas. Como escrevi no Capítulo 3, a tecnologia atual nos permite criar, refinar, disseminar e evoluir experiências úteis com profundidade, amplitude, velocidade e precisão nunca vistos antes. No final, teremos espaços virtuais que suportarão milhões de participantes simultaneamente, todos eles com acesso a qualquer tipo de experiência digital que possa vir a existir. Desse modo, esses espaços se tornarão poderosos veículos para a satisfação humana e criarão valor psicológico, social e econômico em uma escala sem precedentes. Nós temos não só a oportunidade, mas a obrigação de construí-los.

Um metaverso empresarial elegante, compelido por visões superficiais de sinergias de marketing, não será, de modo algum, um metaverso valioso; ele, na verdade, estaria fundamentalmente em contradição com a forma como um metaverso efetivamente cria valor. Tendo o lucro, controle central e opacidade, como sua filosofia principal, ele dividirá as pessoas ao invés de uni-las. Mas, mesmo que o Facebookverso tome forma, e mesmo que os vastos recursos da empresa lhe deem vantagem sobre as outras, não há razão para acreditar que essas insípidas versões empresariais do metaverso serão as únicas. Assim como há mais de um site, mais de um filme, mais de um videogame e mais de uma operadora de telefonia, haverá mais de um metaverso — muitos mais. Tem havido uma multiplicidade de metaversos ao longo da história e o mesmo será verdade na esfera digital. Provavelmente também existirá um metaverso de metaversos — um *megaverso*, talvez — que conecte os vários metaversos. (O projeto M2 — que, para fins de informação, foi construído pela minha empresa — é uma das primeiras tentativas de criar uma internet de metaversos.) Alguns deles serão mais proeminentes que outros e alguns serão mais valiosos que outros. Mas onde residirá esse valor?

Com o trabalho preparatório sobre mundos virtuais e psicologia humana já estabelecido, por fim chegou o momento de retornar para a tarefa de definir o metaverso, à medida que nos aproximamos de sua proverbial porta de entrada. Será o metaverso um espaço virtual centralizado com vários pontos de abertura ou apenas uma constelação de experiências em mundos virtuais vagamente relacionadas? Será que os mundos virtuais semelhantes a jogos que vêm à mente de muitas pessoas quando pensam no metaverso são tudo o que existe sobre esse conceito? Neste capítulo, analisarei mais de perto algumas das muitas definições existentes do metaverso a fim de mostrar como terminologias vagas servem para inibir o entendimento. Explicarei por que é tão importante ter uma definição operacional convincente para o metaverso e por que definições soltas são tanto o produto quanto os progenitores de pensamentos comodistas. Recorrerei a exemplos históricos para explicar por que a bilateralidade entre mundos é uma característica marcante de um metaverso funcional; a partir daí, explorarei os modos pelos quais o metaverso é uma rede de significados e consequências, cujas partes constituintes crescem e se expandem graças à engenhosidade de seus participantes.

Na aurora da internet, a sociedade ainda não entendia completamente onde o valor da rede estaria. As escolhas feitas por investidores e desenvolvedores entre o antes e o agora — escolhas nascidas de um laxismo e de uma miopia generalizada — têm tornado bem mais desafiador conter os tipos de excessos de rede para os quais as plataformas de mídias sociais, em particular, têm se mostrado vetores primários. O metaverso oferece uma oportunidade para aperfeiçoar a internet e evitar os erros cometidos nesse meio, trabalhando assim para criar novos significados a partir dos mega-hertz. Mas, para separarmos o entusiasmo da substância e definirmos nossas expectativas adequadamente, primeiro precisamos entender o que, exatamente, é o metaverso — e o que não é.

## ONTOLOGIAS METAVERSAIS

Peça a dez pessoas diferentes que definam o metaverso digital e é provável que você receba dez respostas muito diferentes — respostas que, em conjunto, prometem tudo e não dizem nada. Essa amplitude não é nefasta por natureza. O *que é o metaverso?* Essa continua sendo uma pergunta legitimamente difícil de responder. Enquanto os metaversos prototípicos — mundos virtuais como *Minecraft,* que se desenvolveram a partir de plataformas de jogo e fizeram uma pequena marca na sociedade do mundo real — encontram-se atualmente, um metaverso com o tipo de utilidade prevista por este livro ainda não existe e todas as pessoas que trabalham para visualizá-lo e construí-lo fazem-no a partir de hipóteses e expectativas ligeiramente diferentes.

O metaverso tem sido definido como uma "internet ainda mais imersiva e incorporada" (Mark Zuckerberg), um "multiverso vivo de mundos" (Jon Radoff), uma "rede interoperável e em grande escala de mundos virtuais 3D renderizados em tempo real que podem ser vivenciados de forma síncrona e persistente por um número efetivamente ilimitado de usuários com um sentido individual de presença e com continuidade de dados" (Matthew Ball), uma "paisagem digital envolvente" onde se pode "andar de bicicleta, surfar, andar de moto, dirigir, competir, contar e ouvir histórias" (Strauss Zelnick) e "um termo aspiracional para um mundo digital futuro que parece mais tangivelmente ligado às nossas vidas e corpos reais" (*The Verge*), para citar apenas algumas das definições mais convincentes que encontrei. Existem muitas outras que não vou me dar o trabalho de citar aqui.

Vale a pena notar que a confusão acerca do metaverso apresenta mais do que apenas um problema estético. Antes de mais nada, essas definições são inconsistentes e a inconsistência leva a comportamentos estranhos por parte de investidores e criadores. Os bilhões de dólares que estão sendo aplicados atualmente em projetos do metaverso deveriam ir para a realidade virtual e imersão ou para algum outro lugar? A aplicação mais importante dos mundos virtuais será a capacidade de contar histórias enquanto se anda de moto por um multiverso vivo de mundos, como um Che Guevara futurista? Essa ambiguidade significa que muitas pessoas gastarão um bom dinheiro em ideias terríveis.

Se você planeja investir seu dinheiro, tempo ou atenção em um produto ou projeto emergente novo, então seria inteligente entender o que o produto é e como ele cria valor. Se seu investimento é guiado por uma definição fraca e imprecisa, os resultados podem ser desanimadores para todos os envolvidos. Em 1996, por exemplo, o restaurante de fast-food McDonald's apresentou um hambúrguer de luxo chamado Arch Deluxe, esperando atrair um paladar mais adulto. Ele destacava ingredientes "gourmet" e era vendido a um preço equivalente. O McDonald's gastou pelo menos US$200 milhões no lançamento do sanduíche, que é hoje lembrado como um dos maiores desastres de marketing na história de restaurantes. No fim das contas, ninguém queria um McDonald's "sofisticado e caro"; as pessoas queriam gastar 49 centavos em um hambúrguer que pudessem comer no carro. O McDonald's perdeu de vista o tipo de restaurante que era e o que as pessoas queriam dele, o que fez com que a empresa perdesse muito dinheiro.

Passemos a um exemplo mais diretamente relevante. Próximo à virada do século XX, houve uma confusão generalizada sobre a função principal da internet e da World Wide Web [Rede Mundial de Computadores]. Embora muitas pessoas estivessem empolgadas com a web, uma parte significativa dessa animação era alimentada por várias alegações inexatas e prematuras sobre sua finalidade — moeda virtual! Entrega de DVDs em uma hora! — e as maneiras como as pessoas a usariam. Por consequência, muitos investidores fizeram grandes apostas em websites que prometiam mais do que podiam entregar, e muitos desses investimentos fracassaram de forma espetacular. As ideias de negócios que davam certo de fato eram aquelas que funcionavam dentro dos limites do início da internet — como a venda online de livros. Mesmo sendo difícil e caro usar um computador para comprar algo online naquela época, a experiência valia o incômodo se a loja online tivesse uma seleção significativamente melhor do que as lojas físicas. Os livros cabiam perfeitamente nesse nicho. A fonte de valor para muitas empresas da internet acabou sendo conectar compradores e vendedores de modo mais eficiente, algo que não era tão óbvio naquele momento quanto é atualmente.

Uma definição valiosa de um produto ou serviço deve destacar sua funcionalidade principal, especialmente quando implementações e designs individuais variam muito. Quando falamos de metaverso, é simplesmente irresponsável balançar as mãos a esmo e dizer que videogames são um metaverso, mundos digitais são um metaverso, Disney Plus é um metaverso, tudo é um metaverso. Essas concepções abrangentes só funcionam para benefício de algumas das pessoas que estão ansiosas para promover o metaverso. Na ausência de rigor na definição e um marco de referência comum, qualquer previsão ou promessa pode parecer igualmente plausível — fazendo com que os charlatães pareçam sábios.

O restante de nós é mal servido por esse ciclo quimérico. A confusão ontológica pode produzir medo, desprezo e cinismo entre as pessoas que estão sendo informadas que suas vidas serão transformadas por algo que elas não têm como entender claramente. Também pode fazer com que as pessoas invistam mal e, uma vez prejudicadas, se afastem totalmente desse setor. Por isso, sejamos meticulosos ao trabalhar para definir o metaverso e procedamos com clareza e intenção.

Onde é que as convicções existentes do metaverso ficam aquém do esperado? Quando me sentei para escrever este capítulo, muitas pessoas estavam presas à noção de que o metaverso é uma "internet ainda mais imersiva e incorporada", como disse o aspirante a maestro do metaverso, Mark Zuckerberg. Essa definição não é particularmente útil. Até mesmo definições aparentemente mais sábias, como a de Matthew Ball, segundo a qual o metaverso é "uma rede interoperável e em grande escala de mundos virtuais 3D renderizados em tempo real que podem ser experimentados de forma síncrona e persistente por um número efetivamente ilimitado de usuários com um senso individual de presença e com continuidade de dados", não são assim tão úteis conforme as analisamos mais profundamente. Para começar, essas definições são muito amplas. Já existem muitos produtos e aplicativos que representam mundos virtuais de várias formas; do *Habitat* ao *Ultima Online*, do *Second Life* ao *Minecraft*, estamos trabalhando com e dentro de mundos virtuais há mais de trinta anos. Dizer que o metaverso é somente mais um mundo virtual — ou mesmo apenas uma rede em larga escala de mundos virtuais — torna o conceito uma mera palavra de ordem para videogames mais avançados.

"Mundos virtuais, mas mundos melhores" é uma boa ideia — os capítulos anteriores explicaram *por que* é uma ideia tão boa — e com certeza devemos tentar construí-los. Mas essa definição também é insuficiente. Se um metaverso é, em sua essência, um mundo virtual, então como medimos seu valor? O valor de um metaverso está atado simplesmente ao fato de ser um espaço virtual que não existe fisicamente? Na condição de ser assim, é uma referência muito baixa. Ou o valor está relacionado à imersão e à personificação do mundo? Se esse for o caso, logo os mundos de realidade virtual dos anos 1990 seriam mais valiosos do que os primeiros jogos de mundo aberto da mesma época e já mostramos os déficits dessa comparação em particular.

Vamos tentar novamente. Talvez não seja suficiente dizer que o metaverso é somente um mundo virtual. Talvez um metaverso tenha que ser um mundo virtual extremamente avançado e imersivo, muito além de qualquer coisa que já tenhamos construído — algo como o mundo digital de *Matrix*, ou o Holodeck de *Jornada nas Estrelas*. Tanto Matrix quanto Holodeck são os tipos de mundos virtuais que os entusiastas da realidade virtual imaginam ao prever a tecnologia RV em seu ápice. Eles são espaços incorporados, tridimensionais e de mundo aberto e, no caso do Holodeck, as pessoas vão lá explicitamente para encontrar satisfação. Seria uma verdadeira proeza técnica construir um mundo virtual tão vasto e sem falhas quanto a Matrix ou o Holodeck. Mas será que esse mundo também seria qualificado como um metaverso?

Eu sugeriria que "um mundo virtual realmente ótimo" também não é uma definição útil para o metaverso. Para começar, se ele é somente um mundo virtual complicado, isso não explicaria por que existe uma pressão cultural tão forte para que tantos produtos e entidades do mundo real se envolvam com esses mundos virtuais. Afinal, não me lembro de nenhum episódio de *Jornada nas Estrelas: A Nova Geração* em que Riker e Picard embarcaram em uma aventura no Holodeck para visitar a fábrica onde era feito o suave e refrescante chá Earl Grey. O Holodeck e a Matrix ficavam à parte do mundo real; eles não eram integrados ao mundo real do mesmo modo que os metaversos de amanhã claramente serão. Como você se lembrará, a Matrix nasceu de uma distopia de máquinas; era integrada ao mundo real de um modo que não trazia nenhum valor para os habitantes humanos do mundo.

Mesmo se aceitássemos a definição de que um metaverso é somente um mundo virtual realmente fantástico, ainda assim enfrentaríamos alguns problemas de comparação. Seria a Matrix um Holodeck melhorado? Afinal, os dois são igualmente imersivos. Seria a Matrix mais imersiva porque é possível conectar-se ao instalar algo em sua cabeça? Seria o Holodeck mais imersivo porque se entra nele por escolha própria, não por ser forçado por máquinas maliciosas? Como podemos avaliar empiricamente qual mundo é mais bem sucedido? Só conseguimos fazer isso em um nível muito superficial, o que mostra que a imersão, por si só, não é o melhor modo de definir um metaverso. Infelizmente, a maioria das empresas de metaverso estão atualmente focando em imersão como a medida-chave. Elas acreditam que existe uma correlação direta entre a qualidade dos gráficos, ou quão real o mundo parece ser, e quão valioso o metaverso poderia ser. Essa linha de pensamento é falha e diretamente desperdiça capital de investimento.

Talvez o valor em um metaverso possa ser medido através da avaliação dos sentimentos de imersão, autonomia, competência e satisfação que proporciona a seus usuários. Como já abordamos, a razão pela qual essas são boas formas de pensar sobre o valor das experiências, talvez não seja um ponto de partida ruim — mas com base nessa definição lógica, um sonho seria considerado um metaverso, o que parece ser uma conclusão problemática. Afinal, um sonho é um espaço totalmente imersivo e presente no qual os participantes podem ter várias experiências úteis e gratificantes. Os sonhos também são capazes de mudar a vida das pessoas, como foi mostrado na pesquisa sobre sonhos lúcidos de Stephen LaBerge. Um bom sonho pode ser configurado para uma satisfação ideal, uma vez que os limites e as leis da física, da natureza e da economia geralmente não se aplicam; o sonhador é geralmente o personagem principal de sua própria história; e o sonho quase sempre gira em torno de quem o sonha. Então, seria o sonho o metaverso supremo? Se sim, então por que não queremos ficar sonhando a vida toda?

Nós já sabemos que essa lógica é falha. Se passar a vida em um estado sonhador fosse o melhor jeito de extrair valor máximo de seu tempo na terra, então ninguém desejaria acordar. As pessoas procurariam sedativos e *A Bela Adormecida* seria recategorizada como um livro de autoajuda. E, ainda assim, sabemos que dormir para sempre seria uma coisa ruim e não um resultado desejável, porque internamente entendemos que existe grande valor em poder acordar e sair dos sonhos. Passar a vida sonhando nos afastaria da sociedade e uns dos outros. Participar de uma sociedade e existir em conjunto com nossos semelhantes é importante, pois, em última análise, as pessoas não buscam gratificação de forma isolada. Muito daquilo de que dependemos para ter uma vida significativa e plena envolve outras pessoas, realidades sociais e um mundo de consequências para nossas ações e escolhas.

A habilidade de se relacionar com outros dentro do contexto social é fundamental para nossa existência como espécie e para o valor que mundos virtuais têm criado para o mundo real por milênios. Começarei agora a propor a base para uma definição melhor do metaverso. Se um videogame é algo que um indivíduo joga e do qual extrai satisfação, então um mundo virtual dentro de um metaverso é, efetivamente, um jogo que a *sociedade* joga conjuntamente, e um metaverso é a estrutura que media a transferência do valor criado pelo engajamento naquele mundo virtual de volta para mundo real e entre os mundos virtuais. A ausência desses fatores socais e de qualquer condutor de valor produz o horror que se encontra nos mundos virtuais da ficção científica que brincam com a moralidade — fantasias escapistas que servem para distrair e desviar a atenção do mundo exterior, no qual nenhum valor do outro mundo retorna ao mundo real.

Definições populares para um metaverso são muitas vezes incompletas ou deficientes porque são sinônimos de conceitos existentes, não têm a precisão necessária para nos ajudar a compreender e avaliar a função central de um metaverso ou descrevem um ambiente que, quando levado até seu finais naturais, acabaria por alienar seus participantes do contexto social em que viviam. Para alcançar uma definição mais útil do metaverso, devemos explorar como esses mundos virtuais interagem entre si e com o mundo real. Temos de examinar a relação entre as realidades sociais nas quais as pessoas vivem suas vidas cotidianas e as construídas nas quais as pessoas escolhem investir seu tempo, atenção, energia emocional e engenhosidade.

## SIGNIFICADO E O METAVERSO

Como você deve se recordar do Capítulo 1, sempre tivemos, como sociedade, a capacidade de acreditar em mundos de eventos, ideias e pessoas que não são estritamente reais e de imbuí-los com uma espécie de meia-vida. Utilizamos essa habilidade há milênios. A função principal desses mundos não é nem explicativa — isto é, eles não servem basicamente como histórias que contamos para explicar como o mundo real funciona —, nem escapista. Em vez disso, esses mundos se tornam de fato a base para que possamos ter atividades que achamos gratificantes. A sociedade é compelida a jogar os jogos que esses mundos representam e precisam fazer com que esses mundos pareçam socialmente reais. Esses mundos criam significado duradouro para sociedade não só por causa da gratificação que os indivíduos extraem de sua participação neles, mas também através das maneiras pelas quais esses mundos virtuais afetam, interceptam e criam valor no mundo real.

Do culto egípcio aos mortos que estimulou a construção das pirâmides até o fanatismo por esportes profissionais tão intenso que pode desencadear motins após resultados negativos e desfiles após resultados positivos, os universos imaginados, ao longo da história, têm existido em relação direta com o mundo real. Essa bilateralidade — as formas como cada mundo afeta mutuamente o outro — é o que os torna metaversos, e não apenas mundos virtuais ou histórias envolventes.

Aqueles que sugerem que um metaverso é simplesmente um mundo virtual rico contendo, dentro dele, várias experiências ricas não entendem a questão. Um metaverso é mais precisamente descrito como um "outro mundo" de ideias vivas que se cruzam com nosso mundo de várias maneiras. Esses mundos de ideias apresentam histórias compartilhadas, economia compartilhada e conjuntos de eventos ou situações que servem como base para uma mitologia. Eles são preenchidos por personalidades, eventos e coisas cuja persistência é alimentada pela crença coletiva em sua existência. Essas coisas, por sua vez, estão ligadas e têm consequências reais para a sociedade que as cria.

Mesmo assim, a existência simultânea de dois ou mais mundos também não é suficiente para ser qualificada como um metaverso. Se fosse descoberta vida inteligente em Marte ou Vênus e estabelecêssemos rotas comerciais interplanetárias e assentamentos lá, isso não faria de Marte, Vênus e a Terra um metaverso — seria somente um sistema solar bem animado. Os outros mundos sobre os quais venho escrevendo são reais de um modo cuidadoso e socialmente construído e as consequências das realidades desses mundos em relação à sua "realidade doméstica" também são cuidadosamente moderadas.

Por exemplo, muitos metaversos antigos eram caracterizados pela ideia de que quando você morria ia para aquele outro mundo e que suas palavras e ações neste mundo afetariam, de alguma maneira, sua posição no próximo. O outro mundo era um lugar real, na medida que as pessoas acreditavam que você poderia realmente ir para lá ao morrer e que não poderia voltar. Essas regras de transição indicam que, embora haja uma relação entre os mundos em um metaverso, geralmente não existe uma convergência direta entre eles. O valor é criado e trocado entre mundos no ponto de contato entre o mundo real e o virtual. A construção social desses outros mundos permite que eles criem oportunidades para seus adeptos, em vez de apenas gerar mais problemas.

A característica definidora de um metaverso é, portanto, a forma com a qual gera uma rede de significado e valor entre o mundo real e o mundo ou mundos de meia-vida interligados. Um metaverso é uma rede de consequências e significados e a participação nessas redes permite a nossa transformação naquilo que chamo de nosso ser metaversal pleno.

O significado flui diretamente do outro mundo para o mundo real — e, por sua vez, de volta do mundo real para o outro mundo. O valor derivado da crença atual da sociedade na existência e no mérito do outro mundo se manifesta de modo tangível no mundo real. O alcance e a riqueza desses outros mundos podem tocar todas as facetas da sociedade do mundo real. Eles criam valor cultural para o mundo real nas obras de arte, na música, na literatura e na arquitetura que inspiram. A crença nesses outros mundos possibilita gerar tradições culturais que unem e organizam as sociedades que as seguem, bem como pode dar profundidade e ressonância a acontecimentos banais e atividades diárias. Esses outros mundos são capazes de inspirar códigos de lei e comportamento em torno dos quais uma sociedade pode se organizar.

Se você aceitar que esses outros mundos de ideias têm potencial para criar, e criam, valor tangível no mundo real, torna-se mais fácil entender por que iríamos querer avançar do modelo de metaverso antigo ou do modelo de metaverso esportivo para o modelo de "metaverso mediado por experiências digitais". Apesar de toda a utilidade no seu tempo, os metaversos antigos eram bem estáticos em termos das informações e experiências que continham. Ademais, o acesso a isso era normalmente mediado por uma casta de sacerdotes e adivinhos que podiam expandir, contrair, explicar ou abolir facetas do metaverso, aparentemente à vontade. (Não muito diferente dos donos de times e comissários de ligas do esporte profissional.) Consideremos, por exemplo, os concílios ecumênicos de Niceia e Constantinopla, no século IV d.C., em que os líderes cristãos da época se reuniram para, entre outras coisas, resolver cismas sobre a divindade de Cristo e definir a doutrina da Santíssima Trindade. Esses princípios que os fiéis de hoje têm como certos foram, na verdade, produto dos principais clérigos da cristandade primitiva se reunindo e decidindo no que todos os fiéis concordariam em acreditar.

Os mundos digitais virtuais são muito mais direta e claramente ligados ao mundo real e abertos às contribuições do cidadão comum. Ao oferecer mais pontos de entrada para a participação significativa a ainda mais pessoas, os mundos digitais produzirão, por sua vez, muito mais valor econômico e social que seus predecessores. Não se trata somente de que os metaversos digitais parecerão mais reais e imediatos que seus antecessores históricos, mas sim que facilitarão mais conversas entre mundos e permitirão mais expressões de engenhosidade por parte dos indivíduos. Esse modelo de metaversos é duplamente poderoso porque fornece uma nova lente sobre a utilidade de outros mundos culturais, além do papel que eles desempenham para o indivíduo. Optar por ver o envolvimento em outros mundos, como o esporte e a religião, como uma espécie de jogo produtivo que a sociedade está jogando, oferece um novo modo de compreender a utilidade social desses passatempos metaversais.

Um metaverso é uma rede de consequências e significados entre múltiplos mundos nos quais as pessoas estão simultaneamente empenhadas e investidas. Um ou mais desses mundos é feito de ideias, e o outro é o mundo físico. Essa rede é moderada por meio de regras feitas por humanos, em vez de regras naturais ou físicas. Quando você morre no *Fortnite*, por exemplo, você não morre também no mundo real. A engenhosidade humana cria, define e expande os parâmetros pelos quais o outro mundo existe e a forma como ele se relaciona com o mundo real. O termo *engenhosidade* é utilizado aqui para se referir à habilidade de causar mudanças úteis em um metaverso, obedecendo e ampliando a realidade social dos mundos que nele se encontram. Engenhosidade não é o mesmo que criatividade pura. Quando você propõe mudanças para um mundo dentro de um metaverso, elas deverão caber nas regras que a sociedade gerou naquela outra realidade. A rede de significados dentro de um metaverso é continuamente modificada por uma criação coletiva conjunta mediada por essas regras explícitas e implícitas.

Portanto, temos o mundo real. Também temos outro mundo, ou muitos outros mundos, que foram criados por pessoas no mundo real. Ao passo que você vive experiências gratificantes nesses mundos virtuais, aquele senso de satisfação permanece mesmo quando você sai do mundo virtual e retorna para sua vida no mundo real. Esse sentimento contínuo de realização é o modo mais simples de transferência de valor entre mundos. Também é possível criar formas mais tangíveis de valor em um mundo virtual — como a fama e a riqueza — e transferir esses ativos para o mundo real. Uma comunidade poderá adotar rituais praticados em algum mundo virtual a ponto de poder transformar o contexto de suas vidas reais. Se você algum dia se tornar obcecado com um jogo online, poderá entender as raízes desse processo.

Existem muitos caminhos pelos quais o valor pode fluir através e entre esses mundos e para o mundo real. Ao considerar quanto da nossa economia já é baseada em valores intangíveis, começará a entender quão importante essa transferência de valores pode se tornar. O valor sendo criado e transferido pode ser um valor social, um significado intrínseco ou valores familiares. À medida que esses outros mundos crescem e se tornam mais complexos e à medida que cada vez mais pessoas começam a contribuir para eles, os tipos de valor que deles emergem também começarão a se expandir. A economia dos ativos digitais transforma essa transferência de valor em algo ainda mais tangível. A espada mágica que você adquiriu em um espaço virtual é agora tão real quanto uma ação em uma empresa.

A Lei de Metcalfe, que afirma que o valor de uma rede cresce em proporção direta ao número de nós conectados dentro da rede, aplica-se ao metaverso tanto conforme o número de participantes conectados cresce quanto conforme o número de experiências úteis disponíveis dentro dele cresce. Mas a aplicabilidade da Lei de Metcalfe é baseada no grau de utilidade da conexão entre os vários mundos. À proporção que um metaverso se torna mais útil e significativo, ele também se torna mais valioso. Se o metaverso for somente um grupo de mundos desconectados que não se comunicam entre si, a gravidade desse metaverso será menos poderosa do que poderia ser se todos os participantes estivessem unindo forças.

É por isso que sou cético em relação ao fato de que juntar dezenas de jogos existentes, que não foram projetados para interoperar, todos com circuitos de significado fechados, possa gerar muitas trocas úteis entre mundos, mesmo que consigamos ultrapassar os problemas técnicos. Embora possa ser divertido imaginar o Lorde Voldemort fatalmente ferido por um hobbit empunhando uma metralhadora do universo de *Halo*, esse evento provavelmente quebraria os sistemas predeterminados de valor em cada um desses universos. (Também seria um dia bem estranho em Hogwarts.) Você pode ter um entendimento melhor de como essas interconexões metaversais podem funcionar ao considerar a cultura do mundo real. Moda, esporte e música, de certa maneira, já operam em conjunto, então, é possível imaginar que as experiências virtuais baseadas nessas coisas sejam um terreno muito fértil para a construção de redes de significado. Também é possível imaginar jogos e propriedade intelectual que são "nativos" de um metaverso conectado sendo muito frutíferos para apoiar essa transferência de valor.

A engenhosidade que alimenta um metaverso não é igual à criatividade que alimenta o mundo normal da arte e da cultura. Você não tem níveis infinitos de liberdade criativa em um metaverso, pois cada mudança que fizer poderá impactar potencialmente milhões de outras pessoas. A engenhosidade é diferente da criatividade porque aquela se baseia na ideia de resolução de problemas. Criar valor tangível e experiências compartilhadas úteis dentro de mundos virtuais requer que o criador trabalhe dentro das regras existentes do mundo. Um trabalho criativo procura entreter, inspirar ou comover um receptor passivo. Um trabalho de engenhosidade chama os receptores e os convida a ajudar no avanço e na expansão dos parâmetros do trabalho. Essa engenhosidade é a criatividade dentro de limites em movimento, criados em conjunto por outros criadores.

A engenhosidade que alimenta um metaverso requer que seus participantes criem um acordo, dentro desse sistema de regras, de que algo novo aconteceu ou que algo valioso foi elaborado. Esse ato é um tipo diferente de criatividade do que simplesmente a criatividade descritiva ou representativa; é um ato que oferece aos humanos um tipo muito poderoso de controle sobre a sociedade, uns sobre os outros e sobre o mundo. Não é que o metaverso lhe conceda o poder de *explicar* o mundo, mas sim lhe concede o poder de *moldar* o mundo.

Para mudar o metaverso, é necessário resolver problemas e não apenas usar a criatividade pura. Sabemos que isso é verdade porque tem sido assim em todos os metaversos ao longo da história humana. No alvorecer do Império Romano, após o assassinato de Júlio César, o Senado e o público elevaram o tirano morto à divindade. Em *A Vida dos Doze Césares,* Suetônio escreveu que o Senado emitiu um decreto "que conferia a [César] todas as honras divinas e humanas", e que as pessoas comuns do mundo romano, a partir de então, passaram a aproveitar todas as oportunidades para promover a história da divindade de César. "Com efeito, durante os primeiros jogos que Augusto, seu sucessor, consagrou à sua memória, um cometa brilhou durante 7 dias seguidos, surgindo sempre por volta das 23 horas; e supunha-se que fosse a alma de César, já recebida no Céu", ofereceu Suetônio como exemplo.

Esse exemplo histórico ilustra perfeitamente a diferença entre criatividade e engenhosidade dentro de um metaverso. Mudar o outro mundo do céu e introduzir um novo deus não era algo que alguém poderia fazer. A manobra envolveu o poder do Senado e o consentimento definitivo do povo. Alguém que propusesse tal mudança tinha que trabalhar dentro de regras existentes, até mesmo criando evidências de milagres ou presságios.

Esse método de construção de mundos se tornou um exercício comum para os romanos, que elevaram dezenas de pessoas a divindades durante o Império Ocidental — justificando a maioria dessas deificações com leituras engenhosas de fenômenos naturais, construindo templos e estátuas que uniam a comunidade em adoração e criando arte que expandia os limites das histórias divinas. Suetônio escreveu que quando Augusto César se aproximava do fim da vida, por exemplo, um raio atingiu a letra "C" de "César" em uma de suas estátuas; essa ocorrência foi interpretada como significando que, após a morte de Augusto, "[ele] seria colocado entre os deuses, assim como 'Aesar', que é a parte restante do nome 'Caesar', que significa 'deus' em língua etrusca". Embora os imperadores fossem aqueles que recebiam o status divino, sua divindade, em última análise, permanecia a cargo dos inúmeros indivíduos que escolheram colocá-los e mantê-los nos céus e que usaram as histórias desses mortais divinizados como uma oportunidade de criar significado e valor na Terra. Quando o Império Romano caiu, também caiu a divindade dos imperadores falecidos.

Se os metaversos antigos que estamos discutindo tivessem sido totalmente e linearmente reais — no mesmo sentido que os planetas Marte e Vênus são reais —, então, de algum modo, eles teriam sido bem menos úteis para as pessoas que os construíram. Se Zeus e os outros deuses do Olimpo, por exemplo, permanecerem exclusivamente como figuras longínquas e distantes que não podem ser vistas ou com as quais não se pode interagir diretamente, logo a distância deixa muito mais espaço para que os adeptos concebam suas próprias maneiras de louvá-los, adorá-los e apreendê-los — em geral por meio de histórias, músicas, arte, princípios organizadores para a sociedade humana e outros produtos culturais duradouros significativos.

Mas e se Zeus fosse visivelmente real? E se ele descesse para Atenas toda terça-feira e exigisse adoração? Eu argumentaria que sua visibilidade, na verdade, prejudicaria a real utilidade de se ter uma mitologia. A capacidade de interpretar presságios e criar mudanças sociais com referência aos deuses deixaria de existir para aquela comunidade. Pode-se até imaginar, de forma ousada, que mesmo com deuses reais, as pessoas poderiam inventar *outros* deuses para servir a esse importante objetivo social.

Assim, se o metaverso fosse somente um videogame ou um, ou mais mundos circunscritos, então não seria necessário que os participantes criassem experiências nele ou expandissem seus parâmetros. Os desenvolvedores somente construiriam tudo e esse controle de cima para baixo produziria uma experiência mais perfeita para o usuário. Mas, nesse cenário, os desenvolvedores também acabariam ditando o arco de significado e obtendo a maior parte do valor. Não há nada particularmente metaversal nisso.

Mais do que uma simples lenda, tradição ou experiência, um metaverso é uma matriz de engenhosidade que une todas as partes constituintes de seus mundos comunicantes, mantém-nas estáveis dentro de suas próprias histórias e facilita a troca de valor e significado entre os respectivos componentes. Essa ponte, essa troca, a amplitude, a profundidade e a força da conexão: esse é o canal para o valor dentro de um metaverso. À medida que essa conexão se fortalece e se torna mais resiliente, conduz a ainda mais significado e consequência, facilita mais experiências e capacita mais pessoas a expandirem os parâmetros dos mundos conectados.

Essas, finalmente, são premissas com as quais podemos trabalhar, que podemos usar para avaliar o valor de um metaverso de vários pontos de vista, enquanto evitamos falsos inícios e externalidades negativas. Um metaverso de valor máximo permitirá a criação livre e o fluxo de valor dentro e entre mundos, de modo que o valor derivado de uma experiência em um mundo terá também consequências em outros mundos. Ele facilitará a ideação e a engenhosidade de uma grande variedade de participantes, em vez de consolidar o processo de criação de experiências e a atribuição de significado nas mãos de uns poucos escolhidos. Será conduzido com base em princípios democráticos e convidará ao engajamento democrático, o que acabará sendo melhor para o metaverso em si e para a sociedade em geral. Quanto mais pessoas puderem criar e reter valor dentro do metaverso, mais pessoas desejarão utilizá-lo. Esse, para mim, parece ser um metaverso pelo qual vale a pena trabalhar.

## DEFININDO O METAVERSO EM DOIS PARÁGRAFOS

Agora vamos compilar essas reflexões em uma definição totalmente formada do metaverso. Um metaverso é uma coleção de realidades, incluindo o mundo real, ou "realidade doméstica", e uma série de outros mundos que uma sociedade imbui com significado. Eventos, objetos e identidades podem existir e ser modificados por múltiplos mundos no metaverso. A utilidade de um metaverso está em sua capacidade de facilitar experiências significativas e satisfatórias em seus mundos constituintes. O valor é transferido entre mundos de muitas formas, por exemplo, por meio do aumento da coesão social, da criação de artefatos culturais valiosos e do comércio direto. Um metaverso não precisa necessariamente envolver tecnologia ou outras realidades fisicamente incorporadas, às quais se acessa por meio de RV, imersão ou similares — mas esses meios adicionais de manifestar outros mundos podem aumentar o valor se souberem criar maneiras mais poderosas de se ter experiências satisfatórias ou de participar no intercâmbio de ideias, que é o coração do metaverso. A interação entre mundos e a contínua criação e transferência de valor associadas constituem a base para a sociedade virtual.

Mas existe mais um componente crucial. Operando a partir dessa definição, você poderia fazer um universo absolutamente lindo, fotorrealista e hiperimersivo que também poderia ser completamente inútil. Se esse outro mundo não permitir uma rede participativa de significado que gere eventos, objetos ou experiências que valha a pena transferir entre mundos, ou que envolva uma maior parte da sociedade, então ele será funcionalmente inútil. Por outro lado, um mundo que, para fins de argumentação, fosse tão graficamente básico quanto o *Habitat*, mas que oferecesse uma base sólida para um mundo ricamente simulado que permitisse que comunidades e indivíduos buscassem satisfação e gerassem valor, isso teria um retorno financeiro enorme. Como disse no Capítulo 4, o *Minecraft* oferece gráficos muito básicos, porém, mesmo assim, se tornou fundamental para a vida social de uma geração inteira de crianças.

## UMA ESCALA COMPARATIVA PARA OS METAVERSOS

Depois que definimos um metaverso — e definimos como o valor é criado dentro de um metaverso —, estamos diante de uma oportunidade muito animadora: a chance de traçar um rumo para uma sociedade que abrace totalmente o valor de um metaverso. De que maneira qualificamos os estágios de maturação de tal sociedade virtual e como podemos, de forma racional, prever o que o futuro reserva? Sou um grande fã da Escala de Kardashev de civilizações, proposta pelo astrônomo soviético Nikolai Kardashev. A Escala de Kardashev busca simplificar drasticamente o processo de avaliação dos avanços de uma sociedade por meio da análise de sua capacidade de aproveitar energia. As civilizações de Kardashev vêm em três tipos, começando com a sociedade atual e culminando com uma civilização teórica que é capaz de aproveitar toda a energia produzida por todas as estrelas de uma galáxia.

Inspirado por Kardashev, gostaria de propor uma escala diferente, destinada a simplificar como entendemos a progressão da competência de uma civilização de criar outras realidades que possam melhorar a vida das pessoas. Embora não possamos saber especificamente como uma sociedade implementaria sua versão de um metaverso, podemos prever os grandes marcos de sua trajetória de desenvolvimento. Definiremos os níveis da escala da seguinte forma:

Uma *Sociedade Virtual de Nível 1* é o que temos vivenciado até agora: uma civilização na qual outras realidades são exploradas exclusivamente com palavras e ideias. Os ricos universos da religião, do esporte e da cultura oferecem vias para o aumento do significado das vidas dos indivíduos ao mesmo tempo que criam dimensões inteiramente novas da economia e melhoram a coesão social. Nessas sociedades, as pessoas comuns podem contribuir para as narrativas desses outros mundos, mas a participação significativa é, na maior parte, restrita às elites. Ainda que não se possa ter uma religião viável sem milhares de acólitos, no final, cabe aos padres a condução de serviços de oração.

O aparecimento dos meios de comunicação de massa nos permitiu visualizar esses outros mundos e contar histórias envolventes sobre eles. Formas interativas de entretenimento dão a sensação de que esses outros mundos realmente existem e têm importância, mas as consequências de o que quer que aconteça na tela de cinema ou no *World of Warcraft* provavelmente não irá influenciar diretamente a sua vida. Essa sociedade pode "sonhar" com outros mundos de modo muito eficiente, entretanto esses mundos continuam sendo escapes, pois não há nenhuma rede substancial de significado conectando aqueles mundos ao nosso. O *World of Warcraft* é divertido, mas não é parte da sociedade em um sentido significativo.

Uma *Sociedade Virtual de Nível 2* é aquela em que podemos nos ver nas próximas décadas do desenvolvimento. O avanço técnico em direção ao metaverso significa que os mundos virtuais gigantescos existirão não apenas como diversões independentes, mas como parte de uma economia interoperável de ativos digitais, identidades e experiências que impactarão diretamente a sua vida real. Essa mudança criará transformações profundas na estrutura da sociedade. Indivíduos comuns terão mais oportunidades do que nunca de contribuir para as histórias desses outros reinos, fazer ou perder fortunas reais e conduzir relacionamentos importantes — tudo dentro de outros mundos mediados pela tecnologia. Em uma sociedade de Nível 2, o mundo real ainda é de importância primordial, mas sua ordem política, econômica e social é profundamente influenciada pelo que acontece "do outro lado".

Os membros de uma sociedade virtual de Nível 2 considerariam as vidas dos que estão no Nível 1 muito mais pobres do que as suas. Ao longo desse período da história, imagina-se tecnologias de imersão cada vez melhores e mundos cada vez mais complexos — mas o limite crucial é que essas são sempre realidades puramente digitais, acessíveis somente por meio de telas e dispositivos. Uma sociedade de Nível 2 ainda está sujeita aos limites físicos básicos e às necessidades com as quais estamos familiarizados hoje em dia.

Os fatores-chave que definem uma sociedade virtual de Nível 2 são, na minha visão, econômicos. Chegaremos ao Nível 2 quando uma proporção decente de pessoas estiver engajada em trabalhos que existam inteiramente no contexto do metaverso, e quando bens e serviços que abrangem coisas que existem principalmente naquele outro mundo se tornem uma parte importante da economia. Essa é a principal diferença entre esse estágio e o Nível 1. No Nível 1, uma sociedade pode ter muitos mundos virtuais complexos, contudo eles não são vistos como centrais para a vida econômica do mundo real.

Uma *Sociedade Virtual de Nível 3* ocorre conforme um grande número de pessoas pode viajar, de forma tangível, para uma realidade simulada ou construída e viver nela — literal e plenamente. Essa habitação física poderia ser alcançada por meio de interfaces cérebro-computador, por efetivamente nascerem como código informático ou por algum meio exótico ainda não imaginado. O *como* não importa. O que importa é que esse método de existência transformará completamente a sociedade que o abraçar.

Essa é uma civilização que vive continuamente em um metaverso criado por si mesma — e que vida será essa! O próprio tempo correrá de forma diferente em mundos diferentes, por exemplo. Algumas realidades poderão processar centenas de anos no tempo que outras levam para viver um único ano. Você seria capaz até mesmo de viver na caverna do dragão que matou anos atrás, em um mundo onde essa ocorrência tenha muita relevância para milhões de pessoas. Essa será uma era de enormes possibilidades. A produção cultural de uma sociedade de Nível 3, sua economia e até o número de habitantes são inimaginavelmente vastos em comparação com os de uma sociedade de Nível 2. Destaco, também, que uma existência puramente digital exigiria muito menos energia do que uma existência física. Em uma sociedade de Nível 3, uma população mundial na casa dos trilhões de pessoas não estaria fora de questão.

Um único indivíduo em uma sociedade de Nível 3 viveria milhares de vidas paralelas. Grupos de indivíduos poderiam se coordenar ou criar de maneiras que não seriam mais restritas por limites físicos. Essa sociedade teria bilhões de vezes mais produções culturais, experiências e oportunidades individuais do que todos os recursos de todo o sistema solar conseguiriam alguma vez sustentar no mundo real, mesmo que consumíssemos toda a energia do sol e retirássemos a matéria de todas as rochas para criar novos bens e locais físicos. Essa sociedade provavelmente perceberia o lento e limitado mundo real como um local para reunir recursos para alimentar seu vasto acervo de outras possibilidades. Em essencial, as oportunidades para satisfação individual aqui são limitadas apenas pela disponibilidade de energia para alimentar novas experiências.

Essa visão, embora possa alcançar-se um dia, está bem longe de ser algo que possamos construir na Terra, e por mais divertido que possa ser especular sobre como seria viver em um metaverso no estilo de Nárnia — aonde você pode ir para outro mundo através do guarda-roupa, estar totalmente presente lá e então retornar para Terra a tempo do jantar —, não é disso que trata este livro. Ainda que no capítulo final eu torne a abordar as vastas implicações do Nível 3, a sociedade virtual de Nível 2 será a primeira a ser construída, e nos próximos três capítulos abordarei exatamente como chegaremos lá. No Capítulo 6,falarei sobre como podemos construir o metaverso e sobre as maneiras pelas quais as partes interessadas em um metaverso poderão desenvolver, nutrir e encorajar a rede e seus participantes na direção do objetivo de gerar o máximo significado e valor possíveis para todos os envolvidos.

Capítulo 6

# CONSTRUINDO UM METAVERSO VALIOSO: O EXCHANGE

Não obstante eu possa estar subvertendo a premissa deste livro e deste capítulo ao dizer isso, tenho que reconhecer que não é tão difícil criar uma conversa entre um mundo virtual e o nosso. Afinal de contas, há eras estamos construindo formas de mundos assim e, mesmo em nossa era atual, encontramos modos de fazer as coisas acontecerem dentro de estruturas digitais e, então, sentimos suas ramificações aqui, na Terra; os resultados de todas as eleições no mundo real que são afetados pela desinformação online são prova suficiente dessa afirmação. Mas o desafio que enfrentamos como sociedade não é somente construir um metaverso pelo qual literalmente tudo possa fluir, como um rio poluído que carrega medidas iguais de peixes e lixo. Em vez disso, o desafio é saber como construir um metaverso amplamente valioso, que melhore o mundo ao qual serve, assim como

Héracles redirecionando os rios Alfeu e Peneu para limpar os currais fétidos de Áugias. Esta também será uma tarefa à altura de Héracles.

No capítulo anterior, defini o metaverso como sendo um conjunto de significados e consequências que conecta nosso mundo em um ou mais mundos de ideias vivas e que permite a criação e a transferência de valor dentro deles e entre eles. O desenvolvimento de um metaverso digital será catalisado por uma combinação de forças criativas e de mercado que atrairá uma rede de criadores e investidores. Os membros dessa rede virão de contextos muito variados e terão responsabilidades individuais nas várias tarefas necessárias para a criação de um metaverso valioso.

A tarefa fundamental para a criação de um metaverso envolve infraestrutura: o software e o hardware que executarão mundo virtuais e os conectarão entre si e com o mundo. Essa tarefa requer dinheiro — muito dinheiro. Investidores institucionais e individuais, inevitavelmente, financiarão o desenvolvimento tecnológico inicial do metaverso e de sua infraestrutura. Startups, empresas de tecnologia estabelecidas e programadores individuais farão o trabalho de criar e aperfeiçoar essa infraestrutura. Eles buscarão retorno para seus investimentos e não há nada de errado nisso; o truque será garantir que esses investimentos não sejam compensados com um controle desproporcional e sufocante do metaverso.

Em seguida, um metaverso valioso precisará de conteúdo: as partes constituintes das experiências que definirão os melhores mundos virtuais. Os detentores de propriedade intelectual existentes encontrarão modos de incorporar suas criações nesses mundos emergentes, enquanto artistas, autores, músicos, cineastas e inúmeros outros criadores descobrirão que o metaverso é uma paleta abrangente para novos trabalhos. Nesse meio tempo, usuários individuais, inevitavelmente, avançarão e expandirão os parâmetros do metaverso e das experiências presentes nele de modos que não poderemos prever nem controlar.

Tão importante quanto o conteúdo serão os serviços. Pequenas empresas e empresários farão os mundos de um metaverso mais úteis e funcionais ao oferecerem bens e serviços que facilitem e melhorem a experiência dos usuários nesses mundos. Com o tempo, à medida que o metaverso cresce em tamanho e importância para seu usuários, esses negócios virão a constituir uma economia tão verdadeira quanto a do mundo real. Por fim, a variedade de conteúdos e serviços criará e indicará as importantíssimas diferenças entre os mundos em um cenário metaversal. Um metaverso seria um lugar monótono e sem graça se todos os mundos presentes nele tivessem a mesma aparência e proporcionassem a mesma sensação. Diferentes mundos invariavelmente terão diferentes identidades visuais, costumes sociais, prioridades de grupo e pontos de vista. As sensibilidades desses mundos variados serão criadas pelos usuários e emergirão de forma orgânica, caso esses usuários tenham permissão e sejam encorajados a fazer deles seus próprios mundos.

Qualquer metaverso é e será o produto das escolhas feitas por aqueles que unem forças para construí-lo. Algumas dessas escolhas serão racionais; outras, irracionais. Algumas serão feitas por agentes independentes; outras, sob a batuta de empresas ou sob a égide de algum grande esforço unificado. Embora possamos esperar que a maior parte dessas pessoas prossiga com o objetivo em mente de um metaverso de grande valor, algumas das escolhas feitas provavelmente serão maliciosas e egoístas, baseadas em definições ruins, ou feitas por pessoas que estão interessadas principalmente em construir um metaverso para que elas ou suas empresas possam explorar com a finalidade de obter lucro.

Este capítulo é para pessoas interessadas em construir e experimentar o tipo de metaverso que possa maximizar seu valor social, econômico e psicológico. Oferecerei algumas reflexões e ideias sobre como aumentar as chances de que as escolhas que essas pessoas farão sejam boas. Primeiro, discutirei como os progenitores de um metaverso valioso serão mais como jardineiros do que como engenheiros civis, alimentando e cuidando de um ecossistema em crescimento, e não forçando a existência de uma estrutura. Em seguida, falarei sobre as várias opções para melhor coordenar o surgimento da rede. Depois, descreverei os componentes de um metaverso valioso, falarei sobre as pessoas e entidades que provavelmente serão responsáveis por cada parte e oferecerei uma visão de como elas começarão a se encaixar.

Como mencionei anteriormente, um metaverso é semelhante a um jogo que a sociedade joga em conjunto, embora tenha consequências reais e se destine à satisfação, não ao escapismo. É um jogo produtivo, composto ao redor do conceito de um mundo de significado construído. A base para esse jogo social produtivo é que todos concordamos em tratá-lo como se fosse real. O conteúdo e a satisfação encontrados em um metaverso serão entregues por pessoas agindo por interesse próprio, unindo-se para construir e expandir mundos adicionando seus próprios componentes a eles, um a um. Um metaverso mudará a vida das pessoas para melhor, mas somente se ele der a todos os participantes a chance de deter uma parcela significativa no que diz respeito à saúde, ao crescimento e ao sucesso.

## COMPLEXIDADE EMERGENTE

Em termos práticos, um metaverso será um conjunto de enormes e complexas simulações em tempo real que, por sua vez, serão mediadas por uma camada econômica e social que incorporará mecanismos para o armazenamento e transferência de valor, assim como os tokens não fungíveis (NFTs) e a tecnologia blockchain. O alcance do trabalho necessário para construir um metaverso como esse, ainda mais um que seja verdadeiramente valioso, será vasto e interdisciplinar. Precisaremos de ótimos programadores, designers e engenheiros, sim, mas também de especialistas em economia, comportamento organizacional e ética. Precisaremos de artistas estabelecidos e em ascensão. Precisaremos da cooperação de governos e líderes eleitos. E, uma vez que as partes interessadas forem identificadas e integradas, precisaremos ainda construir a maldita coisa.

De modo geral, quando você decide construir algo funcional, é melhor trabalhar a partir de especificações exatas. Quer esteja construindo uma casa, um carro, um computador ou montando um móvel da Ikea, não há muito espaço para a improvisação no processo de construção, caso você queira que essas coisas funcionem do modo como devem funcionar. Em vez disso, utiliza-se um projeto e ele é seguido ao pé da letra. (É preciso somente pesquisar "falhas da Ikea" para ver como as coisas podem dar errado de maneira rápida e hilária quando não se faz isso.)

Quando se trata da infraestrutura do metaverso, teremos que implantar diretrizes específicas. Não é sensato ser impreciso ou vago enquanto falamos sobre especificações técnicas, por isso deve haver comunicação e protocolos muito claros com relação ao hardware e ao software que impulsionarão o metaverso. (Quem exatamente estará criando esses protocolos e enviando esses comunicados é algo que explorarei mais adiante no capítulo.) Essas são as áreas nas quais você não quer "improvisar", porque a improvisação cria sérios problemas em termos de usabilidade e interoperabilidade.

A infraestrutura para o metaverso terá que ser monolítica, o que quer dizer que não haverá muito espaço para a contribuição da comunidade sobre como colocar os cabos, por assim dizer. Alguém terá que construí-lo e alguém terá que pagar por ele — e, como mencionei anteriormente, essas pessoas provavelmente irão querer um retorno por seus investimentos. Contudo, para além do nível de infraestrutura, o metaverso não será construído, mas emergirá como um movimento artístico, de modo que não podemos prever ou controlar. O objetivo para qualquer grupo em busca da criação de um metaverso de valor ideal deve ser organizá-lo para que aqueles que pagam a conta da infraestrutura não se sintam no direito de ditar o conteúdo do metaverso ou de acumular todo o valor que dele emerge.

Se o caminho para a infraestrutura é estreito, o exato oposto é verdadeiro quando se trata do conteúdo do metaverso. O programador John Carmack observou que, se você tentar criar o metaverso, fracassará. Em parte, o que acho que ele quis dizer é que um projeto elaborado seria desnecessário e equivocado quando se trata de criar as condições para a cultura e o conteúdo do metaverso. Ao contrário, um metaverso digital emergirá de forma iterativa e imprevisível, a partir de um fermento cultural geral e de condições propícias ao seu crescimento. Um metaverso valioso tomará molde organicamente como um produto das escolhas feitas por cada ator individual dentro dele.

O conceito filosófico de *complexidade emergente* postula, em termos gerais, que os elementos dos sistemas complexos — aqueles em que as partes constituintes interagem entre si e com o ambiente de modos difíceis de modelar de maneira definitiva — irão arranjar-se, orgânica e inevitavelmente, em padrões, agrupamentos e interações que não poderiam ter sido previstos no início do sistema. Por exemplo, em 2015, os jogadores da simulação aberta *Dwarf Fortress* começaram a encontrar um número surpreendente de gatos mortos no mundo do jogo, muitas vezes cobertos pelo próprio vômito. Demorou um tempo para que os jogadores percebessem que esses gatos estavam andando pelo chão de tavernas virtuais onde havia cerveja derramada; quando, mais tarde, os gatos lambiam as patas para se limpar, acabavam ingerindo cerveja, ficando bêbados e morrendo por intoxicação alcoólica. Um pequeno número de participantes no sistema, cada um agindo de forma autônoma — ocasionalmente coordenando esforços, em geral sendo influenciados uns pelos outros, crescendo e mudando em decorrência disso — tende a produzir padrões e resultados imprevisíveis que só serão revelados ao se adotar uma visão macroscópica.

Quando você olha para uma cidade das janelas de um avião, os ritmos e relações das ruas, dos prédios e dos bairros se revelam de maneira magnífica. Quando você vê seu jardim da rua, percebe coisas que não consegue ver conforme está concentrado na poda de um tomateiro específico. À medida que os componentes individuais de um sistema aumentam, surge uma complexidade adicional. Os sistemas ficam mais profundos e densos de significado ao passo que seus componentes estão livres para interagir de maneira autônoma entre si e para determinar suas próprias direções de crescimento.

A complexidade emergente entra em conflito com o behaviorismo, uma filosofia que, em sua interpretação mais rigorosa, acredita que manter um controle rígido sobre as entradas de um sistema levará a um controle rígido sobre seus resultados. Ela também é contrária aos ditames de produção de nossa era que, frequentemente, exigem que determinadas tarefas sejam concluídas de um certo modo e dentro de um prazo estipulado, com pouca tolerância para o improviso dentro do processo. No entanto, a complexidade emergente é a alma de nossos aplicativos de software mais interessantes e a sociedade virtual não surgirá sem ela.

Os usuários de software frequentemente acabam usando aplicativos e programas suficientemente complexos de maneiras que os desenvolvedores nunca pretenderam ou previram. Veja o Twitter, por exemplo, que começou como um meio de transmitir, via SMS, sua localização física a pequenos grupos de amigos e se transformou em um serviço mundial de microblogs que, para o bem ou para o mal, é hoje parte integrante do processo de política e governança. Ou pense na prática de jogos "speedrunning" — o ato de passar pelos níveis de jogos digitais o mais rápido possível — em torno da qual cresceu uma comunidade robusta, com *speedrunners* competindo entre si para ver quem consegue registrar o tempo mais rápido. As pessoas que programaram o *Super Mario Bros.*, nos anos 1980, provavelmente não esperavam que, décadas mais tarde, uma subcultura de jogadores se divertiria passando pelos níveis do jogo como velocistas olímpicos e, ainda assim, aqui estamos, em um mundo onde os jogadores mais rápidos podem completar o jogo original da Nintendo em apenas 4 minutos e 55 segundos. É justo supor que se um produto de software for envolvente o suficiente, seus usuários desconsiderarão as ideias do desenvolvedor sobre como devem usá-lo e, em vez disso, o utilizarão do modo que melhor sirva às suas próprias necessidades e interesses.

Um metaverso com valor ideal emergirá de um modo similar. Não será um produto finito a ser controlado e ditado de cima para baixo, como se os desenvolvedores de um metaverso fossem seus autores e o resto de nós fosse meramente cativo de sua visão. Diferentemente de uma história fixa contida entre as capas de um livro, um metaverso é um conjunto de ideias, no qual elas têm sua própria autonomia. Após a criação das regras iniciais, o "autor" de um metaverso não decide o que acontece a seguir: todos nós decidimos.

Isso não significa que não haja nada que os organizadores de um metaverso possam fazer além de colocar os cabos e esperar que os mundos lá dentro se encham de significado por si sós. Estendendo a metáfora da jardinagem um pouco além, há diferenças entre um terreno baldio cheio de ervas daninhas, uma escultura topiária e um jardim abundante. Um terreno baldio fica coberto de vegetação e sem uso porque ninguém cuida dele e o emaranhado resultante desse abandono pode transformar o terreno em uma praga. Uma escultura topiária, por outro lado, é um exemplo de uma ou mais pessoas forçando a natureza a assumir uma aparência que ela não tomaria involuntariamente. Mesmo que algumas formas topiárias sejam mais atraentes do que outras, todas elas são produto de uma visão individual do autor.

Contudo, um jardim abundante cresce de acordo com sua própria lógica, de uma maneira que pode ser linda e produtiva para muitas pessoas, não apenas para andarilhos e autocratas. Ele é cultivado, não controlado. Se os organizadores de um metaverso quiserem maximizar seu valor potencial, terão que achar jeitos de cuidar dele para que o valor surja, em vez de moldá-lo de modo a fazer com que o valor seja forçado em uma certa direção ou abandoná-lo para que nenhum valor apareça.

## O CASO CONTRA O METAVERSO CORPORATIVO

Assim como as pirâmides ou o Göbekli Tepe, um metaverso amplamente valioso tem o potencial de ser um projeto que define a civilização. Mas as pirâmides levaram séculos para serem feitas. O Göbekli Tepe levou mil anos. Construir um metaverso valioso também será uma tarefa gigantesca e desafiadora e, provavelmente, levará várias gerações. Quem coordenará todo esse trabalho? Quem ajudará as muitas partes a trabalharem juntas e todos os componentes a se encaixarem? E como criar e sustentar a adesão da sociedade durante um longo período de tempo?

Quando consideramos estruturas organizacionais para o desenvolvimento de um metaverso, devemos nos perguntar o seguinte: qual estrutura é mais provável de facilitar a criação de maior valor e significado para a maioria das pessoas em um prazo mais longo? Em qualquer ponto do processo, os desenvolvedores de um metaverso terão de priorizar, dentro das restrições técnicas e sociais, aquilo que inevitavelmente significará concessões entre imersão, presença, acessibilidade, fidelidade e a largura de banda dentro e entre os mundos. Como garantiremos que as concessões que fazemos adicionem ou mantenham valor em vez de subtraí-lo? E quem é o "nós" de que estou falando?

Algumas grandes empresas já alardearam as suas visões para o metaverso, o que implica que elas assumirão o papel de liderança na sua construção e o de proprietárias no seu controle. Esse modelo — vamos chamá-lo de modelo Facebook, embora seja possível substituir "Facebook" pelo nome da maioria das grandes empresas de tecnologia e obter resultados semelhantes — é talvez o padrão de metaverso com o qual você está mais familiarizado. O Facebook tem falado muito sobre seu plano de construir e dominar o metaverso, da mesma maneira com que exerce extensa influência sobre a internet. Ao sair na frente no discurso, a empresa espera se associar inextricavelmente ao metaverso e, por sua vez, tornar a sua centralidade e supervisão um fato consumado.

Essa estrutura organizacional para o desenvolvimento do metaverso resultaria em um metaverso que se assemelharia a uma escultura topiária, na qual um número relativamente pequeno de pessoas ditaria sua forma e significado, enquanto o resto de nós estaria limitado em termos de valor e significado que poderíamos acrescentar ou retirar dele. O valor econômico desse tipo de metaverso se consolidaria de modo desproporcional em torno dos provedores da plataforma, deixando uma pequena parte para todos os demais.

A noção de uma grande empresa liderando e, consequentemente, controlando o metaverso parece familiar, porque é assim que a internet funciona hoje. A internet moderna é dominada por um punhado de enormes empresas verticalmente integradas que detêm todos os dados gerados pelos usuários de suas plataformas. Os dados do usuário são o produto que, em muitos casos, essas empresas vendem — daí o aforismo de que, para o Facebook, o Google e muitas outras empresas com organização semelhante, o usuário é o produto. Quanto maior a quantidade de dados de usuários que uma empresa armazena e controla, mais valiosos esses dados se tornam e, por isso, é tão importante para essas empresas o crescimento contínuo de suas plataformas — e também por isso elas dificultam tanto a saída dos usuários da plataforma ou o exercício de qualquer tipo de autonomia significativa dentro delas.

Os indivíduos não são os únicos usuários que têm dificuldade para exercer autonomia nessas plataformas — as empresas também não têm poder. As plataformas controlam uma porcentagem tão significativa da renda gerada nelas que, mesmo que fosse tecnicamente possível fazê-lo, não haveria incentivo para que qualquer empreendedor ou startup gastasse a quantia de dinheiro necessária para construir muitos tipos de negócios nessas plataformas. Indivíduos, é claro, administram pequenas empresas nelas o tempo todo e não é necessário muito investimento inicial se tudo o que você quiser fazer for, digamos, revender tênis no Facebook Marketplace ou produzir vídeos para postar no YouTube. Mas os custos iniciais para fundar uma startup tecnológica ambiciosa são tais que nunca serão proporcionalmente recuperados se a empresa estiver atrelada a uma plataforma maior e for limitada por ela. É possível construir empresas baseadas em infraestrutura, mas a maior parte das grandes oportunidades é sufocada ou simplesmente transformada em funcionalidades e copiada por empresas maiores.

O modelo "seja dono da plataforma, seja dono do usuário" tem se tornado o modelo que as demais empresas de tecnologia acreditam que devem seguir se também desejarem, um dia, virar uma megacorporação do Vale do Silício. O legado psicológico corporativo da Web 2.0 é que um número impressionante de fundadores e investidores se convenceu de que o monopólio é o único caminho para a prosperidade. Mas esse modelo divisivo e controlador não funcionará tão bem com o metaverso devido à própria natureza do que é um metaverso. O modelo corporativo do metaverso quase certamente não seria um em que a comunidade de usuários se sentiria parte interessada ou responsável pela saúde do ecossistema — e, com certeza, não maximizaria o valor potencial do metaverso.

A estrutura de valor da maioria das plataformas da internet hoje em dia possui o formato de uma pirâmide. As plataformas constituem a base da pirâmide, que é onde reside a maior parte do valor. Os criadores estão no topo da pirâmide e o valor que tomam é proporcionalmente menor. Os criadores dependem dessas plataformas e de seus efeitos de rede a tal ponto que a maioria deles é efetivamente mantida prisioneira por elas. Mesmo o mais bem pago criador de conteúdo do YouTube ou influenciador do Instagram continua sendo peixe pequeno, em termos relativos, tanto porque o montante que essas pessoas recebem é minúsculo quando comparado ao que a plataforma está ganhando, e porque pouquíssimos criadores ou influenciadores individuais poderiam sequer sonhar em criar suas próprias plataformas concorrentes. Os influenciadores sociais Jake e Logan Paul não vão trocar o YouTube pelo PaulTube, a não ser que o PaulTube seja algum tipo de boxe pay-per-view distribuído pelas redes existentes. Apesar de sua enorme popularidade, eles simplesmente não teriam os recursos necessários para fazer isso. A não ser que você disponha de uma real riqueza geracional, ousadia e talento empresarial, tornar-se totalmente independente das principais plataformas sociais é uma manobra de Ícaro para os criadores.

Contudo, o metaverso funcionará em uma base diferente. Se você aceitar que o metaverso será composto por mundos tridimensionais incorporados e que a maioria das experiências encontradas nele terá aparência e funcionamento semelhantes aos de um bom jogo de computador, então também terá que aceitar que o ato de criar essas experiências exigirá muito mais recursos do que, digamos, postar um meme engraçado no Instagram. Sim, as pessoas poderão criar e prover experiências de menor risco e menor fidelidade que não exigirão muito investimento de capital. Mas os usuários de um mundo também estarão ávidos por experiências mais elaboradas. Mesmo se o nível de trabalho necessário para criar uma experiência elaborada no metaverso fosse equivalente ao nível de trabalho necessário para criar um bom videogame, um desenvolvedor ainda acumularia, no mínimo, dezenas de milhões de dólares em custos.

O YouTube pode, em grande medida, deixar a produção de conteúdo para os seus criadores porque fazer vídeos é barato. Produzir um vídeo viral pode custar apenas 47 centavos de dólar, o que quer dizer que a barreira ao acesso é tão baixa que praticamente *qualquer um* pode se imaginar fazendo um vídeo viral. Mas, devido às quantias de dinheiro envolvidas na criação de experiências em um metaverso, as plataformas terão de incentivar as empresas a criarem negócios em suas plataformas. Nesse caso, a plataforma não poderá ter a forma de uma pirâmide, pois essas empresas verão que não haverá muitas chances de recuperar seus investimentos ou obter lucro.

Para que o metaverso seja preenchido com a quantidade e a qualidade de mundos e experiências necessários para fazer valer o tempo de alguém, ele terá que se assemelhar a uma pirâmide *invertida*, na qual os provedores de infraestrutura ficam com a menor porcentagem do valor e o restante do valor é produzido pelos criadores e revertido em favor deles. Caso contrário, o criador do metaverso terá que arcar com a conta de todo o conteúdo — e nem mesmo o Facebook pode se dar ao luxo de pagar US$200 bilhões por ano encomendando experiências metaversais emocionantes.

Existem certos méritos no modelo corporativo. Do ponto de vista da usabilidade, por exemplo, um metaverso construído por uma empresa provavelmente funcionaria. A usabilidade foi um dos principais argumentos de venda da Web social. O metaverso corporativo não teria muitos *bugs* e a experiência do usuário seria praticamente ininterrupta. As grandes empresas poderiam e iriam aproveitar a infraestrutura existente para tornar intuitiva a transição do lado do usuário da internet para o metaverso. Como essas empresas já são muito bem capitalizadas, elas não teriam problemas para angariar fundos para construir o metaverso do zero. Elas poderiam simplesmente *fazê-lo*, e de uma maneira mais rápida do que a maioria das outras entidades.

Mas, mesmo que empresas como o Facebook pudessem construir um metaverso depressa, não acredito que teriam um bom resultado. No momento em que escrevo este livro, o entendimento do Facebook sobre a banda larga de significado entre vários mundos é centrado na convergência — ou seja, o "você" no metaverso é o mesmo você do mundo real. Você provavelmente usará sua identidade real no metaverso do Facebook, o que quer dizer que a visão da empresa para o metaverso é fundamentalmente desprovida de uma antiestrutura. A perspectiva deles também enfatiza imersão e não a presença e está fixada na construção de headsets de RV. E ainda assim, como apontei no Capítulo 4, desenvolver e preencher um ambiente virtual imersivo que seja largamente indistinguível da vida real tem muito pouco a ver com o verdadeiro valor dentro de um metaverso.

Antes de mais nada, as pessoas querem satisfação em suas experiências virtuais e, em um metaverso genuinamente valioso, essas experiências gratificantes poderão ser e serão mediadas por todo o tipo de interfaces e dispositivos. Você poderá se conectar ao metaverso usando óculos futuristas sofisticados? Provavelmente sim, mas não precisará disso. É possível ter um metaverso incrível que faz tudo o que eu tenho mencionado neste livro sem nem mesmo criar experiências totalmente imersivas com headsets de RV que custarão muito dinheiro.

É interessante contrastar a visão do Facebook para o metaverso com a visão apresentada até agora pela Epic Games, criadora do *Fortnite*. Na visão da Epic para o metaverso, a empresa tem como objetivo a presença, não a imersão. O *Fortnite* é muito focado na acessibilidade, o que é algo bom. Mas também está comandando uma rede desequilibrada de significados. Embora o *Fortnite* esteja trazendo marcas para seu mundo, nada de valor sai dele. Os eventos e as experiências que acontecem no *Fortnite* não importam no mundo real. Em abril de 2020, o rapper Travis Scott realizou um show muito elogiado no *Fortnite* que conseguiu muita publicidade — mas, em última estância, o show foi uma novidade. Sim, a maioria das experiências em mundos virtuais começarão como novidades antes de serem integradas como sistemas de valor. Mas, geralmente, novidades não se tornam significativas na ausência de um canal claro e fácil para a transferência de valor. Nada do que acontece no *Fortnite* realmente importa no mundo real, porque o mundo do *Fortnite* não é fundamentalmente organizado para interagir com o mundo real ou retornar valor e significado para este e para outras empresas.

Devido às similaridades superficiais entre ótimos jogos e mundos virtuais é fácil presumir que um grande jogo poderá facilmente evoluir em um mundo virtual pleno e a partir disso se expandir para um metaverso. Esse caminho é mais difícil de ser trilhado do que parece. Por um lado, haverá sérios desafios tecnológicos pelo caminho. A tecnologia construída para um propósito específico tende a ser inelástica em sua capacidade de suportar objetivos *post-hoc*. Tanto um carro quanto uma lancha têm motores que consomem combustível e ajudam a se locomover, mas você rapidamente notará as diferenças entre os dois ao dirigir seu carro para dentro de um lago. Um desenvolvedor de jogos que só deseje que seu jogo se torne um metaverso será prontamente afetado por falhas técnicas e contratempos porque um jogo e um metaverso apresentam dois imperativos diferentes, com dois conjuntos distintos de necessidades e protocolos. Em vez disso, o desenvolvedor terá de construir um estrutura maior — e isso terá que ser feito do zero.

Nos casos do Facebook e da Epic, esses metaversos são otimizados não com foco na satisfação e utilidade, mas no lucro a ser ganho pelos criadores da plataforma. A empresa que construiu essas versões do metaverso provavelmente também seria a entidade que criou e gerenciou a maior parte das experiências nele encontradas. Sem a habilidade de suportar e sustentar uma panóplia de criadores individuais, sem a vontade de construir esses mundos em torno de princípios de satisfação e utilidade individual, um metaverso corporativo só seria um metaverso no nome. É claro que ele poderá ser visualmente imersivo, mas, mesmo assim, seria psicológica e espiritualmente infértil.

Como as grandes empresas que construíram esses metaversos também seriam proprietárias e controladoras, quaisquer tentativas de governança democrática pareceriam enxertadas e supérfluas em relação ao objetivo principal que é enriquecer os diretores, investidores e acionistas da empresa. No modelo das grandes empresas, os criadores individuais seriam necessariamente destituídos de poder, uma vez que não teriam nenhuma participação real nas experiências que estivessem criando e na saúde geral do ecossistema das mesmas. Usuários individuais e os dados que eles produzem também estariam à mercê das pessoas que controlam os dados e que, inevitavelmente, os agruparão e venderão aos anunciantes. Mas não importa o que as empresas querem que você pense, um metaverso controlado por empresas não é algo inevitável. Existem outros caminhos.

## O MAL-ESTAR NO MODELO ANÁRQUICO

O modelo diametralmente oposto para a criação de um metaverso é o que chamo de modelo "anárquico". Nesse modelo, hackers, indivíduos, startups, grupos sem fins lucrativos e qualquer um que queira fazer isso jogará a coesão para o espaço e acabará construindo o metaverso por conta própria, sem que nenhuma entidade central controle rigidamente seu trabalho ou desenvolvimento do projeto. Imagine o início da World Wide Web, quando a rede era povoada por inúmeros sites pessoais idiossincráticos, nenhum dos quais realmente se encaixava em um sentido centralizado significativo. Ou imagine o movimento do software de código aberto, em que indivíduos idealistas trabalhavam em conjunto para criar sistemas operacionais e outros programas, cujo desenvolvimento era motivado não por sonhos de lucro pessoal, mas pela crença compartilhada em uma filosofia orientadora. Esses produtos e projetos se opunham à noção de que se deveria procurar extrair valor financeiro da internet ou dos aplicativos de software.

Esse paradigma organizacional é o mais idealista e, se vier a se tornar realidade, poderá produzir um metaverso com uma gama muito vasta de experiências interessantes. Já existe alguma atividade nessa área. A Decentraland, lançada em 2017, apresenta-se como o primeiro mundo virtual pertencente aos usuários, no qual o terreno digital é comercializado como NFT e adquirido por meio de criptomoeda. Escrevendo para a *PC Gamer* em março de 2020, Luke Winkie descreveu a

Decentraland como o "*Second Life* encontra o libertarismo", um mundo no qual "cada parte do conteúdo do jogo, de forma completamente autônoma, é de propriedade dos jogadores".

O modelo da Decentraland — falando de forma geral e não específica — tem o coração no lugar certo. Mas, por diversas razões, ele tem a mesma probabilidade de criar um produto falho quanto o modelo corporativo. Utilizando nossa metáfora da jardinagem, se o modelo corporativo é como uma escultura topiária, então o anárquico seria mais parecido com um terreno baldio, onde o crescimento não é planejado e não tem obstáculos; assim, acaba inibindo o uso e a criação de valor e significado. Um metaverso corporativo sofreria devido ao excesso de controle e coordenação de cima para baixo. Mas o metaverso produzido pelo modelo anárquico também sofreria por não haver praticamente nenhuma coordenação. Embora dinheiro corporativo em excesso possa estragar o metaverso, tornando-o muito comercial e focado no lucro, se você estiver tentando construí-lo estritamente a partir de um espírito de voluntariado ou de uma sensação de que ninguém deve lhe dizer o que fazer, adivinhe só: você nunca realmente fará um metaverso funcional. O produto final não será diretamente útil para ninguém além dos aficionados e especialistas que o construíram.

Já vimos esse tipo de ilustre disfunção com a Decentraland. Ainda que a plataforma fosse um experimento interessante, até o momento em que escrevo, não funciona particularmente bem. "É um produto instável", escreveu Winkie, observando os "problemas na taxa de quadros", "bugs estranhos de dimensionamento de tela" e "tempos de carregamento extremamente longos" do mundo. Pior do que as falhas técnicas é o vazio fundamental do mundo. "Na verdade, não vi uma única alma durante o tempo que passei em Decentraland", comentou Winkie. "Ninguém, dos museus até a enseada dos piratas."

O modelo anárquico corre o risco de produzir uma série de mundos que ninguém realmente usa; uma coleção de jardins murados que não interagem, entre os quais significado e valor não podem ser facilmente transferidos. O metaverso que se seguiria seria como um mundo cheio de nações enclausuradas às quais só se poderia entrar ou sair com extremo esforço, onde a moeda de troca de sua nação natal não poderia ser gasta ou trocada em nenhuma das outras. Embora não queiramos que as partes que constituem o metaverso sejam polidas até ficarem sem vida, também não desejamos que não se encaixem de forma alguma. Para que um metaverso funcione com seu maior potencial, ele deve manifestar o tipo de integração que é difícil de garantir quando se está trabalhando principalmente com voluntários e indivíduos cujo ofício não é compelido por um salário e nem coordenado por uma entidade mais ampla.

Portanto, se a anarquia não funciona e o controle empresarial de cima para baixo também não, então qual modelo organizacional funcionaria? Teria de ser um meio-termo, que envolvesse a cooperação entre muitas entidades e a contribuição de corporações e indivíduos. O modelo de meio-termo cria espaço para uma ampla variedade de contribuições e perspectivas, enquanto deixa espaço para as funções de gerenciamento de projetos necessárias para fazer o metaverso acontecer. Acredito que esse seja o modelo organizacional ideal se você espera criar um metaverso realmente valioso. Eu o chamo de Exchange [Intercâmbio].

## O EXCHANGE

Exchange — ou intercâmbio — pode ser um lugar, uma atividade ou uma filosofia. É aonde você vai para comprar e vender coisas, para comercializar valor; é aonde você vai para compartilhar ideias, conversas e experiências. Está implícito na noção de *intercâmbio* que o valor é bilateral. Você não participa de um intercâmbio para se agarrar a algo, você participa para oferecer algo ao mundo. Um intercâmbio é uma ponte através da qual significado, valor e consequência podem fluir, desenvolver, transformar e evoluir. Essa é uma imagem relevante para a construção de um modelo organizacional para o metaverso.

Nesse modelo, uma série de interessados, provavelmente dezenas deles para começar, se reuniriam e criariam um consórcio que envolvesse representantes especializados em tecnologia, negócios, design de jogos, ética, política, meios de comunicação social, artes, psicologia e assim por diante. A admissão no consórcio seria oferecida primeiramente como um convite — as pessoas que fariam o convite seriam provavelmente o pequeno grupo de "fundadores" que conceberam o Exchange em primeiro lugar — e mais tarde por candidatura. A adesão estaria condicionada à concordância com os objetivos, princípios e definições centrais de um metaverso valioso. Concordar em cumprir esse código de ética diferenciaria esse grupo — que pode ser visto como um conselho de administração ou uma sociedade profissional — de qualquer outro pequeno grupo de pessoas que esperam construir o metaverso. Eles se reuniriam não por razões de lucro pessoal ilimitado, mas por propósitos altruístas. Seus membros agrupariam recursos e conhecimentos próprios para criar as condições financeiras, técnicas e éticas necessárias para montar as partes constituintes do metaverso. (Aponto que essa questão não é puramente teórica; é o modelo que começamos a pôr em prática com o projeto M2, e os primeiros resultados são promissores.)

Quais são as partes que compõem um metaverso valioso? Como observei anteriormente neste capítulo, em um nível puramente prático, serão necessários níveis significativos de investimento tecnológico e em infraestrutura. Os requisitos de operações por segundo de um metaverso minimamente viável exigirão uma quantidade impressionante de capacidade de computação e armazenamento, o que, por sua vez, exigirá uma base de cobertura global que possa suportar e sustentar o tipo de computação necessária para os aplicativos metaversais. Precisaremos do hardware correto — o armazenamento, as fontes de alimentação, a infraestrutura de rede — e também de um sistema bem projetado construído para satisfazer as necessidades sociais, econômicas, tecnológicas e pragmáticas de seus usuários. O Exchange poderia financiar o desenvolvimento e a implementação dessas tecnologias, ao mesmo tempo que concebe e promove um conjunto de normas sobre as quais seriam executadas.

Essas tecnologias alimentarão o desenvolvimento de mundos virtuais e das experiências úteis dentro deles. Nós já falamos muito sobre mundos e experiências, mas eles estão no âmago do metaverso e de sua utilidade psicológica para o indivíduo. Essas experiências devem ser orientadas na direção da satisfação intrínseca e os mundos nos quais elas existem devem ser configurados para que um grande número de pessoas tenha o poder de criá-las e extrair valor delas. Elas podem e vão abranger tudo: de aventuras heroicas fantásticas até o aprendizado de uma habilidade prática, desde assistir a um concerto virtual até sentar-se em um bar virtual e conversar com um garçom.

O Exchange poderia coordenar o desenvolvimento desses mundos e experiências, reunindo e fornecendo recursos para os programadores, designers e artistas que os criarão. Mas será necessário que outras pessoas possam criar e agregar valor a esses mundos e teremos de incentivá-las a fazê-lo. Um metaverso valioso será aquele que facilitará a criação de experiências por um indivíduo em um determinado mundo virtual. Assim sendo, os mundos no metaverso devem dar aos indivíduos acesso aos dados e às ferramentas necessárias para oferecer essas experiências, além da capacidade de realizar ganhos econômicos com seu trabalho. Um consórcio como o Exchange, que entende o valor que cada pessoa agregará ao metaverso, poderá garantir que o metaverso seja construído de forma a permitir que eles o façam.

Isso leva ao outro componente de um metaverso valioso: precisaremos de uma camada meta de valor social e econômico que amarre esses mundos e experiências. Se existirem meios claros de criar, armazenar, quantificar e trocar esse valor, então esses mundos e experiências terão significado e consequências que importam em mais do que apenas um nível psicológico individual. É nesse ponto que prevejo a entrada em ação de mecanismos do tipo blockchain: processos informáticos complexos que servem como garantidores independentes e registros claros de valor no mundo.

Como mencionei anteriormente, não é possível que todo o valor econômico do metaverso seja revertido em benefício dos desenvolvedores, porque esse resultado perpetuaria a iniquidade encontrada na internet atualmente, além de impedir o investimento e o compromisso com o metaverso; as pessoas não se sentiriam responsáveis por ele. Em um metaverso corporativo e anárquico, a criação de valor econômico seria inibida — no metaverso corporativo, porque a empresa desenvolvedora colheria a maior parte do frutos; no metaverso anárquico, porque não existiria um caminho claro para a criação, armazenamento e transferência de valor entre os mundos virtuais e o mundo real.

Contudo, se o Exchange supervisionasse esse processo, poderia garantir que os vários mundos virtuais que compõem o metaverso conversassem entre si — e que todos falassem a mesma língua. Poderia garantir que os vários mundos fossem construídos sobre bases com tecnologia de blockchain, que facilitassem a criação, o armazenamento e a transferência de valor econômico. Poderia também ajudar a criar a tão necessária ponte entre a camada meta e o mundo real, o que exigirá que as estruturas do mundo real reconheçam o mérito e o significado da camada meta e trabalhem para se integrarem a ela. É preciso que haja um modo pelo qual o valor e o significado criados em mundos virtuais possam afetar o mundo real; deve existir uma conexão significativa e duradoura entre os vários mundos. Esse é um desafio tanto social quanto técnico, e um consórcio com bons recursos estaria em uma posição ideal para defender esses objetivos junto às partes interessadas do mundo real — bancos, empresas, governos, prestadores de serviços, ONGs — e negociar com essas partes para ajudar a criar e manter abertos esses canais.

As criptomoedas e as tecnologias do tipo blockchain serão parte integrante de qualquer esforço para construir e manter uma ponte para a transferência de valor em um metaverso. Eles serão os guardiões do interesse individual próprio que servirá para preencher o metaverso com significado duradouro. Teremos que contar com indivíduos e empresas individuais para criar significado no metaverso e, em troca do seu trabalho, essas partes desejarão saber que conseguem obter lucro e recuperar custos, que vale a pena para eles gastar tempo e dinheiro desenvolvendo e proporcionando essas experiências. Para que isso aconteça, um instrumento financeiro transparente deverá ser incorporado ao núcleo do metaverso, para que os criadores não fiquem à mercê do provedor da plataforma.

Preferencialmente, os membros do Exchange poderão interagir com empresas e com os detentores de propriedade intelectual (PI) para fazê-los compreender as oportunidades que existirão para eles se forem capazes de se adaptar a esse novo mundo. O metaverso será construído a partir do conteúdo criado pelo usuário e com a participação do usuário, e os criadores de conteúdo mais bem sucedidos serão aqueles capazes de abandonar parte da profunda resistência que os contadores de histórias e os detentores de direitos têm em deixar que outras pessoas brinquem com sua propriedade intelectual. Veja o caso de *Guerra nas Estrelas*, por exemplo, e a relutância da Disney em licenciar as personagens desse universo, em parte porque quer controlá-las e manter a posse das histórias contadas em torno delas. Bem, o metaverso apresentará diferentes modos de criação e interação com o conteúdo. Todos estarão fazendo LARP [Live Action Role Playing ou Jogo de Interpretação de Personagens ao Vivo] juntos no metaverso, por assim dizer, e, portanto, esses mundos terão de encontrar formas de conceber novos paradigmas para a criação e a transferência de propriedade intelectual que se adaptem às necessidades desse novo meio e, ao mesmo tempo, incentivem os criadores. O desafio para a indústria de jogos é, sobretudo, passar da fase de permitir que os usuários *joguem* um jogo para a de oferecer a eles experiências significativas que não sejam necessariamente gamificadas e, simultaneamente, alterar a estratégia de monetização dos jogos. O Exchange estará bem situado para discutir e responder essas questões de uma forma amplamente valiosa.

Um metaverso valioso também precisará de um método transparente de governança e de um meio de encorajar o comportamento ético e pró-social dentro dele. Esses dois imperativos estão conectados. É muito importante conceber e promover um conjunto compartilhado de valores que se sobreponha ao metaverso e incorporá-lo ao núcleo do metaverso. Se conseguirmos realizar isso, então os diferentes participantes de um metaverso — governos e entidades reguladoras, empresas que buscam construir infraestruturas ou experiências, criadores de conteúdo, pessoas talentosas e assim por diante — serão convenientemente limitados por esses valores partilhados.

Por fim, acredito que um metaverso organizado e governado de forma ideal provavelmente acabará se transformando em uma espécie de estado-nação ou em um novo tipo de entidade semelhante a um estado. Terei mais a falar sobre isso no Capítulo 8. Por enquanto, contudo, vale a pena notar que empresas como o Google e o Facebook já assumiram mais poder do que muitos estados-nação e, de certo modo, começaram a agir como países autônomos. Se essas empresas governam como autocracias, logo um metaverso valioso deverá se assemelhar mais a uma democracia. Mas as estruturas democráticas só emergirão a partir de um modelo organizacional no estilo do Exchange para o metaverso. Considerando que um estado anárquico não é um estado de fato e que um estado monopolista é uma ditadura, uma entidade semelhante a um estado organizado nos princípios do Exchange preservará e agregará valor para a maioria das pessoas durante um período de tempo maior. O Exchange, como eu o imagino, seria responsável pela supervisão e promulgação de princípios pró-sociais, mas também teria que evitar o desejo de microgerência. Deveria ser capaz de sair do caminho do metaverso.

## UMA CONTINUIDADE DE CRENÇAS

Para que isso aconteça, todas as partes em um metaverso idealmente valioso devem compartilhar uma concordância filosófica: um investimento dividido em certos valores centrais e no significado essencial do projeto do metaverso. Esse senso de importância do projeto terá que ser forte o suficiente para sobreviver aos fundadores e financiadores iniciais do consórcio. Mencionei anteriormente que construir um metaverso valioso seria um empreendimento intergeracional. Como vimos em outros projetos intergeracionais ao longo da história, é necessário que haja uma continuidade de crenças que sustente o seu desenvolvimento.

Por exemplo, as antigas pirâmides egípcias: monumentos vivos do poder que uma crença social compartilhada em uma realidade metaversal pode exercer sobre o mundo real. Cada geração seguinte que trabalhou nelas e/ou existiu em um mundo no qual sua construção era uma prioridade tinha que acreditar que o projeto valia a pena — que não era apenas lógico, mas fundamental investir tanto tempo, dinheiro e esforço em um empreendimento longitudinal e impraticável.

A questão de como criar uma adesão de longo prazo para um projeto sociocultural em curso que, à primeira vista, pode não parecer particularmente prático, não é exclusiva do Antigo Egito. Em 2011, as agências governamentais estadunidenses NASA e DARPA lançaram uma iniciativa chamada o 100 Year Starship Project [Projeto Nave Estelar dos 100 anos], com o objetivo declarado de tornar as viagens interestelares uma realidade dentro de um século. O principal desafio filosófico desse projeto, tal qual no caso das pirâmides, envolve como manter a motivação ao longo dos anos. Muita coisa mudará no decorrer do 100 Year Starship Project: líderes chegarão e sairão, prioridades sociais evoluirão. O mundo que teremos ao final do projeto Starship certamente será muito diferente do que tínhamos quando foi lançado. Então, como fazer com que gerações sucessivas mantenham o entusiasmo e o investimento necessários para o projeto?

A resposta, em grande parte, está em convencer as pessoas de que o problema que está sendo apresentado merece ser resolvido, mesmo que a resolução demore cem anos. No Antigo Egito, por exemplo, o trabalho forçado e os decretos faraônicos não podiam fazer muito para que toda uma sociedade concordasse que fazia sentido passar séculos construindo uma sucessão de dispendiosos triângulos decorativos no deserto. Um projeto fantástico dessa magnitude teria que repercutir de alguma forma na sociedade em si, não só em seus líderes.

Assim como as pirâmides e o 100 Year Starship Project, o metaverso que acabei de descrever é um projeto que provavelmente exigirá bilhões de horas trabalhadas antes de chegar perto de ser realizado plenamente — embora possa criar muito valor ao longo do caminho e possa ser construído em etapas. Criar um conjunto vibrante de mundos e uma economia virtuais que conecte todos esses mundos e as experiências presentes neles será um projeto multigeracional. Para que a sociedade justifique o tempo e as despesas necessárias para construir o metaverso, temos que ter uma compreensão compartilhada da razão pela qual esses outros mundos valerão a pena. Devemos seguir em frente a partir de premissas conjuntas e essas premissas deverão ser fortes o suficiente para criar uma adesão que dure por gerações.

O Exchange poderá ajudar a promover essas premissas e também a estabelecer a infraestrutura ética necessária para proteger contra a perspectiva do metaverso azedar e se tornar um ecossistema antissocial. Em algum momento, alguns membros, mesmo do consórcio mais idealista, olharão para o metaverso em desenvolvimento e se perguntarão se chegou o momento de abandonar a comunidade e, em vez disso, começar a cuidar de seus próprios interesses financeiros. Não se trata de saber *se* isso vai acontecer, mas *quando*. Antes de chegarmos a esse ponto, precisamos construir um sistema que espere e possa sustentar comportamentos individuais egoístas sem colapsar; um sistema que seja escrupulosamente ético, mesmo que cada nó individual nele esteja olhando para seus próprios interesses. Precisaremos de um sistema centrado na criação de valor para todos, não só para as pessoas que geraram esse sistema. A melhor maneira de fazê-lo é criar uma economia virtual que esteja repleta de empregos virtuais gratificantes e lucrativos.

Capítulo 7

# TRABALHOS VIRTUAIS E A ECONOMIA DA SATISFAÇÃO

Para uma introdução agradável a um dos problemas fundamentais da economia moderna, nada melhor do que ouvir a clássica canção da Disney "Whistle While You Work" [Assovie Enquanto Trabalha]. A música sugere que o melhor jeito de escapar do aborrecimento do trabalho diário é encontrar formas de se distrair do fato de que suas tarefas são desagradáveis. Assoviar tira sua mente do que você está fazendo. Fingir que uma vassoura é seu amor ajuda a esquecer o quanto você odeia varrer o chão. Esses tipos de estratégias de sobrevivência só são necessárias em um mundo onde os trabalhos que realizamos são inerentemente insatisfatórios — onde há pouco contentamento intrínseco em nosso trabalho.

Como argumentei no Capítulo 2, esse é o mundo em que muitos de nós vivemos hoje. A sociedade moderna está centrada ao redor de princípios de produtividade. Uma medida central da prosperidade econômica de uma nação é seu PIB, ou Produto Interno Bruto; essa métrica traduz o conceito de que as economias mais saudáveis são aquelas que são mais produtivas. Desde muito jovens, as pessoas aprendem que é nobre trabalhar muitas horas sem reclamar, nem mesmo de tarefas enfadonhas e degradantes. Fomos socialmente condicionados a acreditar que o trabalho árduo é uma virtude, e a economia tem tirado proveito de nossa credulidade. À medida que os imperativos de produção se intensificaram e o ritmo da automação aumentou, não só acabamos trabalhando mais, porém muitos dos nossos empregos também se tornaram muito menos satisfatórios.

Partindo de uma perspectiva econômica estreita, não há nada de errado com essa tendência. Afinal, os níveis de satisfação dos indivíduos não afetam diretamente o PIB de uma nação. Embora os empregadores tenham poucos incentivos para tornar os locais de trabalho deliberadamente desagradáveis, eles também não são incentivados a organizá-los em torno de princípios humanistas. A indiferença em relação às necessidades intrínsecas dos trabalhadores frequentemente se manifesta em locais de trabalho com baixos salários, como os enormes centros de distribuição da Amazon, onde os funcionários são sujeitados a análises quantitativas regulares de desempenho e têm pouca autonomia. Os protestos sobre esses tipos de locais de trabalho geralmente enfatizam as condições de trabalho e os salários — contudo, eles raramente notam a injustiça existencial no fato de que os ofícios que estão sendo realizados são, muitas vezes, sem sentido. Em vez disso, todos nós internalizamos a noção de que um trabalho não deve ser satisfatório. Como diz o ditado, é por isso que se chama "trabalho".

Vale a pena reservar um momento para refletir sobre a estranheza desse ponto de vista. Afinal, só temos uma vida e passamos a maior parte dela trabalhando. A tecnologia avançada não afrouxou o controle que nossos empregos têm sobre nossas vidas: pelo contrário, aumentou-o. E ainda assim, de algum modo, acabamos aceitando que nossos empregos — que consomem a maior parte de nossas horas acordados — não são obrigados a satisfazer nossas necessidades psicológicas mais básicas. Mesmos os empregos que desafiam seus trabalhadores da melhor maneira são frequentemente caracterizados por estresse e excesso de trabalho. Como escreveu Daniel Markovits, de Yale, em *A Cilada da Meritocracia*, muitos profissionais de colarinho branco foram treinados durante toda a vida para fazer do trabalho *toda* sua vida — aceitando que não há nada de errado em ter que trabalhar noventa horas por semana sem nunca ver os filhos. A sociedade, tacitamente, nos diz que não devemos esperar encontrar satisfação no trabalho e, no entanto, a quantidade crescente de tempo que passamos fazendo-o pode nos impedir de procurar satisfação em outros lugares. Há uma desumanidade fundamental nessa concepção.

Trabalhar pode e deve ser uma experiência útil. Quando organizados e concebidos de forma humana, nossos empregos podem dar um sentido de propósito a nossas vidas. Podem prover desafios ideais e conferir um senso de orgulho, tanto em relação às nossas competências quanto à participação na vida econômica da sociedade. No entanto, as estruturas e incentivos do emprego moderno elevaram a produtividade a um fim em si mesmo. Como já observei nestas páginas, essa premissa é insustentável. Em um nível ecológico, os imperativos de produção desenfreada, dissociados das necessidades das sociedades às quais deveriam servir, dizimaram o ambiente por meio de alterações climáticas antropogênicas. Que melhor símbolo existe da malignidade do etos da produção do que suas consequências metastáticas para o único habitat da humanidade? Em nível social, essa premissa criou uma crise de propósito generalizada que acabou desestabilizando o mundo.

Em seu livro *Bullshit Jobs: A Theory*, David Graeber explorou uma das principais razões para tantos de nós estarmos infelizes no trabalho: isso acontece porque nossos trabalhos não foram criados tendo a satisfação humana em mente. A única coisa que você extrai de um "bullshit job" é o salário, geralmente escasso, que você ganha. Este é um trabalho que não consegue envolver ou desafiar o trabalhador em um nível intelectual ou emocional; é aquele que isola o trabalhador e o priva de autonomia; é aquele que está desconectado de qualquer senso de um propósito social maior.

Os sentimentos de mal-estar e insatisfação causados por "bullshit jobs" são venenosos. Temos visto como esses sentimentos são especialmente intensos entre homens jovens e solteiros — conhecidos como YUMs por aqueles que estudam a inquietação social, da qual esse grupo é muitas vezes o catalisador — e entre as pessoas subempregadas de meia-idade que, nos séculos XX e XXI, aderiram a movimentos políticos reacionários que prometem restaurar o propósito e a ordem no mundo. Apesar de existirem outras razões mais obscuras que levam as pessoas a apoiarem esses movimentos, a agitação política é muitas vezes o resultado do descontentamento dos indivíduos com as estruturas econômicas que parecem ser manipuladas contra eles.

No último meio século, aproximadamente, a produtividade disparou ao mesmo tempo que os salários estagnaram, e as pessoas perceberam corretamente a injustiça nessa disparidade. O filósofo John Rawls argumentou que, em uma sociedade liberal, justiça equivale a equidade. Em termos econômicos, a equidade é muitas vezes entendida exclusivamente como uma questão de desigualdade de renda, em que as disparidades de riqueza criam e perpetuam um sistema de quem *tem* e quem *não tem*. Mas também é fundamentalmente injusto e desleal que tantos de nossos empregos não atendam às nossas necessidades psicológicas mais básicas. Durante a maior parte das eras industrial e pós-industrial, os empregadores nos diziam que assoviássemos enquanto trabalhávamos: usar meios artificiais para nos distrairmos do fato de que muitos de nossos trabalhos não foram criados tendo em mente a satisfação humana. Rico ou pobre, de colarinho branco ou azul: quando se trata de satisfação no trabalho, a maior parte de nós nada tem hoje em dia.

Neste capítulo, argumentarei que o metaverso oferece uma solução promissora para essa crise do capitalismo que define uma era. Explicarei por que, ao passo que os mundos virtuais continuam a crescer em tamanho, popularidade e significado, eles inevitavelmente acabarão criando uma economia virtual robusta com base em princípios de satisfação individual. Argumentarei que essa economia produzirá milhões de novas oportunidades empregatícias — empregos desejáveis e lucrativos apoiados na produção de experiências significativas. Defenderei a ideia de que um metaverso ideal nos afastará de uma economia de produção e nos conduzirá a uma economia da satisfação.

O processo de criar satisfação em um mundo virtual é simbiótico. Não se trata apenas do fato de que os empregos no metaverso poderão ser ou serão mais satisfatórios que os empregos no mundo real — trata-se do esforço humano necessário para transformar o metaverso em um espaço gratificante. Os mundos virtuais se tornam reais e impactantes quando uma massa crítica de pessoas escolhe acreditar que esses mundos existem e importam; que vale a pena buscar e valorizar as experiências possíveis dentro deles. Se a crença em um mundo virtual ajuda a aprimorar a experiência de outras pessoas com ele, tornando-o mais valioso, então é natural que a criação de experiências para outras pessoas em um mundo virtual também ajude a tornar esse mundo valioso.

Em um metaverso ideal seremos capazes de quantificar esse valor. Explicarei como trabalhadores virtuais poderão obter lucro ao criar experiências satisfatórias e úteis para outros dentro de seus mundos. Esse argumento não se resume a uma fantasia utópica: é baseado em estratégias de monetização do setor de jogos testadas ao longo do tempo. Os jogos retêm seus usuários ao proporcionar-lhes satisfação e, acredito, os mundos virtuais evoluirão de acordo com os mesmos princípios. Não pretendo sugerir que todos os mundos virtuais organizados segundo esse modelo serão totalmente isentos de conteúdo e experiências desagradáveis, destrutivas ou antissociais. Mas esse foco na satisfação é, no mínimo, uma equação de monetização básica mais promissora do que as atuais plataformas de mídia social, que precisam recorrer a táticas para chamar a atenção e conseguir cliques, precipitando assim uma espiral tóxica descendente.

À medida que as experiências em mundos virtuais se tornam mais envolventes e satisfatórias — mais uma vez, algo comprovado pelo setor de jogos como sendo a chave para a retenção a longo prazo —, as pessoas e entidades que proporcionam essas experiências poderão ganhar cada vez mais dinheiro. Seja recebendo seu salário como líder em uma guilda de matadores de dragões, ou fazendo a manutenção de carros virtuais em uma loja fantasmagórica de hot rods, esses empregos serão totalmente o oposto dos "bullshit jobs" que passaram a dominar a economia do mundo real. Um metaverso de valor ideal tornará os empregos humanos e criativos mais acessíveis a mais pessoas do que nunca na história da humanidade. Acredito que esses empregos representarão uma solução viável para a crise de propósito que afeta o mundo do trabalho atual.

O maior obstáculo para o estabelecimento de uma economia da satisfação é a narrativa falsa, mas persistente, de que devemos nos sentir culpados pelas coisas que nos fazem sentir realizados. Mas para que serve a vida se não para ser maximizada? E qual é o objetivo de uma economia se não for para melhorar, ao invés de piorar, a vida das pessoas? A produtividade não é inerentemente virtuosa, nem deveria ser um fim em si mesma. A satisfação não deveria ser tangencial ao propósito do trabalho: ela deveria *ser* o propósito do trabalho. Sempre existirão alguns empregos indesejáveis em qualquer sociedade, e a sociedade virtual não será uma exceção. Mas a diferença em um metaverso ideal será que o propósito do sistema — de toda a economia metaversal — é gerar satisfação. Esses tipos de trabalho monótonos e desagradáveis, portanto, são mais propensos a serem a exceção e não a regra para a maioria dos trabalhadores, e provavelmente exigirão uma compensação muito mais alta para serem executados. Para entendermos melhor por que isso acontece, analisaremos mais de perto a economia da satisfação.

## POR DENTRO DA ECONOMIA DA SATISFAÇÃO

No Capítulo 5, argumentei que o metaverso é uma rede de significados. Os mundos dentro de um metaverso ideal incluirão um grande número de experiências úteis e satisfatórias que criam valor para os participantes e a sociedade. O propósito de engajamento com o metaverso é criar e transferir valor entre os mundos e os indivíduos dentro deles. Até o momento, discuti principalmente o conceito de valor e espaços virtuais em termos dos benefícios psicológicos e sociais gerados pelo engajamento nesses espaços. Conforme o metaverso crescer, também começará a criar valor econômico. Se o objetivo de um mundo virtual é prover experiências significativas a seus usuários, então é lógico dizer que, no final, poderemos atribuir um valor monetário a muitas dessas experiências.

Já sabemos que é possível quantificar o valor de uma experiencia virtual. Por exemplo, quando as pessoas pagam US$50 por um novo videogame, isso significa que eles esperam que a experiência de jogar o jogo valha, pelo menos, US$50. O fato de as pessoas pagarem para personalizar seus avatares em jogos MMO significa que é possível atribuir um valor monetário específico, em moeda corrente, ao valor que elas obtêm da experiência de dar a seus avatares uma roupa nova legal. Não há nada inerentemente estranho no fato de as pessoas pagarem dinheiro real por calças virtuais. Se as experiências virtuais oferecem às pessoas uma satisfação real, então é lógico que elas estejam dispostas a pagar para tê-las.

À medida que mundos virtuais crescerem e se expandirem, seus usuários encontrarão novas oportunidades para ganhar dinheiro e prover bens, serviços e experiências que satisfaçam as necessidades de outros usuários. No mundo real, quando você encontra um ambiente que satisfaz suas necessidades de forma única — uma cafeteria ótima, uma academia bem equipada —, você tende a continuar retornando lá. Você também tende a gastar dinheiro lá e a pensar que vale a pena fazer isso. A mesma lógica se aplicará ao espaço virtual. Conforme os mundos virtuais forem melhorando cada vez mais para satisfazer as necessidades de seus usuários, esses usuários irão confiar mais e mais nesses mundos e não hesitarão em gastar dinheiro em bens ou serviços virtuais que acharem valiosos.

Se o valor fornecido por esses mundos em um metaverso é representado pelas experiências úteis que oferecem, então os mundos mais valiosos serão aqueles com a maior variedade de experiências de alta qualidade. Contudo, como registrei, seria financeiramente inviável e, de modo geral, insuficiente para os provedores de plataformas criarem todas essas experiências internamente ou pagarem outras pessoas para fazê-las. Terceiras partes independentes — empreendedores, artistas e pessoas comuns — se encarregarão disso. Em um metaverso de valor ideal, os grandes vencedores econômicos não serão somente os provedores de plataformas, mas sim as entidades e indivíduos que criam valor ao fornecer experiências úteis e satisfatórias a seus usuários.

O emprego nesses mundos será criativo por natureza. Os cargos encontrados em um metaverso de valor ideal têm o potencial de eliminar as ineficiências estruturais que tornaram tantos trabalhos do mundo real tão insatisfatórios por tanto tempo. O tipo de empregos virtuais que estou imaginando terão pouquíssimas barreiras de entrada. Poderão ser executados praticamente por qualquer pessoa, em praticamente qualquer lugar do mundo, a partir de um console de computador ou de um telefone celular. Haverá espaço para avanços dentro deles: alguém que começa em uma função de nível básico poderá aperfeiçoar suas habilidades, elevando seu potencial de ganhos a ponto de, plausivelmente, enriquecer. A satisfação humana será o fruto do trabalho nesses empregos, e quanto mais satisfação seu trabalho criar, mais dinheiro poderá ganhar.

No entanto, ao contrário de muitos cargos potencialmente lucrativos, esses empregos não tornarão o mundo um lugar pior: eles não prejudicarão e nem explorarão ninguém diretamente. Ao contrário da maioria dos empregos que começam como cargos de nível básico, os empregos serão criativos desde o início. Serão formas de arte em que os produtos artísticos se manifestam nas interações dos trabalhadores com outras pessoas. Essas interações serão projetadas para serem positivas, o que significa que esses empregos melhorarão a vida dos trabalhadores, assim como a vida das pessoas com quem eles interagirem.

Esse modelo virtual de mão de obra abrirá as portas para o trabalho de conhecimento remoto para mais do que apenas indivíduos altamente qualificados que já competem por empregos à distância lucrativos no mercado de trabalho global. Ele criará uma nova forma humana de globalização que não poderá ser facilmente impedida pelo controle de imigração ou explorada por empresas interessadas em globalizar suas operações basicamente para economizar dinheiro pagando menos aos trabalhadores. Hoje em dia, a mão de obra pode se deslocar, mas não facilmente. O trabalho virtual trará oportunidades reais de globalização.

A longo prazo, acredito que a sociedade virtual dará à luz uma economia criativa sustentável que aproveitará o potencial que existe dentro de todos os seres humanos. Essa transição terá consequências econômicas transformadoras para o mundo exterior. Embora nem todos optem por fazê-lo, todas as pessoas que estiverem dispostas e conseguirem exercitar sua criatividade terão a oportunidade de se tornarem agentes econômicos em um metaverso de valor ideal.

## CRIAÇÃO DE VALOR EM UM MUNDO VIRTUAL

O primeiro trabalho em um mundo virtual, e sendo assim, o primeiro passo na direção de uma economia centrada na satisfação, é o trabalho de se importar com o mundo. Quando as pessoas reconhecem e se preocupam com as consequências dos eventos no metaverso, ele se torna mais satisfatório para todos. Quanto mais as pessoas se importam com os mundos dentro de uma rede de significado, mais valiosa essa rede se torna. Esse é o nível primário de criação de valor dentro de um metaverso.

Como pode uma atividade que não oferece retorno financeiro ser de fato considerada como um emprego? Bem, se o objetivo principal de um trabalho na economia da satisfação é a satisfação, então a renda não é o propósito único e direto desse trabalho. Pelo contrário, o objetivo é oferecer satisfação ao trabalhador e criá-la para outras pessoas no mundo. Considere os jogos com múltiplos jogadores em massa com acesso livre, como o *Roblox*. O valor, dentro desses jogos, é criado pelo fato de mais pessoas aparecerem para jogar. Em muitos aspectos, o valor de ter tantas pessoas engajadas nesses mundos o tempo todo é que sempre há alguém com quem interagir e jogar. Embora uma grande parte das pessoas que utilizam os jogos de acesso livre atuais não gaste dinheiro com eles, sua presença cria valor para aqueles que gastam. Não teria muito sentido pagar para melhorar a aparência de seu avatar em um jogo com múltiplos jogadores em massa se ninguém estivesse lá para notar seu novo visual. O fato de o mundo ser populoso faz com que a compra pareça valer a pena.

A atenção e o esforço contínuos dentro de um mundo virtual podem criar valor no mundo, mesmo que esse valor não seja inicialmente de natureza econômica. Porém, à medida que mais e mais pessoas passam a se importar com os mundos virtuais que habitam, mais e mais oportunidades econômicas surgirão. Dito isso, a economia do mundo real abraçou os processos automatizados a tal ponto que pode ser ingênuo pensar que os mundos digitais — que são, de certo modo, processos automatizados por sua própria natureza — poderiam contrariar a tendência. Que razão há para acreditar que o trabalho humano em um mundo virtual seria mais valioso e rentável do que uma solução baseada em software para o mesmo problema? Não seria mais fácil e barato para os desenvolvedores codificarem programas de inteligência artificial (IA) que possam usar algoritmos para oferecer experiências gratificantes às pessoas?

Sim e não. Soluções com software de IA com toda certeza terão um papel no preenchimento dos mundos virtuais e em fazer com que eles pareçam densos e populoso. Mas, como mencionei anteriormente, a fonte de valor e significado em um espaço virtual vem da presença e da participação de outras pessoas. Se não houver sociedades dentro de um mundo virtual, não haverá valor a ser encontrado lá. Sua reputação como um lendário matador de dragões no Medieval World só terá valor se outras pessoas naquele mundo puderem louvá-lo, elogiá-lo quando anda pela rua e convidá-lo a endossar seus produtos. (Seria muito menos valioso se um programa de IA matasse o dragão.) As obras de arte digital dentro de um espaço virtual aumentam de valor porque outras pessoas escolhem apreciá-las. A participação humana é o que alimenta a rede de significado.

É claro que redes de significado são plurilaterais; os mundos conectados por elas existem em diálogo uns com os outros. Essa ligação implica que o valor dentro de um mundo virtual não será um ciclo fechado. Se o Medieval World se tornar grande o suficiente, sua reputação como matador de dragões acabará se espalhando além das fronteiras para o metaverso mais amplo. O valor que você deriva dessa reputação será transferível; a fama e as conquistas em um mundo serão aplicadas também em outros mundos. Estrelas do YouTube se tornam boxeadores; estrelas do TikTok conseguem contratos editoriais. Será que é tão difícil imaginar o melhor matador de dragões do Medieval World conversando com Jimmy Fallon no *The Tonight Show* para falar sobre suas conquistas?

A sua reputação como um exímio matador de dragões cresce e gera valor porque outras pessoas no mundo dão significado a esse renome. O envolvimento humano em um mundo virtual é o que faz o mundo satisfatório e contribui com significado adicional para essa rede. É o que dá às interações interesse e importância. Como sabemos pela teoria da autodeterminação, a afinidade com outras pessoas é um componente essencial para a satisfação intrínseca. A satisfação a ser encontrada em um mundo virtual vem das escolhas, decisões e ações dos indivíduos dentro desse mundo. Essas escolhas servem para aumentar a realidade de um mundo — e quanto mais real o mundo parece, mais as coisas que acontecem lá têm importância. A participação humana é o ingrediente que separa uma experiência viva com possibilidades infinitas de um passeio por um parque temático que não permite que se saia dos limites de sua área. É o que tornará os mundos virtuais não apenas divertidos, mas significativos.

Se é a partir daí que vem o valor psicológico, então de onde vem o valor econômico? Criar valor econômico em um mundo virtual, e assim, criar uma economia metaversal robusta, começa com a formação de oportunidades de ganho consistentes dentro dos vários mundos de um metaverso e entre eles. Por "oportunidades de ganho" não me refiro a trabalhos esporádicos ou ao dinheiro insignificante que se pode ganhar na internet com a venda de uma cadeira no Craigslist e, três anos mais tarde, com a venda de uma bicicleta. Eu também não me refiro ao tipo de dinheiro que alguém pode ganhar ao alavancar investimentos para criar uma plataforma que um dia poderá se tornar de capital aberto. (Isso não significa ganhar dinheiro em um mundo; isso significa ganhar dinheiro *sendo* o mundo.) A perspectiva econômica transformadora de mundos virtuais não está no dinheiro que umas poucas empresas pode ganhar criando-os ou hospedando-os, mas no dinheiro que as pessoas no mundo podem ganhar de forma regular e confiável.

Existem dois modos principais de ganhar dinheiro em um mundo virtual e o primeiro deles é criando e vendendo bens virtuais. Embora os mundos digitais de épocas anteriores sejam rudimentares em comparação com os mundos que construiremos em breve, os dados de longo prazo que obtemos deles demonstram que uma economia construída em torno de bens virtuais pode ser tão robusta quanto uma que envolva bens físicos. Há décadas, os participantes de mundos virtuais têm se mostrado dispostos a pagar dinheiro por bens que melhoram suas experiências no mundo e aumentam seus níveis de satisfação.

Em um artigo de 2011 sobre a economia em crescimento no *game EverQuest* com jogadores múltiplos em massa — quando o artigo foi escrito, dizia-se que a moeda do jogo era mais forte que o iene japonês e seu PIB per capita era o 77º mais alto do mundo —, o economista Edward Castronova observou que os jogadores estavam ansiosos para gastar dinheiro em uma vasta variedade de itens virtuais. "Essas pessoas comuns, que parecem ter ficado entediadas e frustradas com o comércio comum na Web, se envolvem com energia e entusiasmo em mercados online baseados em avatares", escreveu Castronova. "Poucas pessoas estão dispostas a comprar pneus para o seu carro na internet, mas centenas de milhares estão dispostas a comprar sapatos virtuais para o seu avatar."

Castronova passou meses explorando a economia do mundo do *EverQuest*, que ele descobriu ser fundamentalmente similar à nossa própria. "Do ponto de vista de um economista, qualquer território distinto com uma força de trabalho, um produto nacional bruto e uma taxa de câmbio flutuante, tem uma economia", escreveu ele. "Segundo esse critério, os novos mundos virtuais são absolutamente reais." A atividade comercial tinha lugar em mercados improvisados aonde os avatares iam para negociar e pechinchar bens virtuais. O artigo de Castronova intercala breves "registros de diário", nos quais ele contou suas próprias experiências participando da economia de *EverQuest*:

> fiz uma fortuna com bolotas de misty. você pode pegá-las do chão em misty thicket. eu estava em rivervale um dia e uma senhora estava pagando 8 pp por bolota. isso é muito dinheiro. ela me disse que era para uma armadura de halfling. ok, não importa. por isso, comecei a criar o hábito de apanhá-las sempre que as via, e em seguida, ia a pé a rv e as vendia a pessoas ricas. elas preferiam gastar esse dinheiro a

> andar por aí procurando as bolotas. economia clássica — a minha vantagem comparativa na coleta de alimentos leva à troca. e agora posso comprar um bonito chapéu.

O *EverQuest* não era um caso isolado. Economia similares surgiram em todos os outros mundos virtuais digitais com dimensão e complexidade suficientes para justificar o nome: *Ultima Online, Eve Online, Second Life* e muitos outros. (Rob Whitehead, que fundou comigo a Improbable, teve uma breve e animada carreira como traficante de armas adolescente no *Second Life;* ele utilizou os lucros obtidos com a construção e venda de armas virtuais para financiar parte de seus estudos universitários.) Apesar de reconhecermos que essas economias virtuais não tiveram um impacto verdadeiramente substancial na economia do mundo real, isso não significa que elas sejam intrinsecamente frágeis. Quer dizer apenas que esses mundos não tinham capacidade e complexidade suficientes para suportar um vasto número de usuários e que havia mecanismos limitados de transferência de valor entre aqueles mundos e o nosso. Em um futuro próximo, essas questões técnicas não serão mais um problema tão grande. À medida que a tecnologia evolui, aumentarão também a qualidade e o valor potenciais dos mundos virtuais que poderemos habitar e o espectro de bens virtuais que poderemos comprar ou vender nesses mundos.

O que torna os bens virtuais valiosos? Primeiro, eles devem ter alguma utilidade para o comprador dentro daquele mundo. Ainda que você possa comprar um item virtual pela simples novidade de fazê-lo — da mesma forma que um turista em Las Vegas pode colocar uma nota de cinco em uma máquina caça-níqueis, menos pelo retorno esperado do que pela experiência de tê-lo feito —, o fator novidade inicial desaparecerá rapidamente. Mais adiante, se você for comprar algo em um mundo virtual, provavelmente desejará algum tipo de retorno sobre o investimento. Em consequência, o item que está sendo comprado deverá, de alguma maneira, ser importante para você; deverá ter algum tipo de utilidade dentro daquele mundo. Os bens que geralmente fazem isso são os novos ou os interessantes.

Para que um bem virtual seja valioso, ele deverá ser útil — uma arma para caçar no *EverQuest*, uma casa virtual como local para passar tempo no *Second Life* — ou ter propriedades interessantes, de preferência, ambos. O ato de imbuir esses bens com propriedades exclusivas é um ato de criatividade. Conceber bens virtuais cativantes que as pessoas queiram comprar implica tratar esses bens como um meio de expressão criativa. Quanto mais expressivo ou único for seu bem virtual, maior será o valor potencial dele. Pessoas de toda parte sempre se interessaram por coisas que são singulares.

No espaço digital, assim como no mundo real, o valor é conferido pela escassez. Como afirma Castronova em seu artigo, "A escassez é o que torna o [mundo virtual] tão divertido. O processo de desenvolvimento do capital do avatar parece invocar no cérebro exatamente as mesmas estruturas de risco e recompensa que são invocadas para o desenvolvimento pessoal na vida real... as pessoas parecem preferir um mundo *com* restrições a um mundo *sem* elas". Mas impor a escassez no espaço digital é um problema mais complicado do que no mundo real.

No mundo real, a maior parte dos bens tangíveis são rivais, o que basicamente quer dizer que duas pessoas não podem possuir ou consumir o mesmo objeto ao mesmo tempo. Se você está usando um chapéu no mundo real, ninguém mais no mundo pode estar usando exatamente o mesmo chapéu ao mesmo tempo. Se seu amigo quiser um chapéu similar, terá que pagar para comprá-lo, porque fabricar o chapéu custa dinheiro. Se seu amigo quiser o *seu* chapéu específico, ele terá que oferecer comprá-lo de você, arrancá-lo de sua cabeça ou esperar até que você fique entediado com ele.

Por outro lado, os bens digitais podem não ser rivais. Teoricamente, os pixels e o código computacional que formam um "chapéu" digital conseguem ser duplicados infinitamente sem nenhum custo adicional. Como o custo marginal de produzir bens digitais é zero, a economia tradicional diz que o preço também deveria ser zero. Por essa lógica, o único modo de aumentar o preço de um bem digital é criando escassez artificial.

Dito isso, é válido notar também que existe uma escassez implícita nos mundos virtuais. Em qualquer história ou mundo de ideias sempre existem hierarquias, importância, habilidades e poderes relativos; sempre há algo que torna uma história interessante. Sempre há drama, e esse drama sempre implicará em uma escassez quantificável de mercadorias, bens e serviços que compõem esse mundo virtual. Se quiser viver próximo ao palácio no Medieval World, onde somente 1.000 residências unifamiliares cabem naquela área, bem, a pessoa de número 1.001 que aparecer não poderá simplesmente construir uma casa em cima de outra já existente. Ela terá que pagar se realmente quiser viver à pouca distância do rei.

Essas preocupações interligadas sobre a escassez e o valor em espaços virtuais estão entre os problemas que os tokens não fungíveis (NFT) estão tentando resolver. No momento em que escrevo, os NFTs tendem a confundir muitas pessoas. Ainda existimos basicamente em um contexto de mundo real e os NFTs não parecem resolver nenhum problema no mundo real. Grande parte do discurso em torno dos NFTs presume que eles são instrumentos bastante frívolos — e, dentro de um contexto estritamente do mundo real, essa caracterização não é de todo injusta. Não se pode culpar alguém por balançar a cabeça em sinal de confusão quando, por exemplo, uma imagem digital básica de uma lata de lixo é vendida por US$250.000 em um mercado de NFTs. (Devo acrescentar que os NFTs têm valor absoluto como obras de arte ou como tokens de entrada em comunidades digitais.)

Contudo, em mundos virtuais, instrumentos baseados em blockchain, como os NFTs, podem ser utilizados para salvaguardar ativos digitais e garantir as propriedades únicas de um bem digital. Ao criar regras interoperáveis auditáveis através de soluções baseadas em blockchain, o valor é criado conforme a oferta é restringida. No processo, também se torna mais fácil para as pessoas ganharem a vida de forma confiável, produzindo e vendendo bens virtuais. Ao dotar um bem digital com uma certa imutabilidade, bem como com mecanismos para verificação da prova de propriedade, esse bem se torna mais valioso não só para o criador, mas também para o comprador.

Essas inovações contribuirão para transformar o comércio em mundos virtuais de um mero passatempo divertido em uma oportunidade de carreira legítima para muitas pessoas. Como já mencionei, os mundos digitais das gerações passadas tinham uma utilidade econômica limitada no mundo real, o que contribuiu para refrear o entusiasmo dos usuários regulares em abandonar seus empregos diários e estabelecerem negócios a longo prazo nesses primeiros mundos virtuais. Um metaverso de valor ideal deve ser construído de modo a minimizar os obstáculos estruturais à criação de riqueza individual.

Não se pode permitir que os provedores de plataformas acumulem todas as oportunidades de realização de lucro dentro e entre os mundos virtuais. Criar um mercado verdadeiramente livre e justo para o trabalho e empreendedorismo em um metaverso será fundamental para tornar o metaverso uma rede equitativa, democrática e transformadora. Construir mecanismos para armazenar, transferir e garantir valor econômico na estrutura do metaverso é um modo de garantir essas promessas e ambições. Seria um uso natural e intuitivo para as tecnologias baseadas em blockchain e é um passo necessário no caminho rumo a empregos virtuais.

## DINHEIRO REAL, EXPERIÊNCIAS VIRTUAIS

São dez anos a partir de agora. Você teve um longo dia no mundo real e, após acabar o trabalho e pôr as crianças na cama, só quer estar com outras pessoas e relaxar em um ambiente familiar e amigável. Então, você coloca seu headset, inicia sua sessão no metaverso e vai até o Roger's, sua taberna virtual favorita em seu mundo virtual favorito: O Mundo Anos 1990. Os benefícios de bares virtuais são óbvios: você terá a mesma atmosfera de convívio que teria em um bar real sem ter que se deslocar até ele, pagar por uma babá ou acordar com uma ressaca no dia seguinte. Mas o diferencial específico do Roger's é o próprio Roger: o barman caloroso, que veste camisa xadrez, sempre tem uma piada na ponta da língua, ouvidos abertos e uma história sobre quando conheceu Kurt Cobain.

O Roger está sempre lá porque você paga para ele estar lá, você e todos os outros clientes que passaram a valorizar sua companhia. Das 17h às 02h, seis noites por semana, você pode contar com a presença do Roger atrás do balcão para servir bebidas, contar histórias e apresentar clientes uns aos outros. Administrar essa taberna virtual é o trabalho real de Roger, que aproveita seus pontos fortes e suas competências como contador de histórias e elemento de ligação entre as pessoas. É como ele ganha a vida e, quando ele lhe dá as boas-vindas e desliza uma cerveja pelo balcão em direção a seu lugar habitual, você sorri e lhe envia um pagamento com 1990sCoin — a criptomoeda usada no Mundo Anos 1990 — sabendo que estar ali vale cada centavo que você paga pela experiência.

Você está disposto a pagar para manter o Roger's funcionando porque o lugar significa algo para você, mesmo sendo um espaço inteiramente virtual (e mesmo você tendo que comprar sua própria cerveja no mundo real). Da mesma forma, você está disposto a pagar para que o próprio Roger apareça seis noites por semana, porque vale a pena saber que seu bar favorito funciona em horários regulares e que você poderá contar com a presença de seu barman favorito, caso queira aparecer por lá. Essa proposta de valor exemplifica a segunda grande maneira de se ganhar dinheiro em um mundo virtual: criando e produzindo experiências divertidas e úteis para os outros participantes desse mundo.

O valor de uma experiência, como a de passar tempo no Roger's, não se pode obter apenas por meio de funções automatizadas. É também produto das ações das pessoas dentro do mundo. Embora seja preciso o trabalho de programação para fazer com que os mundos virtuais pareçam ricos e imersivos, será necessária mão de obra humana dentro do mundo renderizado para proporcionar as experiências que fazem esses mundos parecerem presentes e sofisticados.

Por que as experiências nos mundos virtuais não podem funcionar como nos videogames avançados, em que a programação sofisticada permite aos jogadores explorar mundos abertos habitados por outras personagens, muitas das quais conseguem interagir conosco de uma forma ou de outra? Apesar de as interações com os NPCs (personagens que não são jogadores) serem envolventes no curto prazo, elas não são muito satisfatórias no longo prazo, e é por isso que os mundos virtuais devem retomar a partir do ponto onde os videogames pararam. Embora seus mundos constituintes compartilhem certas semelhanças superficiais com os videogames, o metaverso não é um videogame. Não é uma atividade solitária dentro de um sistema finito. É uma rede de mundos na qual o valor está vinculado tanto ao número de participantes quanto aos níveis de satisfação que esses participantes podem experimentar por si mesmos e criar para outras pessoas.

Os jogos mais valiosos e populares no mundo atualmente, por uma margem enorme, são as experiências com jogadores múltiplos, o que obviamente ilustra a proposta de valor em questão. A presença de outras pessoas reais em um espaço digital — seres que você reconhece como parte de sua sociedade real e não só figuras humanoides que operam como adereços — é a base de como o metaverso gera satisfação. É emocionante assistir a uma partida de futebol com milhares de NPCs que existem somente para encher a plateia? A questão não é de verossimilhança — é possível imaginar NPCs movidos à inteligência artificial se tornando muito reais —, mas de significado. Simplesmente não teria tanto significado ver a emoção nos rostos de personagens cujo único objetivo é esse único evento: seres sem vida além das arquibancadas e sem relação com a sociedade em geral.

Digamos que você pudesse criar um outro mundo no qual fosse Deus e digamos que todos os seres nesse mundo — seres que, independentemente de sua origem, fossem todos *pessoas reais* dentro dos parâmetros desse mundo — fizessem tudo que você lhes mandasse fazer. Em seguida, imaginemos que você se desligue desse mundo e volte para sua vida real, só para ser confrontado com o fato deprimente de que nada do que acontece no outro mundo importa no mundo real. Esse desequilíbrio não é uma situação propícia para a satisfação, e os dois mundos do conjunto certamente não constituem qualquer tipo de rede valiosa de significado. Os seres que você controla no outro mundo podem parecer, falar, agir e se sentir totalmente reais dentro desse mundo. Podem ser seres inteligentes e realistas com vidas interiores ricas, produtos de uma IA tão avançada que os torna funcionalmente indistinguíveis de nós. Contudo, a falta de conexão com o resto de sua existência e com uma rede mais ampla de mundos limita a capacidade deles de gerar valor em um metaverso.

Há muito tempo sabemos que o trabalho e as interações humanas são capazes de agregar valor às experiências online de formas que ainda não podem ser igualadas pelas interações mecanizadas. Por exemplo, o moderador de um grupo ou de uma seção de comentários agrega um valor imenso ao fórum ao empregar seu discernimento e inteligência humanos para manter as discussões focadas, produtivas e respeitosas. Outro exemplo é o fenômeno de jogos com "boosters": jogadores habilidosos que jogam um jogo com você, ou para você, a fim de que possa subir nos rankings. "Boosting" [impulsionamento] não é necessariamente trapacear ou furar fila. Às vezes, jogadores habilidosos podem ter obrigações no mundo real que os impedem de jogar por algum tempo. Nesse caso, eles contratam um booster com habilidade equivalente para jogar no seu lugar e evitar que suas classificações caiam durante sua ausência, e para recomeçarem de onde pararam quando finalmente puderem retornar. Em outros momentos, jogadores novatos podem querer entrar num jogo exclusivamente para jogar com amigos que estão lá há mais tempo; esse tipo de pessoa pode contratar um booster para avançar rapidamente no jogo até poder se juntar a seus colegas e assim conseguir o que precisa da experiência. Os boosters são o equivalente digital aos guias de trilhas, ajudando as pessoas a chegarem aos destinos desejados, mesmo que não sejam capazes de fazer isso sozinhas.

De modo mais amplo, as histórias criadas por um ser humano são muitas vezes gratificantes, expressamente devido ao contexto social em que são contadas. A popularidade contínua do jogo *Dungeons & Dragons* é um ótimo exemplo de como a narração de histórias humanas em um ambiente de grupo ajuda a transformar um jogo em um mundo. Embora analógico em sua execução, o elemento de narração humana do *D&D* torna o jogo tão complexo quanto qualquer mundo digital cuidadosamente renderizado. Operando a partir de um conjunto de parâmetros universalmente conhecidos — os livros de regras e os dados —, os participantes do jogo, sob a supervisão de um narrador/juiz improvisador chamado de Dungeon Master, criam suas próprias personagens e descobrem o jogo ao passo que avançam. Essas personagens crescem e mudam no decorrer de uma campanha de *Dungeons & Dragons*. Relacionamentos se formam, enredos se desenvolvem; os jogadores resolvem problemas juntos e compartilham as derrotas. A natureza aberta do *D&D* significa que uma campanha pode plausivelmente durar anos, e algumas delas duram. Em vez de criar um mundo fechado com obstáculos predeterminados que ficavam mais difíceis à medida que o jogo avançava, culminando em um desafio final que tornava o jogador vencedor ou perdedor, os criadores do *D&D*, Gary Gygax e Dave Arneson, construíram um mundo aberto no qual os participantes podem esboçar os detalhes do jogo que querem jogar.

Esses são somente alguns exemplos de como as interações humanas dentro de contextos engenhosos podem criar valor intrínseco para os usuários de um espaço digital ou mundo virtual. O envolvimento humano será de extrema importância nos mundos de um metaverso. Se esses mundos são máquinas nas quais o resultado é a satisfação, então o trabalho criativo humano é o que manterá elevados esses níveis de desempenho. Esse tipo de trabalho também pode ser realizado a serviço de experiências emocionantes, e não apenas prosaicas, como sentar-se em uma taberna digital.

Imagine que você tenha entrado no Heist World, um mundo virtual projetado para oferecer aos usuários a experiência de planejar e executar um assalto complicado, como se vê nos filmes. São muitos os fatores necessários para transformar um assalto virtual em uma experiência satisfatória e emocionante, sendo o elemento mais importante o perigo: a perspectiva de ser pego pela polícia. Qual seria a graça se você tivesse certeza de que teria êxito e sairia ileso? Isso não é um desafio, é um código de trapaça. Para que Heist World pareça um mundo, e não só um jogo, a polícia não pode ser um NPC cujos movimentos são previsíveis e cuja atenção se pode evitar mantendo-se do lado esquerdo da tela. Sua experiência como ladrão mestre no Heist World será aprimorada se você for confrontado com outros usuários que assumem o papel de policial; se você tiver que enganar seres humanos reais e interagir com eles, não apenas com um programa.

Ao aceitar essa premissa, também poderá entender por que um ladrão no Heist World pode estar disposto a pagar para contratar pessoas para participarem como policiais. A presença de um esquadrão de detetives confiáveis e dedicados tornaria a experiência melhor e mais satisfatória para você e para seu time. Do mesmo modo, você também vê como um policial no Heist World pode querer pagar para que você planeje novos assaltos toda semana, porque ter um antagonista humano legítimo dentro do mundo melhora a experiência dele nesse mesmo mundo. Caso você consiga imaginar milhares e milhares de pessoas que se preocupam o suficiente com um mundo virtual a ponto de querer pagar para torná-lo melhor para si e para os outros, logo poderá imaginar uma economia surgindo em torno dessas pessoas: policiais virtuais, ladrões virtuais, garçons virtuais, tudo virtual. Poderá ver os ladrões do Heist World entrando no Mundo dos Anos 1990 para planejar seu assalto ao Roger's. Poderá ver os policiais rastreando-os até lá. Poderá ver as maneiras pelas quais esses mundos díspares começam a se interligar.

Os mundos virtuais do passado eram limitados pelas tecnologias que os impulsionavam, as quais tinham potencial para criar mundos com capacidade e profundidade restritas. Mas a tecnologia que impulsiona os mundos virtuais de hoje está melhor do que nunca, o que significa que cada vez mais pessoas conseguem fazer mais e mais coisas dentro deles. À medida que esses mundos crescem em complexidade e escala, e conforme a demanda aumenta, empregos informais se tornarão empregos formais. Por exemplo, em algum momento, será realmente importante para os clientes do Roger's que o bar esteja aberto quando eles quiserem ir lá, e que o Roger esteja presente e disponível para receber seus pedidos e distribuir bebidas e companhia. Logo não será suficiente que o Roger apareça quando ele quiser. Se o produto que ele está oferecendo for suficientemente valioso para um número suficiente de participantes, os incentivos econômicos serão tais que ele se sentirá compelido a ficar "em serviço" de maneira regular, assim como em um emprego real — mas com muito mais vantagens sobre um emprego real, até porque ele poderá fazer o trabalho no conforto de sua cadeira favorita em casa. O trabalho não envolverá o tedioso trabalho físico de um barman como, por exemplo, trocar os barris, lidar com bêbados agressivos ou ter que ficar em pé dez horas por dia. Em vez disso, será totalmente direcionado a criar valor ao proporcionar experiências cativantes.

Até agora, meu foco foi o trabalho "artesanal" em mundos virtuais, bens e experiências que envolvem sobretudo transações e interações entre pessoas. Mas os mundos virtuais também criarão um vasto mercado para experiências mais complexas: missões, aventuras, festivais e ocorrências fantásticas que exigirão recursos significativos para serem criados e executados. Elas provavelmente serão mais o domínio de empresas do que de indivíduos: entidades independentes que poderão gastar milhões de dólares programando uma aventura espacial incrivelmente imersiva e detalhada, por exemplo, ou criando e organizando um gigantesco festival. Essas serão empresas legítimas construídas em mundos virtuais e, inevitavelmente, haverá empregos nelas.

Pode-se pensar no espectro de oportunidades que estarão disponíveis nos mundos virtuais como um tipo de escada. O pressuposto básico é que as pessoas passarão tempo em um mundo virtual; com esse tempo, elas executarão um trabalho que tornará o mundo virtual mais valioso para outros usuários. Mas um novato não terá imediatamente habilidades avançadas para oferecer nem será capaz de criar experiências complicadas e de alto valor. Esses iniciantes, portanto, começarão na base da escada, buscando os tipos de empregos e oportunidades que se encaixem em seu conjunto de aptidões. Ao passo que suas habilidades aumentam e eles sobem mais na escada, o mundo proverá oportunidades para trabalhos mais complicados — talvez a oportunidade de criar experiências para outras pessoas, talvez a oportunidade de desempenhar um papel significativo em uma das grandes experiências citadas.

Um grande motivo pelo qual os empregos virtuais ainda não se transformaram em uma força econômica significante é que ainda não houve vínculos fortes o suficiente entre esses mundos virtuais e o mundo real — ou vínculos entre mundos virtuais —, o que significa que há menos oportunidades de transferir valor entre eles. A criação de uma sólida camada "meta" entre os mundos virtuais e o mundo real tornará cada vez mais plausível que os "empregos virtuais" se transformem em meios primários de emprego para uma porcentagem não negligenciável de participantes. Então, como continuaremos a otimizar a satisfação do trabalhador quando um emprego virtual se tornar um emprego real? E como faremos para que a economia virtual melhore o capitalismo, em vez de apenas replicar as falhas existentes em uma esfera diferente?

## UM NOVO PARADIGMA PARA O VALOR

A questão não é se a virtualização do trabalho *deve* ou não acontecer. Ela já *está* acontecendo e continuará a acontecer. Mas ainda estamos em um ponto em que podemos escrever o futuro do trabalho virtual. Temos a chance de reinventar os princípios orientadores do emprego de tal forma que o trabalho virtual evite muitas das armadilhas do mundo do trabalho atual. Podemos buscar um modelo que crie novos empregos localizados no contexto de mundo virtuais, em vez de apenas estender as estruturas de trabalho antigas e falidas para um contexto virtual. Esse é o modelo que devemos seguir se quisermos que a economia virtual melhore a atual.

Embora possa parecer uma longa jornada daqui até lá, o fato é que muitos de nós já estamos trabalhando em empregos virtuais. A pandemia de COVID-19 acelerou a tendência a empregos inteiramente mediados por telas de computador. Graças aos aplicativos de teleconferência, ao software de fluxo de trabalho, aos serviços de mensagens sociais e ao aumento das políticas de "trabalhe de qualquer lugar", muitos de nós nunca chegamos a conhecer pessoalmente nossos colegas de trabalho, nunca vemos o interior de um escritório real e não temos uma ligação direta com os frutos de nosso trabalho.

Certamente há muitas pessoas lendo este livro agora que passaram anos sonhando com o dia em que nunca mais teriam que se deslocar até o escritório ou confraternizar no bebedouro com seus colegas de trabalho. Então, hoje que esse sonho está finalmente começando a se tornar realidade, por que ele parece tão pouco satisfatório? Para muitos trabalhadores atualmente, a virtualização do trabalho tem sido uma experiência desagradável. Eu diria que esse tédio resulta, em parte, do fato de os empregadores tentarem, sem sucesso, conciliar um novo meio com um contexto antigo. As reuniões já são ruins o suficiente no escritório real, e faz muito pouco sentido que a virtualização do trabalho tenha levado a mais reuniões e não o contrário. O apagamento das fronteiras entre trabalho e casa fez com que pareça que nossos dias laborais nunca terminam, o que é precisamente frustrante, pois o dia de trabalho costumava acabar quando deixávamos o escritório. Pegamos as ferramentas que podiam ser utilizadas para gerar satisfação e as utilizamos para tentar aumentar os níveis de produção ao transformar a nossa casa em escritório. Esse não é o caminho a ser tomado se desejarmos reinventar o trabalho para a era da sociedade virtual.

Do mesmo modo, muitos de nós também já estamos habituados a trabalhar para empresas que produzem o que poderia ser plausivelmente descrito como bens virtuais. A economia de dados, como mencionei, não produz em essencialmente itens que você pode segurar nas mãos. Google, Facebook, empresas de software, empresas de jogos, provedores de conteúdo online: os frutos do trabalho deles são, exclusivamente, mediados por telas. Todas elas são, sem dúvida, empresas virtuais que criam produtos virtuais. A diferença é que muitas dessas empresas virtuais ainda estão sediadas em um contexto real, o que é possível criar dissonância cognitiva e fazer com que os trabalhos que lá existem pareçam, em alguns aspectos, abaixo do ideal.

Os empregos virtuais atuais centrados na internet se concentram, em grande medida, em melhorar, de alguma forma, o comércio do mundo real: um comprador que encontra um vendedor, uma comunidade que é feita em torno de uma marca, notícias ou conteúdo de entretenimento que se baseiam no mundo real. A diferença entre esses tipos de empregos virtuais e os que criaremos no metaverso é que o objetivo da economia metaversal não é melhorar a eficiência das empresas do mundo real. As empresas que prosperarão no metaverso terão como base premissas fundamentalmente diferentes daquelas que regem o comércio no mundo real. Seus objetivos serão produzir satisfação, em vez de dados ou bens. E acredito que elas precipitarão o mesmo tipo de mudança macroeconômica sísmica que vimos pela última vez na virada do século.

No final do século XX, a economia global ainda estava presa ao passado. Em 1996, a General Motors estava no topo da Fortune 500, o mesmo lugar que ocupava na inauguração da lista, em 1955. Logo atrás da General Motors encontravam-se várias outras antigas fortalezas corporativas: Ford Motor Company, ExxonMobil, AT&T — todas elas empresas cujos modelos de negócios (carros, petróleo, telefones) seus avós entenderiam. Em sua maior parte, as grandes corporações que dominaram o mundo até o final do século XX presidiam uma economia de coisas tangíveis.

Contudo, em 2021, o mundo e a economia global pareciam muito diferentes do que eram um quarto de século antes. Embora a primeira posição na Fortune 500 em 2021 fosse ocupada pelo Walmart, os segundos e terceiros lugares eram ocupados pela Apple e pela Amazon, respectivamente, com a Alphabet, controladora do Google, não muito atrás. (GM, Ford, AT&T e ExxonMobil ocuparam as posições de número 22, 21, 11 e 10, respectivamente.) As maiores empresas do mundo em termos de capitalização de mercado eram a Apple, a Microsoft, a Alphabet e a Amazon, com a Tesla e a Meta lutando pelo 5º lugar — todas as 6 são empresas de US$1 trilhão, 5 delas modelos da nova economia de dados.

Em um período de 25 anos, a transição entre uma economia física para uma economia de dados criou algumas das maiores empresas na história mundial. Essa trajetória de crescimento foi catalisada pelo surgimento da internet. A rede criou um conjunto de novas oportunidades e necessidades, e as pessoas que melhor entenderam como satisfazê-las foram capazes de lucrar extraordinariamente. As grandes empresas que dominavam o mundo em 1996, em sua maioria, ainda estavam presentes em 2021 — mas, como estavam inextricavelmente enraizadas nas prioridades econômicas de ontem, eram simplesmente menos importantes para o presente e para o futuro. O surgimento da internet havia criado um novo paradigma de valor.

O surgimento do metaverso apresentará uma mudança de paradigma semelhante. No curto prazo, as oportunidades econômicas e o valor dos mundos virtuais e do metaverso serão uma perturbação tão alta para o mundo real quanto foi o valor econômico criado pela internet. Assim como a internet transformou dados digitais em um recurso precioso a ser organizado, procurado e mostrado, o metaverso mercantilizará os tipos de experiências úteis e gratificantes que os seres humanos sempre procuraram em suas realidades sociais construídas. Do mesmo jeito que a internet ofereceu um terreno novo e fértil no qual novos tipos de negócios surgiram, os mundos virtuais digitalmente renderizados darão novos contextos para que empresas e empresários ampliem suas ambições econômicas.

À medida que esses mundos ganham escala, creio que milhões de trabalhadores poderão acabar obtendo sua renda principal dentro deles. Infelizmente, a estrutura jurídica do mundo real ainda não se adequou às muitas perguntas que surgirão uma vez que a economia metaversal alce voo. Quando os órgãos governamentais percebem que uma nova tecnologia criou um problema social, geralmente já é tarde demais para resolvê-lo. No tempo atual, as corporações de US$1 trilhão que dominam a economia de dados não são apenas grandes demais para falir: elas são indiscutivelmente grandes demais para serem consertadas. Em termos da influência que exercem e da autonomia com que a exercem, empresas como o Google e o Facebook são, efetivamente, verdadeiros países. Os governos mundiais de hoje se relacionam com essas empresas mais em termos diplomáticos do que em termos de fiscalização.

Devemos levar em conta essa dinâmica ao procurarmos conceber uma estrutura regulatória capaz e eficaz para o metaverso. Como a regulamentação governamental tende a ficar muito aquém do ritmo das mudanças tecnológicas, uma estrutura satisfatória terá que incluir algum híbrido de envolvimento do mundo real em assuntos metaversais e o crescimento de uma estrutura de governança verdadeiramente robusta dentro do próprio metaverso, talvez alimentada pelo Exchange. Quando esses mundos se tornarem suficientemente importantes a ponto de parecer natural que se envolvam em autogovernança, começaremos a ver o surgimento de novos paradigmas para a política, a democracia e a liberdade. Esse será o ponto no qual os mundos virtuais realmente se tornarão uma sociedade virtual. Mas o que virá depois disso? Como criar uma superestrutura regulatória para garantir que a sociedade virtual não reproduza os problemas encontrados na sociedade do mundo real, no capitalismo do mundo real e na internet? Abordarei essas e outras questões no próximo capítulo.

Capítulo 8

# OS TIRANOS E O COMMONS

Logo que a história definitiva da internet for finalmente escrita, é provável que o presente momento seja considerado a idade das trevas digital. Parte significativa da internet hoje é dominada por empresas enormes e amorais que obtêm lucros coletando e explorando dados de usuários. Os efeitos dessas empresas e suas redes são tão amplos que é difícil para os concorrentes desafiarem sua dominância. Considerando a influência que elas têm sobre os usuários, criadores de conteúdo e empresários, elas se tornaram os governos imperiais não eleitos do novo mundo.

Apesar de toda a conversa sobre startups ou empresas disruptivas do Vale do Silício, as entidades mais poderosas da tecnologia já não são realmente empresas, nem mesmo monopólios. São impérios globais sem forças armadas convencionais. A capitalização de mercado do Google de cerca de US$1,8 trilhão é superior ao PIB da Rússia — na realidade, é alta o suficiente para colocar a empresa em 11º lugar no ranking das nações mais prósperas do mundo. No 4º trimestre de

2021, a Meta registrou 2,82 bilhões de usuários ativos diários no Facebook, Instagram, Messenger e/ou WhatsApp: um número maior do que a população da China e da Índia juntas.

Em vez de conquistar novas terras, os imperadores da internet contentaram-se em reduzir suas já vastas populações — os usuários — a um estado de vassalagem digital. Sem os bilhões de postagens, fotos, curtidas, grupos e comentários adicionados e criados pelos usuários, o Facebook seria somente mais um site. Sem os incontáveis indivíduos que criam vídeos em busca de autoexpressão, e talvez de um sucesso viral lucrativo, o YouTube seria somente mais uma loja de vídeos extinta. E, ainda assim, os usuários retêm somente uma pequena parte do valor que originam para essas plataformas e dentro delas.

Fazendo uma simplificação grosseira, é possível pensar nas grandes plataformas tecnológicas atuais como tendo dois componentes principais. O primeiro é a "parte divertida", ou os recursos voltados para o usuário: os filtros para fotos, os botões de "curtir" e as mensagens instantâneas. O segundo componente é a gigantesca base de dados proprietária que representa o valor da rede. As partes divertidas da plataforma são as que atraem os usuários. A enorme base de dados ativa é o que faz com que essas plataformas ganhem dinheiro.

Os principais produtos do Facebook, o Google Search, a Amazon, o WeChat da Tencent: todos esses serviços são alimentados por grandes bases de dados controladas por essas empresas. Essas bases de dados — de usuários, sites, ou mensagens — tornam essas empresas absolutamente imparáveis em seus negócios principais. O ato de usar seus serviços gera um *corpus* de dados sempre em expansão, que elas têm liberdade para garimpar e explorar em seu próprio benefício. Elas colhem riquezas ilimitadas ao controlar as informações que representam a própria estrutura do nosso mundo.

Se você está lendo este livro, suspeito que esteja bem familiarizado com essa linha de pensamento. Mas talvez não perceba que não há necessariamente malícia em todo esse processo. As empresas tecnológicas em fase inicial são motivadas, em primeiro lugar, pela sobrevivência frenética e, em seguida, pelo moderno mandato de investimento de crescimento a todo custo. Uma vez que começam a crescer, elas não são mais concebidas: elas só acontecem. Certa vez, o fundador de uma empresa tecnológica me confidenciou que, ao atingir um certo nível de "adequação do produto ao mercado", nenhuma das suas decisões tinham a mesma importância que no início: bem ou mal, a empresa simplesmente cresceu. Os efeitos de rede podem fazer com que essa trajetória de crescimento pareça inevitável.

Contudo, as justificativas retóricas para o crescimento das empresas são frequentemente motivadas por interesses próprios. As empresas gigantes sempre proclamaram sua própria inevitabilidade como um meio de dissuadir a concorrência e desencorajar a fiscalização externa. A regulamentação governamental tem como finalidade conter excessos corporativos e prover uma estrutura para o crescimento socialmente responsável. Por séculos a Lei Antitruste tem sido utilizada para desmembrar os monopólios corporativos. Os órgãos de fiscalização atuais, como o Food and Drug Administration (FDA) nos Estados Unidos [órgão com função semelhante à da ANVISA no Brasil], ajudam a garantir que certos produtos não sejam lançados no mercado de forma apressada, antes de mostrarem que são seguros e eficazes. Cuidar do bem-estar público impondo limites é um dos papéis fundamentais do governo em um sistema capitalista. Até mesmo Milton Friedman, em *Capitalismo e Liberdade*, cuja visão da economia era extremamente favorável ao livre mercado, admitiu o importante papel da regulamentação na proteção da sociedade contra as externalidades negativas das empresas em áreas como saúde e ambiente. Contudo, essas estruturas regulatórias, tão efetivas em outras áreas (quando consideramos o mundo desenvolvido em geral), não conseguiram, na maioria das vezes, controlar ou moderar as ambições dos gigantes da internet.

Nos últimos 25 anos, à medida que as startups avançavam rapidamente, desbravavam e atingiam valores de mercado de bilhões de dólares — algumas chegando até a superar o trilhão —, os órgãos reguladores demoraram em reconhecer exatamente como a economia estava mudando. A maioria dos legisladores não percebeu o que tornava essas empresas diferentes de outros negócios de tecnologia ou por que, talvez, não devessem ser autorizadas a exercer controle único e total sobre as vastas reservas de dados de usuários que estavam acumulando. Mark Zuckerberg, do Facebook, só foi chamado a depor perante o Congresso dos Estados Unidos em 2018 — quatorze anos após sua empresa ter sido fundada, quando já estava avaliada em quase meio trilhão de dólares — e a audiência que se seguiu serviu sobretudo para mostrar quão pouco a maioria dos legisladores entendia sobre a internet. "Como você sustenta um modelo de negócios no qual os usuários não pagam pelo serviço?", perguntou o octogenário senador republicano Orrin Hatch a Zuckerberg durante a audiência — uma pergunta que só faz sentido se você pressupõe que o Facebook é igual a qualquer outra empresa.

As gigantes da internet não são apenas empresas que fornecem um serviço e o problema que elas representam para a sociedade não se deve somente ao fato de que, como os monopolistas da Era Dourada, seu tamanho e eficiência inibem a concorrência. Essas organizações são monopolistas dos novos bens comuns digitais ou *commons*. Em termos gerais, o *commons* é um recurso público que serve ao bem-estar geral; o *commons* a que me refiro aqui é, especificamente, a vasta massa combinada de dados de usuários que essas empresas controlam. O material do *commons*, alimentado pelas contribuições de inúmeras pessoas, por norma é criado gratuitamente. O *commons* de dados que emergiu dessas plataformas é tão essencial para o funcionamento de nossa sociedade atual e futura quanto o ar e a água limpos, a defesa nacional e a infraestrutura construída. Todos esses são bens públicos clássicos sobre os quais os governos tipicamente têm exercido controle. E, assim como o governo pode decidir a velocidade permitida para dirigir em estradas públicas e pode impedir que as empresas despejem resíduos em rios só porque preferem não pagar pelo transporte, também é atribuição absoluta do governo decidir de que maneira o *commons* é usado: quem o controla, quem pode acessá-lo, se pode ou deve permitir-se que sirva para enriquecer entidades privadas e como pode ser empregado para o benefício de todos. Esses dados representam a sociedade atual em seu estado mais puro. Eles retratam a realidade para as pessoas que os criaram e que interagem com eles; também definem as sociedades virtuais para as quais foram criados.

As maiores plataformas da internet servem para prolongar nossas realidades sociais para novas fronteiras, mas as pessoas que controlam essas plataformas estão, no presente, livres para ditar de forma unilateral os parâmetros dessas novas realidades. Ao dizermos que essas plataformas simbolizam uma etapa na evolução da sociedade virtual, então a etapa que elas configuram é a tirania. Afinal, os participantes dessas plataformas estão completamente desprovidos de poder: eles não podem exercer pressão sobre essas plataformas nem participar dos mecanismos de governança. O funcionamento delas é quase totalmente obscuro. Os usuários podem ganhar dinheiro dentro delas, mas somente sob diretrizes rígidas, e as plataformas têm o poder de destruir o negócio de um usuário a qualquer momento, por qualquer razão. Visto que essas empresas controlam tão minuciosamente os dados que residem em seu *commons*, os usuários não podem sair dessas plataformas sem sacrificarem uma parte significativa de suas identidades digitais.

Será que essas empresas nos beneficiam de alguma maneira ao exercerem um poder contínuo sobre o *commons*? Será que elas usam esse poder para criar um valor contínuo que não existiria de outro jeito? O argumento de que essas empresas são altamente inovadoras, merecedoras de privilégios para o benefício de todos, é rapidamente derrubado até mesmo por uma análise financeira superficial. Essas empresas esbanjam recursos, às vezes despejando bilhões de dólares em projetos mirabolantes. Os lucros extraordinários de seus monopólios centrais regularmente disfarçam uma enorme incapacidade de criar novos produtos em vez de adquiri-los. Esses são sinais da falta de uma concorrência saudável.

Apesar de algumas dessas empresas serem de capital aberto, suas estruturas de capital geralmente são criadas para retirar o poder dos acionistas regulares. Seus fundadores, muitas vezes, só prestam contas aos maiores acionistas e aos diretores executivos. Embora seja hipócrita da minha parte argumentar contra o controle dos fundadores em todos os casos — um privilégio que eu mesmo usufruo —, é difícil justificar o controle total do fundador quando países inteiros são capazes de funcionar em uma plataforma específica sem ter muita escolha a respeito. A história está cheia de exemplos em que o poder absoluto, combinado com a falta de responsabilização, levou a resultados terríveis. No mínimo, a consolidação do poder corporativo nas mãos de alguns fundadores de empresas de tecnologia poderia nos levar de volta a um mundo de crises de sucessão monárquicas. Até mesmo o melhor, mais inteligente e mais merecedor fundador pode morrer de repente. Onde ficam, então, os bilhões ou até trilhões de dólares de atividade econômica dependentes de suas plataformas controladas unilateralmente?

Os governos não têm sido somente lentos em regulamentar os novos gigantes da tecnologia: eles têm tido dificuldades para entender efetivamente a abrangência e a importância do desafio regulatório que têm pela frente. Se os órgãos reguladores insistirem em ver empresas totalmente novas através de marcos referenciais ultrapassados, sempre as entenderão mal e seus esforços regulatórios fracassarão. Na ausência de uma regulamentação inteligente, as empresas que surgiram e dominaram a internet foram liberadas para se autogovernarem — o que não fizeram. Agora, essas empresas desempenham um papel de grande importância em determinar como a cultura, a sociedade e a democracia evoluem em todo o mundo. Já vimos o resultado disso.

Na nossa idade das trevas digital atual, teorias sociais e políticas bizarras abundam e se espalham mais rápido do que jamais fizeram em um mundo sem rede, desestabilizando assim as políticas e fortalecendo os demagogos por toda parte. O comportamento abusivo prospera nas plataformas sociais e, longe de ser inibido por estar ligado à identidade de uma pessoa no mundo real, é em muitos aspectos encorajado por essa conexão. As tentativas específicas das plataformas para contrabalançar ou neutralizar esse mau comportamento parecem sempre arbitrárias e fúteis. O discurso na internet está condenado porque a rede já estava comprometida desde o início. Trinta anos atrás, idealistas acreditavam que conectar o mundo em rede traria um renascimento do aprendizado, da comunicação e do envolvimento democrático. Também nos trouxe o Facebook e o QAnon, um estranho culto conspiratório que acredita de várias formas no retorno de John F. Kennedy Jr. e na pseudodivindade de Donald Trump.

Os mundos de um metaverso serão mais importantes e parecerão mais reais para seus usuários do que a internet jamais foi. Esses mundos criarão novas fronteiras para os seres humanos — o que, se não tomarmos cuidado, também significa que eles poderão se tornar espaços para sermos o pior de nós mesmos. Caso você já ache que o QAnon e seus universos conspiratórios associados são ruins o suficiente como produto de memes e postagens em painéis de mensagens, imagine se o QAnon fosse a base para um mundo tridimensional em que as pessoas pudessem viver. Embora um metaverso valioso tenha o potencial de conferir satisfação sem precedentes, um metaverso maligno tem potencial de causar danos psicológicos reais que criariam um valor negativo para o mundo real.

Os oligarcas digitais atuais e outros agentes nocivos certamente procurarão transpor a proposta de valor desequilibrada da internet moderna para o metaverso, maximizando as suas próprias vantagens ao retirarem o poder de seus usuários. Não é difícil ver uma economia global de trilhões de dólares aparecendo dentro do metaverso. Ao prover serviços e experiências para o indivíduo metaversal, o metaverso se transformará em um espaço que rivalizará com o mundo real em termos de importância e centralidade na vida dos usuários. Na ausência de uma estrutura ampla para a regulamentação, as empresas que efetivamente se tornaram estados-nação autônomos na fase atual da internet estenderão seu controle à próxima era da sociedade virtual, uma manobra que tornaria o metaverso melhor e mais rentável para elas, mas pior para todos os demais. Seria insensato deixar a governança e a supervisão desse futuro potencial nas mãos das empresas que até agora abdicaram dessas responsabilidades.

Não devemos fingir que podemos pausar a evolução, transformar a natureza humana ou limitar totalmente os imperativos de crescimento corporativo. Mas também não devemos nos tornar derrotistas e presumir que é impossível encorajar e incentivar atividades positivas dentro e ao longo de um metaverso. Ainda que possamos, no momento, estar vivendo em uma idade das trevas digital, é válido recordar que, na história mundial, a chamada "Idade das Trevas" (atualmente, considera-se improvável que a época tenha sido tão sombria quanto a imaginação popular presume) foi seguida pelo Renascimento. Dispomos de vontade própria. Podemos escolher maximizar a promessa de uma era metaversal implementando certas condições estruturais que nutrem, e não restringem, o potencial humano. Cabe a nós criarmos um metaverso de valor ideal. Para isso, devemos primeiro aprender com os erros da internet e reagir a eles.

## O LADO NEGATIVO DA DESCENTRALIZAÇÃO

O problema com a internet moderna costuma ser erroneamente descrito como um problema de desinformação. Embora a desinformação online seja de fato endêmica e o mundo real tenha sofrido consequências tangíveis devido à sua propagação, eu a vejo mais como um sintoma de falhas estruturais do que como uma doença latente. Deixando de lado os lapsos regulatórios, a principal adversidade estrutural da internet está enraizada na arquitetura ingênua da rede, que não previu a natureza contraditória dos incentivos econômicos de uma rede descentralizada. Uma internet descentralizada deveria ser a fonte de esperança de um futuro melhor para a humanidade. Em vez disso, por uma questão de eficiência, a descentralização levou à centralização total.

A natureza de qualquer serviço que se torna popular na internet, incluindo a criptomoeda, é a tendência à centralização. Em *A Praça e a Torre*, o historiador Niall Ferguson fala com lucidez sobre as origens dessa problemática, citando exemplos ao longo da história para mostrar a repetição do padrão. Em suma, as redes anseiam por eficiência. Assim como a água que segue velhos rastros, as redes sempre se concentram ao redor de nós importantes. É mais conveniente você ir a um único lugar e realizar todas as suas transações com um único interlocutor do que ir a quarenta lugares e transacionar com quarenta interlocutores. O poder das economias de escala se multiplica no mundo da informação, que não está condicionado pelos limites do espaço físico. Hoje, uma boa ideia pode ter uma relevância tão grande que metade do mundo poderá adotá-la em poucos anos.

Na prática, isso significa que, longe de quebrar as antigas estruturas de poder na sociedade, as empresas de tecnologia bem-sucedidas quase sempre ficam tão poderosas que se tornam os centros de fato da sociedade. Elas começam como a nova *ágora* e acabam se tornando uma nova *pólis*, antes de se transformarem em sedes de impérios. Mas, apesar de os imperadores do mundo real terem certos controles sobre seu poder e precisarem, de alguma forma, atender às necessidades das pessoas a quem governam, as empresas modernas de mídia social não devem nada a ninguém. A natureza da internet não só cria a centralização, mas também destrói qualquer necessidade de cooperações e alianças reais. As maiores empresas de tecnologia existem acima do governo e da força gravitacional da opinião pública. Com o tempo, essas empresas deixam de requerer o consentimento das pessoas a quem nominalmente servem.

Esse esvaziamento do poder popular é exatamente o problema que a descentralização da rede deveria resolver. No mundo industrializado físico, a produção e a distribuição de conhecimento e informações eram centralizadas, dominadas por um número relativamente pequeno de editoras e emissoras que moldavam a conversa pública. Em outras palavras, as pessoas que dirigiam o jornal decidiam o que era publicado neste. Como leitor do jornal, o melhor que você podia esperar em termos de contribuição era talvez a publicação de uma carta ao editor de vez em quando. Além disso, você tinha que pagar para ler o jornal e, caso parasse de pagar pela assinatura, deixaria de recebê-lo. Esse modelo centralizado colocava imenso poder e influência nas mãos das pessoas que controlavam e representavam os mecanismos de produção — editores, executivos de emissoras, jornalistas de renome — ao mesmo tempo em que tornava todos os demais em meros receptores passivos de notícias e conhecimento. Esse modelo também excluía funcionalmente quaisquer ideias ou pontos de vista que estivessem fora da esfera do consenso dominante.

A descentralização trazida pela internet procurou inverter essa estrutura de poder. Em um modelo descentralizado, o controle central sobre a produção e a distribuição é estilhaçado e o poder vai então para os nós individuais. Os dados na internet são armazenados e acessados em incontáveis computadores individuais em todo o mundo, em vez de serem consolidados em um gigantesco *mainframe*. Essa estrutura torna a internet resiliente e redundante, porque a saúde da rede não é condicionada a um único nó individual; teoricamente, também dificulta que uma única entidade regule por completo o acesso ao material disponível online. Um usuário determinado sempre pode achar uma brecha para contornar um *paywall*, o que demonstra como é difícil cobrar pedágio na autoestrada da informação.

Os idealistas que povoaram os primórdios da internet esperavam que essa estrutura de poder difuso criasse novos métodos igualitários de comunicação e intercâmbio. Contudo, décadas depois, fica claro que a descentralização replicou as disparidades de poder e os mecanismos de controle do mundo real. Analisando as origens da internet de nosso ponto de vista atual é fácil identificar alguns dos problemas.

A arquitetura descentralizada da rede é neutra em termos de conteúdo, o que significa que não há mecanismos de feedback capazes de incentivar conteúdo útil e comportamento ético ou impedir o uso indevido da rede. A rede em si não observa nenhuma diferença entre, por exemplo, um site que facilita a localização e o registro de pessoas para vacinar-se contra a COVID-19, e um site que argumenta que as vacinas para a COVID-19 são uma manobra secreta do Estado para injetar em todos nós minúsculos dispositivos de rastreamento.

É possível argumentar que essa neutralidade é uma coisa boa, na medida em que uma plataforma de conteúdo neutro permite a verdadeira liberdade de expressão. Mas, a despeito da liberdade de expressão ser uma prerrogativa social válida, no mundo real também é importante recompensar contribuições valiosas para o discurso e, conjuntamente, desencorajar o comportamento agressivo e antissocial. No entanto, online, na ausência de normas articuladas para o uso ético, todo conceito de "uso indevido" é reduzido a uma norma cultural variável que é definida de forma diferente dependendo da comunidade online em que você se encontra.

Dentro das comunidades online e entre elas não há métodos universais de infraestrutura pelos quais os indivíduos possam proteger, controlar e desenvolver suas próprias identidades. A consistência de identidade é uma reflexão tardia na internet. Em um mundo em que é preciso criar 200 perfis para 200 sites diferentes, poucos dos quais oferecem qualquer oportunidade significativa de autodeterminação, há pouco incentivo para investir ou se sentir protegido por qualquer uma das inúmeras personas digitais que você é forçado a manter.

O comportamento antissocial online decorre diretamente dessas noções fracas de identidade. Eu diria que, assim como indivíduos que não conseguem se reconhecer no espelho, muitas pessoas acham difícil se enxergar de verdade nas várias identidades online, e essa visão distorcida também impede o desenvolvimento de empatia pelo próximo. Como não temos autonomia real sobre as nossas identidades sociais em plataformas massivas da internet, essas identidades se tornam, frequentemente, representações grosseiras de nossas personalidades verdadeiras e complexas; elas se tornam máscaras que ocultam nosso verdadeiro eu do mundo. Os trolls e outros habitantes malignos da internet agem assim, em parte, porque não conseguem visualizar ou perceber a humanidade dos outros online e, em parte, porque há pouquíssima humanidade dentro de suas próprias identidades online. Sem recompensas claras para o exercício da boa cidadania e sem incentivos inatos para transformar sua identidade online em outra fronteira de seu eu interior, muitas vezes é mais fácil e gratificante apenas ser ruim.

Não há penalidades claramente definidas para quem inunda a rede com lixo e mau comportamento, e também há poucos métodos de infraestrutura para remover e desencorajar o lixo. As únicas entidades que podem tomar medidas concretas para remover o lixo online são as plataformas que também lucram com a sua distribuição. Essa dicotomia é irreconciliável. A rede em si não consegue desencorajar o lixo nem diferenciar entre conteúdo útil e nocivo, e as empresas que dominam a rede têm pouco incentivo para fazê-lo. É mais fácil deixar que as pessoas se viciem nele.

Apesar de serem idealistas em muitos aspectos, aqueles que organizaram a internet não construíram nenhum mecanismo voltado para a ética em sua infraestrutura. Como resultado, a captura corporativa irrestrita e o consequente esvaziamento do poder dos usuários a transformaram em um espaço fundamentalmente antiético. Na ausência de quaisquer estruturas para incentivar o comportamento útil e para garantir e perpetuar governança comunitária da rede, os maiores e mais bem capitalizados agentes na rede intervieram e assumiram o controle de fato. Os visionários digitais que lançaram as bases para a internet de hoje acreditavam que a rede apresentaria um futuro melhor e mais brilhante para a humanidade. Porém a tecnologia transformadora, por si só, não é suficiente para mudar os padrões de comportamento arraigados dos usuários.

## POR QUE OS SPAMMERS (QUASE) SEMPRE GANHAM

A noção de que as novas tecnologias de comunicação automaticamente levarão ao esclarecimento é uma falácia recorrente. Os inovadores sempre querem acreditar que todo mundo é como eles e que os usuários de uma novidade respeitarão a visão e o código de ética do criador. Como observa Niall Ferguson, a introdução dos tipos móveis na Europa no século XVI foi inicialmente recebida com a esperança de que viesse a inspirar uma nova era de devoção religiosa. Ao capacitar as pessoas para a leitura da Bíblia em sua própria língua, esperava-se que a prensa tipográfica influenciasse um renascimento da crença, suscitado por uma tecnologia que tornava os textos sagrados mais acessíveis que nunca.

Embora os europeus alfabetizados estivessem, decerto, entusiasmados com a leitura da Bíblia em vernáculo, essa não era, de forma alguma, a única utilidade da prensa móvel. Como observa Ferguson, um dos primeiros "best-sellers" foi *O Martelo das Feiticeiras: Malleus Maleficarum,* um livro que mostrava como, e por que, identificar e destruir as bruxas escondidas entre elas. Dê às pessoas a oportunidade de fazer algo sagrado e elas inevitavelmente acabarão fazendo algo humano.

Quando o criador da World Wide Web, Tim Berners-Lee, influenciado pela filosofia de Richard Stallman, defensor do software livre, decidiu renunciar à propriedade do seu software e, em vez disso, torná-lo livre para todos, ele esperava que a Web pudesse precipitar uma nova era de ouro de aprendizagem e de liberdade de expressão. Não havia regras ou instruções centralizadas e codificadas sobre como usar ou contribuir com a internet, o que, no início, a tornou um terreno fértil para a criatividade e a engenhosidade. Pessoas de diversas origens podiam publicar sites e contribuir para projetos e ser julgadas principalmente pela qualidade do seu trabalho e não por suas origens ou credenciais. Mas a ausência de guardiões também significava que não havia uma maneira fácil de afastar os bárbaros quando eles inevitavelmente chegassem.

As tendências anárquicas do começo da internet foram, a princípio, limitadas pela natureza autosseletiva dos participantes e pelos valores e perspectivas que eles inevitavelmente compartilhavam. Muitos dos primeiros hackers e usuários da rede vinham de contextos acadêmicos ou contraculturais similares, o que os levou a acreditar que a rede poderia ser a nova Biblioteca de Alexandria, um vasto acervo de conhecimento do qual todos poderiam se beneficiar e para o qual todos poderiam contribuir. Muitos esperavam que a iniciativa trouxesse novos paradigmas de colaboração e expressão e que, no lugar de serem limitadas pelos padrões dominantes, as pessoas poderiam conceber seus próprios métodos de fazer as coisas. É possível culpar esses primeiros usuários bem-intencionados por presumirem que aqueles que os seguiam online agiriam com a mesma boa fé?

Em 1994, como conta Finn Brunton em *Spam: A Shadow History of the Internet*, a primeira mensagem comercial de spam foi enviada para milhares de grupos de notícias da Usenet por dois advogados que anunciavam seus serviços para ajudar cidadãos não estadunidenses a obterem o *green card* [carteira de residente permanente nos Estados Unidos]. Esses advogados, Laurence Canter e Martha Siegel, perceberam que, embora a rede não se destinasse a atividades comerciais, também não apresentava nenhum impedimento estrutural a tais atividades. A pior consequência que Canter e Siegel enfrentariam seria um grupo de pessoas gritando com eles online; a perspectiva de ganho comercial superava qualquer receio de irritar as pessoas. (Se esse foi o cálculo deles, a longo prazo, isso não se mostrou totalmente preciso; em 1997, Canter foi expulso da Ordem dos Advogados do Tennessee, em parte devido aos seus métodos de publicidade online.) Sua segunda tentativa de fazer spam na Usenet foi confrontado com a primeira tentativa de combater o spam comercial: um programador de computadores escreveu um código que excluía automaticamente as mensagens dos grupos. Foi um esforço nobre, porém fútil, na medida em que demonstrou que o melhor resultado que os utópicos digitais esperariam em sua busca por manter a internet pura seria uma guerra de atrito interminável contra aqueles que aguardavam explorá-la em proveito próprio.

Foi antiético da parte de Canter e Siegel fazerem spam na Usenet? Por um lado, as pessoas que utilizavam esses grupos de notícias claramente não queriam que seus leitores fossem entupidos com conteúdo irrelevante. As mensagens de spam eram enviadas sem muita consideração pelas normas ou desejos da comunidade, que não estava acostumada à intromissão de comerciais em suas discussões. O spam parecia antiético porque violava as normas da comunidade em busca do lucro individual.

Mas as normas eram, no fim, somente normas. Elas não eram codificadas, não eram compulsórias e não foram incorporadas na estrutura da Usenet. Portanto, só eram efetivas se cada usuário concordasse livremente em obedecê-las e, assim que um participante resolvesse não as seguir, elas caíam por terra. Será que é antiético cuidar do próprio interesse em um sistema em que a ética é uma construção social *ad hoc*? Tal comportamento é inevitável dentro de um sistema ingênuo.

Sem mecanismos de infraestrutura para remover ou punir aqueles que transgrediram as filosofias fundadoras da rede, sem formas de limitar a procura de vantagens financeiras e sem uma maneira clara de incentivar e recompensar comportamentos úteis e pró-sociais, a internet acabou caindo nas mãos daqueles que queriam acumular e explorar dados em vez de refiná-los, melhorá-los e compartilhá-los com o mundo. Muitos dos exploradores falavam a mesma língua que os utópicos, prometendo que seus produtos melhorariam o mundo conectando as pessoas e tornando mais fácil que nunca encontrar, compartilhar e reagir a conteúdos pertinentes e interessantes. Inicialmente, pelo menos em parte, muitas dessas empresas cumpriram suas promessas.

Todo site e aplicativo de internet que, desde então, tomou um rumo sombrio, um dia já foi útil e interessante. O Google de fato oferecia um modo mais eficiente de pesquisar e organizar as informações disponíveis na internet. O Facebook realmente facilitava o reencontro de velhos conhecidos e a criação de novos encontros. Essas e outras empresas criaram valor de um modo que os usuários apreciam, na medida em que aperfeiçoaram a funcionalidade e, juntamente, reduziram ou eliminaram os custos iniciais de participação. Mas os imperativos de lucro e crescimento que motivam essas empresas fizeram com que elas sempre escolhessem aquilo que primeiro atendesse a seus próprios interesses, em vez dos da comunidade.

Como já discutimos, a raiz do controle dessas empresas sobre a internet é sua propriedade em relação a vastas bases de dados de informações úteis — usuários, itens à venda, mensagens e muito mais —, às quais elas têm controle final sobre o acesso. Ironicamente, a visão "descentralizada" para a internet foi substituída por alguns sistemas altamente centralizados. Parte do motivo para isso ter ocorrido é porque a alternativa — bases de dados descentralizadas que alimentam ferramentas compartilhadas por muitas empresas e indivíduos — tem inúmeros desafios que previamente a tornavam impraticável. Uma das maiores dificuldades envolve lidar com agentes mal-intencionados operando em alguns *commons* de propriedade coletiva. Sistemas descentralizados têm dificuldade em obrigar nós individuais a concordar em fazer o que é melhor para a rede inteira. Na ciência da computação, um conceito fundacional relevante para essa questão é conhecido como o problema dos generais bizantinos.

O problema dos generais bizantinos, apresentado pela primeira vez por Leslie Lamport, Robert Shostak e Marshall Pease, em 1982, está enraizado em uma alegoria. Na antiga Bizâncio havia vários generais de um mesmo exército, acampados separadamente fora de uma cidade inimiga, que precisavam chegar a um acordo sobre um curso de ação. Apesar de seus acampamentos separados, os generais precisavam encontrar maneiras de se comunicar para poder decidir sobre um plano de ataque ideal. Contudo, nenhum dos generais podia confiar totalmente que os demais generais não seriam traidores e nem que um general traidor não proveria informações falsas que levariam o grupo a tomar decisões ruins. O problema então era como estruturar suas comunicações para que os generais leais conseguissem concordar com o mesmo plano e, simultaneamente, eliminar o risco de que os generais traidores os levassem a um plano falho. Como otimizar o sucesso da rede em um sistema no qual se sabe que, a certa altura, alguns nós romperão com o grupo? É possível construir um sistema forte e resiliente o bastante para produzir resultados positivos e, ao mesmo tempo, resistir aos esforços dos atores individuais no sentido de obter vantagens próprias, um sistema que possa suportar múltiplas traições sem colapsar completamente?

Um sistema bizantino tolerante a falhas é aquele em que todos os atores concordam com um objetivo ou estratégia comum, mesmo sabendo que alguns desses indivíduos se revelarão pouco confiáveis ou egoístas. Esse tipo de sistema é construído para resistir à perfídia e à falta de confiabilidade entre seus componentes. Embora existam muitas abordagens para resolver esse problema, uma particularmente relevante ao metaverso é o uso de tecnologias do tipo blockchain.

Ao registrar transações em um livro-razão público e distribuído que não pode ser corrompido ou falsificado, uma blockchain incorpora tolerância a falhas bizantinas em seu núcleo. Um sistema do tipo blockchain permite a auditabilidade e a interoperabilidade e, ao fazê-lo, tem o potencial de limitar o poder de qualquer organização. A longo prazo, uma blockchain pode incentivar financeiramente a cooperação, a persuasão e a emancipação constantes, criando sistemas de cooperação que não podem ser vencidos por meio de um único ponto de falha ou incompetência. A blockchain representa a revolução real que a internet deveria ter sido para as estruturas de poder globais, porque tem incentivos totalmente diferentes dos modelos existentes.

É claro que as primeiras encarnações das coisas são quase sempre muito ruins, e as soluções de criptomoedas e blockchain que dominam as conversas atuais não são muito úteis ou interessantes. As criptomoedas se tornaram veículos para especulação, centralização e lavagem de dinheiro. As câmaras de compensação, como a Open Sea, que dominam o comércio de NFTs, são, no momento em que escrevo, tão centralizadas e impenetráveis quanto o Facebook, o Google ou qualquer outro gigante tecnológico. Atualmente, a criptomoeda está repleta de criminosos, desajustados, hackers, golpistas e triunfalistas descuidados. A comunidade roubará de você os NFTs bem debaixo do seu nariz assim que ela o tornar rico ou lhe venderá uma pedra por milhares de dólares. Mas ela também está cheia de idealistas, pensadores colaborativos e outros que sussurram de forma persuasiva sobre um futuro sem um centro.

A blockchain permite a construção de entidades que criam mais valor em conjunto para todos os participantes, mas não requer centros hiperlucrativos que sugam toda a essência e elaboram o domínio de uma única parte. Em um mundo de blockchain, a grande base de dados no coração de um gigante tecnológico se torna um serviço que muitas empresas podem compartilhar e com o qual podem cooperar. A cooperação é trivial porque já está integrada, e os contratos que teriam sido muito caros para serem cumpridos são simplesmente codificados no livro-razão. Quer compartilhar a renda de uma espada mágica toda vez que ela for vendida, de uma maneira complexa? Sem problemas. Quer dar recompensas a outras empresas que adicionem usuários a uma base de dados compartilhada? Fácil. Quer construir um negócio dentro de outro negócio? Você pode fazê-lo sem discussões.

A internet é um sistema no qual os spammers e os generais traidores quase sempre vencem. Os líderes de nossa economia de dados atual sabem disso e decidiram buscar suas próprias vantagens sem se importar com o que isso significa para as demais pessoas. Mas prosperar em um mundo de blockchain requer habilidades de liderança completamente diferentes daquelas necessárias para prosperar na Web. Quando a Ethereum ou a Bitcoin fazem um upgrade, essas moedas precisam persuadir o público a adotar a mudança. Você, alguma vez, já foi consultado sobre uma mudança no algoritmo do Google? Os sistemas do tipo blockchain podem incentivar a transparência enquanto tiram o poder dos tiranos corporativos.

Junto a isso, os aspectos de governança e transparência de um sistema do tipo blockchain não excluem a necessidade de uma supervisão externa. A sociedade deve ainda criar uma estrutura para a concepção e a implementação de mecanismos que incentivem a justiça, a concorrência e a governança democrática, evitando que o poder se consolide nas mãos de poucos. Essas intervenções têm de ser de natureza social pragmática, em vez de exclusivamente técnicas.

## UMA ESTRUTURA PARA A REGULAMENTAÇÃO EM MUNDOS VIRTUAIS

Assim como os dados acumulados na internet representam o *commons*, o metaverso também dará origem a um enorme acervo de dados que alimentará as suas experiências e serviços essenciais. O *commons* do metaverso incluirá o mesmo tipo de material que se acumula na internet, assim como os muitos componentes que serão exclusivos dos mundos virtuais. Em um nível técnico, um metaverso é uma série de espaços de experiência, apoiados por grandes quantidades de dados que representam conteúdo e ativos de todos os tipos, incluindo quantidades enormes de arte. É também uma sequência de experiências e mundos semelhantes a jogos que vivem e funcionam como serviços na infraestrutura. O metaverso também é constituído de identidades, usuários, sistemas de transação: tudo o que é necessário para sustentar uma simulação massiva da vida cotidiana. Mais do que apenas vídeos, fotos e conversas, o metaverso será uma rede de mundos virtuais vastos que interagem constantemente, com trilhões de interações acontecendo o tempo todo. Esse *commons* será exponencialmente maior do que o existente hoje na internet e, por isso, é extremamente importante que ele não caia em mãos privadas.

Em um mundo orientado para o crescimento, os órgãos reguladores em geral relutam em impor restrições rigorosas a setores emergentes para que essas regulamentações não limitem o valor econômico das novas entidades. Ainda que haja mérito nessa filosofia, as empresas de que tenho falado fizeram a transição de novas startups ambiciosas a potências históricas mundiais em poucos anos, antes que muitos legisladores pudessem sequer entender como acessar a internet, quanto mais por que regulamentá-la deveria estar sob sua alçada. O *commons* de dados dos quais dependem os negócios das maiores empresas de internet da atualidade alcançou massa crítica anterior ao fato de que os governos percebessem que ele existia. Nossas instituições vigentes usualmente são incapazes de compreender o alcance das mudanças que as novas tecnologias criam para o mundo, assim como suas próprias responsabilidades de supervisionar essas mudanças.

Atualmente, muitos legisladores estão trabalhando a partir de um entendimento analógico do que deve ser o papel do governo na sociedade moderna. Ninguém contestaria seriamente que é função do governo construir autoestradas e cobrar impostos para financiar a construção. Mas essas mesmas pessoas podem hesitar perante a noção de que o governo deveria desempenhar um papel na auditoria do Facebook ou na gestão de um clone do Facebook como sendo de utilidade pública. O governo, da forma como é construído no presente, não é muito bom em tomar novas decisões rapidamente nem em implementar ou administrar serviços de tecnologia usados por milhões de pessoas, em grande parte porque muitos legisladores presumem erroneamente que a expertise direta em tecnologia não é de domínio do Estado. Contudo, em um mundo em que a tecnologia está no centro de tudo — nossa economia, nossa ordem social, nossa defesa nacional —, de que serve uma classe política ou um governo inapto para lidar com esses conceitos ou de participar na gestão desses serviços?

Essa mentalidade precisa mudar. Na ausência de uma regulamentação inteligente e ativa, as empresas tomarão decisões que servem a um propósito próprio, às custas de um bem comum. Não podemos adotar a mentalidade utópica que tínhamos nos primórdios da internet e esperar que o esclarecimento surja naturalmente da inovação. Tampouco podemos presumir que uma única modificação, como permitir que as pessoas exportem seus dados pessoais ou que cliquem em um botão para aceitar os cookies de rastreamento, preencherá por mágica a lacuna entre a era das trevas digital e um paraíso virtual.

O empoderamento individual no metaverso não é simplesmente embalar os dados pessoais de um indivíduo em uma mala virtual para que ele possa levá-los para onde quiser. Sim, devemos facilitar a tarefa para que aqueles que queiram controlar seus próprios dados possam fazê-lo, mas poucos usuários sequer se darão ao trabalho. Do mesmo jeito, é importante ser realista quanto ao nível de complacência do usuário comum, que quase sempre busca conveniência e quer ver a tecnologia como um aparelho. As leis que abrem as entranhas técnicas de um produto para apoiar o exercício teórico das liberdades por usuários experientes são importantes; assim como as alternativas de código aberto aos grandes produtos comerciais. Mas seu impacto será invariavelmente sentido de forma mais intensa em pequenas comunidades de usuários muito capazes. O hacking amador nunca será comum o suficiente para ser a única resposta às questões de privação de poder do usuário, porque a parcela global de hackers amadores sempre será somente uma pequena fração do número total de usuários. O que precisamos é de uma regulamentação inteligente para ajudar a manter o metaverso no rumo certo até mesmo para os usuários mais complacentes. Aqui seguem algumas ideias de como essa estrutura deve ser.

A história da internet nos ensina que a gênese de um metaverso provavelmente será assim: um grupo de empreendedores criará vários pequenos mundos, ou tentará criar plataformas para suportar metaversos; inicialmente, essas plataformas talvez ofereçam suporte só para experiências semelhantes a jogos com ambições relativamente limitadas. Um ou dois desses mundos se tornarão, de maneira inexplicável, extremamente populares. As pessoas migrarão para o Heist World e evitarão o Heist Land, mesmo que, em muitos aspectos significativos, ambos sejam produtos muito similares. Isso é quase exatamente o que ocorreu com o serviço de mensagens WhatsApp: uma das muitas tentativas de serviços semelhantes que se tornou viral devido a uma combinação de sorte e habilidade de seus fundadores.

No protometaverso, quando um ou dois mundos baseados em experiências se tornarem muito populares e suas bases de usuários crescerem além de um certo ponto, os desenvolvedores começarão a tomar decisões para expandir a paleta de escolhas e oportunidades do usuário dentro desses mundos. Então, esses mundos começarão a se tornar mais metaversais. Eles oferecerão aos seus usuários oportunidades para exibir criatividade e agregar valor e proporcionarão aos criadores oportunidades de serem pagos por seu conteúdo. Essa progressão não acontecerá de forma linear. A complexidade emergirá, como sempre acontece, seguindo temas que podemos prever de modo geral, mas em variações que não podemos nem começar a imaginar agora.

Acredito que uma regulamentação excessiva seria contraproducente nesta fase inicial do desenvolvimento de um metaverso. Em vez disso, devemos promover um ambiente regulatório seguro e permissivo no qual as empresas e redes em estágio inicial possam operar de maneira relativamente desimpedidas, com liberdade para experimentar e tomar medidas para construir suas comunidades. Em dado momento, no entanto, as redes mais populares passarão a assumir um escala massiva. Alcançarão um certo número de usuários registrados ou um certo número de transações por dia no mundo e, nesse momento, o mundo deixará de ser somente a esfera de amadores brincando em uma caixa de areia virtual. Conforme isso aconteça, as entidades que gerenciam o mundo terão montado uma grande base de dados essencial usada por muitas pessoas ou empresas. Os órgãos reguladores, por sua vez, devem tratar esses mundos maduros de forma diferente de como tratam os mundos de startups, e todos nós devemos aceitar que esses mundos maduros se tornaram utilitários de fato.

Uma plataforma de certa escala provavelmente conterá em seu *commons* uma enorme quantidade de informações sensíveis. Ela armazenará e protegerá as identidades dos usuários. Gerenciará transações e informações financeiras. Terá a custodia de dinheiro e ativos valiosos. Nessa escala de rede, o governo deve se certificar de que essas atividades específicas sejam auditadas e regulamentadas. Quando se trata de informações, como identidade, que são absolutamente essenciais para a operação contínua, segura e valiosa do metaverso, os órgãos reguladores devem garantir que as empresas tornem seus sistemas interoperáveis ou, pelo menos, que outras empresas, quando puderem pegar carona nesses sistemas, não estejam sujeitas a restrições e custos excessivos. A interoperabilidade cria oportunidades, ao mesmo tempo que diminui as chances de que o poder absoluto se consolide nas mãos de alguns oligarcas da tecnologia.

As empresas que operam mundos virtuais, inevitavelmente, farão escolhas que influenciarão as ações e decisões de seus usuários de modo a beneficiar essas empresas. A busca por reiterar um mundo virtual cada vez mais envolvente leva a escolhas que fomentarão engajamento de longo prazo e encorajarão a retenção de usuários: essa trajetória está absolutamente no cerne do que é um negócio de metaverso. As empresas encontrarão maneiras de manipular o comportamento de seus usuários. Os órgãos reguladores governamentais deverão certificar-se de que esses métodos não sejam psicologicamente exploradores. Depois que uma plataforma atingir uma determinada escala, sua abordagem à modificação comportamental deverá estar sujeita a um escrutínio formal e ser auditada de acordo com as melhores práticas em psicologia, satisfação e outras áreas relevantes.

Os órgãos reguladores também devem trabalhar para garantir que os provedores de plataformas não estejam livres para decidir como influenciar o comportamento de um bilhão de pessoas a seu bel-prazer.

A implementação de modos algorítmicos para modificação de comportamento — quando esses métodos afetam um número enorme de pessoas — nunca deve ser deixada exclusivamente nas mãos de um provedor de plataforma, assim como nunca é decisão exclusiva de uma empresa farmacêutica liberar um novo medicamento. Os órgãos reguladores têm de se pronunciar primeiro. Deve haver um órgão regulador similar garantindo que operadores irresponsáveis não possam decidir unilateralmente ajustar um algoritmo de modo que um milhão de pessoas fiquem desequilibradas. Se os mundos virtuais vierem a ser de fato uma forma de sistema de saúde, então os governos deverão garantir que eles não deixem as pessoas mais doentes.

É mais fácil ver como aplicar a regulamentação do mundo real aos provedores de plataformas do que ver como fazer isso às empresas e trabalhadores que são completamente produtos desses mundos virtuais. Regulamentar as economias existentes dentro dos mundos virtuais será uma proposta mais complicada — mas igualmente crítica. Em um primeiro momento, as relações entre empregador e empregado nos mundos virtuais serão informais. No estágio inicial de um metaverso, uma estrutura rígida de emprego pode não fazer sentido, assim como não faz sentido insistir em contratos triplicados e contas de caução quando se decide comprar uma cadeira no Craigslist. A informalidade é o que possibilita essas transações.

Contudo, à medida que os mundos evoluem e as pessoas começam a construir negócios e carreiras dentro deles, os desafios regulatórios ficarão mais complexos. Se você é um ladrão de elite no Heist World, ganhando US$10.000 por mês, então para quem você trabalha? Você trabalha para uma empresa? Uma empresa virtual no jogo também é uma empresa real no mundo real? Quem paga pelo plano de saúde? Como a renda virtual é tributada e quem tem jurisdição para impor a tributação? Que país poderia reivindicar com credibilidade a supervisão de um trabalho que é feito exclusivamente em um mundo virtual incorporado na Grã-Bretanha, com servidores localizados na Estônia, por um trabalhador que fisicamente está localizado nos Estados Unidos, trabalhando para uma empresa que não está realmente incorporada, mas cujos fundadores estão sediados na Coreia do Sul, onde o pagamento é remetido em uma criptomoeda que não está baseada em lugar nenhum e em todos os lugares simultaneamente?

As estruturas jurídicas existentes no mundo real não se encaixam perfeitamente nesses novos paradigmas econômicos. Na melhor das hipóteses, implementá-las no metaverso seria uma solução desleixada no curto prazo e inviável no longo prazo. Precisamos conceber uma nova estrutura que nos permita diferenciar de forma inteligente entre tipos de trabalhos e tipos de obrigações, e teremos que desenvolver essa estrutura muito antes do momento em que acharmos que precisaremos dela.

Qualquer solução plausível provavelmente começará com o estabelecimento de um grupo de trabalho capacitado, no espírito do Exchange, que poderia conceber um modelo dos direitos e responsabilidades de empregar e ser empregado no metaverso. Esses esforços podem acontecer dentro de um órgão internacional ou de uma ONG, ou começar com grupos do setor antes de ganhar mais aceitação dos governos. Esse grupo deverá desenvolver uma estrutura para o emprego no metaverso que aprenda com as tragédias da economia gig. Os trabalhadores virtuais precisarão ter direitos, mesmo que esses não sejam exatamente idênticos aos daqueles que têm empregos regulares no mundo real; os empregadores virtuais deverão ter algum tipo de obrigação com seus empregados que vá além de simplesmente considerá-los contratados e ficar por isso mesmo. Da mesma forma, visto que qualquer metaverso envolverá um vasto número de transações financeiras, basicamente incorporando seu próprio sistema bancário, necessitaremos criar estruturas regulatórias para as economias virtuais. Essas estruturas devem ser estabelecidas para que os empregos e as economias dentro desse espaço possam coexistir com o mundo real e para que aspectos como impostos, contabilidade e manutenção de registros sejam entendidos e incorporados.

Se tudo isso soa como um excesso de regulamentação e complexidade, é porque é mesmo. E levanta outra questão, talvez provocativa: Quem, no final, deveria ter a responsabilidade máxima de supervisão? Deveriam as entidades que governam a sociedade do mundo real decidir como um grupo de pessoas que realmente faz parte de outra sociedade opera, pensa e se comporta? Ou faz mais sentido para essas sociedades virtuais começarem a se tornar democracias representativas?

As sociedades que serão criadas no metaverso não serão commons para nenhuma nação, e por esse motivo, haverá apenas dois modelos de emancipação. Você pode construir grandes estruturas internacionais, como o Exchange, para supervisionar e implementar a governança externamente. Esses tipos de estruturas têm ampla probabilidade de serem necessárias nos estágios iniciais da sociedade virtual — mas à medida que os mundos virtuais crescerem em tamanho e complexidade, essa solução poderá se mostrar inadequada. Com o tempo, acredito que o metaverso passará a conter suas próprias nações e que esses mundos virtuais deverão começar a se autogovernar.

Não há nada de inerentemente errado com a noção de separar, em certa medida, a governança do mundo real e das sociedades virtuais, e não há nada de inerentemente errado com o fato de as empresas se organizarem mais como estados, ao redor de comunidades com comportamento de voto, com os aspectos empresariais dessas entidades se tornando distintos dos aspectos de governança. Já existem modelos jurídicos para empresas que desejam separar seus propósitos de seus resultados financeiros: empresas pertencentes a fundos fiduciários, por exemplo, ou empresas que funcionam para obter benefícios além do lucro puro. Um caso assim é visto nos Estados Unidos, onde uma empresa pode escolher ser incorporada como uma sociedade de responsabilidade limitada de baixa lucratividade, o que significa que extrair cada gota de vantagem financeira não é sua única razão de existir. O que quero dizer é que já criamos estruturas para governar esse tipo de entidades híbridas, que têm propósitos sociais e empresariais. Com os mundos virtuais, ao passo que o processo e a tarefa de administrar um metaverso forem assumindo a mesma complexidade de administrar um governo, acredito que as estruturas que teremos no final se assemelharão a estados-nação plenos.

Na internet, todos aceitamos a privação de direitos dos usuários como uma realidade. Não podemos fazer o mesmo com o metaverso. Precisamos chegar a uma posição na qual as pessoas possam fazer escolhas significativas sobre as vidas que vivem online. Para chegar a esse ponto, precisaremos de um governança ética e transparente, garantida por princípios democráticos: eleição, voto e responsabilização. Quando essa transição ocorrer, e ela ocorrerá, esses mundos não terão razão para *não* se tornarem seus próprios países. O contexto desses mundos será significativamente removido do contexto do mundo real, a um ponto em não faria sentido — e não seria eficaz — que eles existissem exclusivamente sob o controle do mundo real. Esses outros mundos se tornarão tão significativos que passarão a ser tão reais quanto o mundo real para muitas pessoas. Esse será o primeiro passo na direção da especiação metaversal.

Capítulo 9

# SOBRE A ESPECIAÇÃO

Uma das primeiras histórias que meus pais me ensinaram foi a alegoria da caverna, de Platão. Nela, Platão dizia que um grupo de pessoas havia sido acorrentado dentro de uma caverna por toda a vida, sendo forçado a encarar uma parede vazia na qual sombras eram projetadas constantemente. Para essas almas infelizes, as sombras e a caverna eram toda sua realidade. Sem conhecer o mundo exterior, eles não sabiam que as sombras que viam eram apenas projeções. Seu reino circunscrito era tudo o que conheciam — e, dentro de seus limites, não eram infelizes.

Contudo, em um dado momento, um dos habitantes da caverna foi levado à superfície e se sentiu esmagado pela *intensa grandiosidade* do muito exterior. No início, ele interpretou essa grandiosidade como um perigo, uma ameaça à sua saúde e ao seu bem-estar. Procurou retornar à segurança de seu mundo de sombras. Logo, porém, seus olhos foram se acostumando à luz e, somente a partir desse ponto, ele foi capaz de enxergar as limitações de sua antiga vida. Enquanto estava acorrentado dentro de sua caverna, teria sido razoável que ele pensasse que o mundo exterior seria apenas mais do mesmo: mais cavernas, mais paredes, mais sombras. Porém o mundo exterior não era apenas uma extensão das experiências que ele havia conhecido previamente. Era uma ampliação de todo o conceito do que poderia ser uma experiência.

De certo modo, a alegoria da caverna é um bom resumo da promessa do metaverso. Chegará um dia, não muito distante, em que olharemos para trás, para nossas vidas em 2022, como se nós também tivéssemos sido acorrentados à parede de uma caverna, encarando sombras cintilantes, incapazes de imaginar que nossa atual dieta de experiências é artificialmente limitada. Como já escrevi várias vezes ao longo deste livro, os mundos virtuais avançados vinculados dentro de um metaverso não se limitarão a melhorar os tipos de experiências que já conhecemos. Esses mundos oferecerão um conjunto inteiramente novo de experiências que não podemos acessar agora ou nem mesmo imaginar.

Todos nós somos o produto de nossas experiências e à medida que o espectro de experiências possíveis se expande, também se amplia a própria definição do que significa ser humano. Pense no seu desenvolvimento inicial, antes de saber alguma coisa sobre matemática, linguagem ou lógica, antes de ter qualquer experiência real. Quando você era pequeno, o tempo parecia não passar e estímulos objetivamente pequenos podiam provocar reações extremas e prolongadas. Lembra-se de como ficava chateado ao lhe negarem uma barra de chocolate no supermercado? Quando você era criança, os limites de sua cognição e percepção serviam para limitar seu mundo, ao mesmo tempo que aumentavam a importância das experiências que você tinha dentro dele. Em parte, aquela barra de chocolate importava muito para você porque, como criança, ela representava os limites externos da alegria e do prazer. Não faltava a você somente conhecimento do mundo naquela fase da vida: faltava-lhe uma certa funcionalidade que agora parece algo natural. De uma maneira muito real, havia menos de você.

O desenvolvimento humano é o processo de crescimento rumo a uma forma mais completa de ser. Os bebês não são só pequenos adultos: eles literalmente não têm conceitos fundamentais como permanência de objetos e teoria da mente. A brincadeira do cucu é divertido porque o bebê não sabe para onde você foi quando ele não consegue mais ver seu rosto. O famoso "teste do espelho" mostrou que são necessários quase dois anos de vida para que a maioria dos bebês se reconheça em um espelho de forma consistente. À medida que crescemos, também crescem nossos mundos. Nosso corpo e nossa mente se desenvolvem. Nossas noções de satisfação se expandem. O crescimento até a idade adulta traz consigo uma grandiosidade intrínseca e extrínseca. Abraçar essa grandiosidade é o verdadeiro objetivo do metaverso.

Quantas vidas humanas já tiveram a experiência de servirem como verdadeiros heróis; de velejarem por águas desconhecidas em busca de aventuras transformadoras; de alternar entre diferentes identidades como se trocassem de sapatos; de viverem em múltiplas eras ou períodos de tempo? Um dia, todas essas experiências serão lugar-comum. Na era da sociedade virtual, nossas vidas abarcarão uma infinita grandiosidade: uma dieta densa de experiências gratificantes e percepções transformadoras que farão com que as vidas que vivemos agora pareçam reduzidas e limitadas. Logo poderemos deixar de viver na caverna — o porão da casa da existência — e começar a nos expandir para fora.

O problema, é claro, é que uma vez que você sair da caverna, não poderá retornar nunca mais. Embora aqueles que nunca saem da caverna possam achar seus limites ricos e reconfortantes, alguém que tenha visto o resto do mundo acharia a caverna torturante. Para o morador da caverna de Platão, sair da caverna não só expandiu os parâmetros do mundo exterior, mas também seu mundo interior. Transformou sua capacidade de entender, de processar e de perceber as coisas. O próprio ato de se aventurar pelo mundo muda você para sempre, tornando-o incapaz de se satisfazer com uma vida de limites artificiais.

Mas o que acontece quando as estruturas biológicas de nossos corpos e mentes se tornam os próprios limites que ansiamos transcender? Neste momento, gostaria de pedir a você que saia dos limites seguros do metaverso que estamos considerando ao longo deste livro. Deixe de lado a ideia de um mundo virtual que possa ser acessado por meio de uma tela, um dispositivo, ou até mesmo um headset de RV e, em vez disso, imagine um mundo no qual sua mente possa se conectar mais diretamente. Imagine um mundo, por exemplo, que contorne as limitações do olho humano e injete diretamente no córtex visual um conjunto vívido de experiências que nenhum ser humano tenha visto ou imaginado. Nesse mundo, você poderá literalmente ver coisas que agora são impossíveis.

Como você deve se lembrar da introdução, essa noção de um futuro no qual nossas mentes estão desvinculadas dos limites de nossos corpos é, de fato, inteiramente plausível. Sabemos que o cérebro processa informações e que, em princípio, esse processo pode ser conectado a uma máquina. Já existem versões rudimentares de uma interface cérebro-computador. Ao passo que os cientistas e os engenheiros forem aperfeiçoando essa tecnologia, entraremos em uma era que não só oferece dimensões totalmente novas de experiências, mas também oferece dimensões totalmente novas de *você*. O futuro de nossa espécie é aquele no qual a busca pela satisfação máxima, auxiliada pela simbiose humano-máquina, nos permite evoluir em *várias* espécies. Sem as amarras dos corpos físicos que nos limitaram por toda a história humana, por fim poderemos sair da caverna e abraçar uma maneira mais completa de ser.

É natural resistir a essas mudanças. Na alegoria da caverna, Platão sugere que os outros moradores da caverna poderiam chegar a matar qualquer um que os obrigasse a sair dela. Os moradores da caverna odiavam o mundo do "mais" por considerá-lo *menos* do que seu mundo de correntes e sombras. Contudo, na realidade, eles estavam apenas com medo do que o mundo exterior poderia significar para seu modo de vida estabelecido. Receavam que, o quer que estivesse fora da caverna, pudesse ser pior do que estar literalmente acorrentado a uma parede, sendo forçados a encarar fantoches de sombras por toda a vida. Agarramo-nos ao que conhecemos e, às vezes, temos dificuldade em acreditar que o desconhecido possa ser melhor, não pior, do que nossas circunstâncias atuais.

Como mencionei ao longo deste livro, muitas das histórias ficcionais sobre o futuro digital de nossa cultura são relatos moralistas que alertam sobre os perigos de desconectar nossas mentes de nossos corpos. Essas histórias geralmente apresentam os mundos virtuais como sendo destrutivos e perigosos. Por que há tão poucas histórias positivas sobre esse futuro? Qual é o verdadeiro motivo do medo?

Acredito que tememos um futuro virtual porque nos preocupa que a transmutação inerente possa, de alguma forma, nos tornar menos humanos — o que me parece uma preocupação muito arbitrária quando justaposta a todas as mudanças e transformações que já fizemos ao crescer. Embora às vezes possamos relembrar com carinho a simplicidade da infância, a maioria de nós não escolheria trocar de lugar com o nosso "eu" infantil. Ninguém se considera menos humano do que quando era bebê só porque não cai mais na gargalhada ao brincar de cucu. Desenvolver novas capacidades não é apenas algo bom: é um imperativo evolutivo tanto em nível individual quanto social. Para que a humanidade continue a crescer e prosperar, precisamos superar nosso medo da mudança e avançar em direção a novas fronteiras.

# ESPAÇO EXTERIOR, EXPERIÊNCIA INTERIOR

Em nossa busca contínua por novas fronteiras experimentais, por muito tempo depositamos nossas esperanças na eventual exploração e colonização do espaço sideral. Talvez possamos atribuir essa visão do futuro à tendência humana natural de olhar para cima enquanto sonhamos acordados; talvez tenha algo a ver com a enorme popularidade de *Guerra nas Estrelas*, *Jornada nas Estrelas* e inúmeras outras obras de ficção que têm como tema a exploração de outros planetas e galáxias. Por séculos, criadores e futuristas têm previsto que a curiosidade e a engenhosidade humanas nos levarão, inevitavelmente, a outros mundos reais e físicos em algum lugar além das estrelas.

Ainda que decolar para o espaço seja um objetivo válido, e talvez essencial para a sobrevivência de longo prazo de nossa espécie, não é o tipo de expansão mais importante quando se trata de considerar a busca por vidas melhores, maior felicidade, mais satisfação e uma sociedade mais rica. De fato, as viagens espaciais levarão inicialmente a experiências bem mais limitadas para as primeiras turmas de pioneiros do espaço sideral. Embora você possa não perceber ao observar casualmente as estrelas em uma noite escura e limpa, o universo é muito esparso. Leva-se muito tempo para chegar a qualquer lugar; tudo está espalhado. Quando os seres humanos começarem a colonizar outros planetas, suas vidas lá serão, a princípio, bastante sombrias — bem parecidas com as vidas dos colonos fronteiriços na Terra, muitos dos quais buscaram consolo na religião e suas promessas de paraíso eterno para compensar as misérias de uma vida em que seus vizinhos eram rotineiramente devorados por lobos. Na verdade, é provável que os viajantes do espaço precisem se conectar ao metaverso para encontrarem satisfação!

O objetivo prático da viagem espacial naturalmente será encontrar e usar mais recursos para abastecer a existência de nossa espécie. O futurista Robert J. Bradbury sugeriu uma vez que a melhor razão para se viajar no espaço seria para aproveitar a energia de uma estrela inteira para alimentar um megacomputador enorme que, talvez, pudesse executar simulações complexas infinitamente: uma estrutura conhecida como Cérebro de Matrioska. Apesar de parecer absurdo viajar para o espaço sideral profundo apenas para facilitar a exploração do espaço interior profundo, haveria uma certa poesia simbiótica no processo: as fronteiras finais do universo conhecido desbloqueando a nossa viagem às fronteiras infinitas da mente.

Entendo que a visão de navegar por simulações de computação avançadas pode não parecer tão aventureira quanto decolar para estabelecer colônias em algum lugar além de Marte. Mas eu diria que não há diferença qualitativa entre explorar um universo limitado por regras naturais e físicas e explorar um universo simulado limitado por regras algorítmicas concebidas por humanos. É frequente descrevermos a exploração de um universo virtual do tipo Matrix como um afastamento do mundo real, mas, na verdade, também podemos explorar o mundo real através de simulações. Quase tudo o que pode acontecer em um universo físico também pode acontecer dentro de um universo simulado, contanto que se conheçam as regras daquele universo. Considerando que podemos escrever suas regras para transgredir as leis da física que nos restringem aqui na Terra, os universos simulados também poderão oferecer os tipos de experiências que *não poderiam* ser encontradas em um universo físico.

Já sabemos que programas avançados de computador conseguem modelar de forma convincente aspectos da realidade; para que esses programas modelem de forma convincente a *totalidade* da realidade, não seria necessária uma nova física, apenas avanços eventuais e plausíveis na capacidade computacional. Também sabemos que as pessoas podem se satisfazer tanto ou mais com experiências virtuais do que com experiências similares no mundo real: lembra-se do exemplo do Capítulo 2 sobre os caminhoneiros que gostam de relaxar após o trabalho jogando um videogame simulador de transporte rodoviário? Se um universo que criamos a partir de um código de computador pode ser tão denso em detalhes e significados quanto o mundo em que nascemos, e se o universo simulado pode atender às nossas necessidades tão bem quanto o universo real, então como e por que observamos uma diferença entre os dois?

Algumas pessoas são capazes de ter amplas objeções filosóficas quanto a existir em um universo simulado em vez de um universo físico. Mas, para levantar essas objeções, elas primeiro precisariam saber que estão dentro de um universo simulado, e eu aposto que em breve — mais cedo do que você pensa — será difícil perceber a diferença. Supondo os mesmos avanços tecnológicos plausíveis que mencionei anteriormente, é tão difícil prever uma época em que os gráficos digitais possam renderizar um mundo virtual com a mesma fidelidade que você encontraria no mundo real? Não seria possível que, no momento que for possível conectar seu cérebro diretamente a um computador, o fato de você bater o dedo do pé em um mundo virtual possa ativar os mesmos receptores de dor que são ativados quando você faz isso dentro de casa? Ao alcançarmos esse ponto de paridade experiencial, por que importaria se você soubesse que está em uma simulação? O binário real/virtual será uma distinção sem diferença.

Nossos modelos ficcionais para o futuro têm ocasionalmente reconhecido que modelos computadorizados da realidade podem ser tão ou mais impactantes e gratificantes do que o mundo real. A série de televisão *Jornada nas Estrelas: A Nova Geração* retratou um futuro no qual o universo físico fervilhava de formas de vida inteligente em incontáveis planetas habitados. Mesmo assim, o Capitão Picard e sua tripulação ainda procuravam o Holodeck para os tipos de aventuras que a galáxia física não podia oferecer. Mesmo em *Jornada nas Estrelas*, os mundos virtuais eram vistos como tão ou mais poderosos e amplos que os mundos físicos explorados enquanto percorriam as estrelas. E, no entanto, no programa, o Holodeck ainda era, às vezes, apresentado como uma versão da caverna de Platão. A tripulação da nave era dissuadida de passar muito tempo no Holodeck, de ficar obcecada demais com ele. Esse espaço milagroso que podia simular de forma convincente qualquer terreno, qualquer experiência e qualquer época era considerado uma distração potencialmente perigosa da realidade. Contudo, para mim está claro que o Holodeck era, na verdade, uma nova fronteira da realidade — tão legítima quanto qualquer planeta que a tripulação da *Enterprise* escolhesse explorar.

Por que o sonho de colonizar terrenos físicos no universo conhecido ainda parece inerentemente mais "legítimo" do que concretizar os espaços internos ricos e cheios de nuances que os seres humanos têm cultivado em suas mentes por milênios? Nossas visões de futuro estão enraizadas em nossas narrativas do futuro, e essas narrativas falham conosco quando fingem que o futuro se assemelha a uma progressão linear em um tabuleiro de xadrez, um processo no qual podemos entender os parâmetros de possibilidade, mesmo que não saibamos prever os movimentos específicos. Na realidade, o presente só se torna futuro a partir do momento em que o tabuleiro toma o aspecto de um jogo inteiramente diferente. As viagens espaciais parecem ser o futuro claro da nossa espécie, em grande parte porque é uma extrapolação de nossa história até agora: afinal, o que é a era espacial senão a evolução natural das Grandes Navegações? Mas não é possível entender adequadamente o futuro simplesmente extrapolando as possibilidades disponíveis no presente.

Os cientistas e futuristas não estão errados ao pensar que deveríamos procurar explorar o universo conhecido. É claro que temos de ir ao espaço e é claro que temos de tentar visitar outros planetas. Mas também necessitamos aceitar a possibilidade de que os planetas mais interessantes que exploraremos serão aqueles que existem somente em nossas mentes. Comecei este livro com uma previsão e agora também vou terminá-lo com uma: o verdadeiro futuro da humanidade não reside apenas no fato de nossa espécie se despedir da Terra e expandir para fora, para o espaço, mas também em escapar das amarras do "mundo real" e expandir para dentro, para os inúmeros mundos virtuais estranhos e excentricamente gratificantes concebidos por nós mesmos. Se toda a realidade pode ser plausivelmente projetada por computadores e inteligência artificial e se um modo simulado da realidade pode, em teoria, tornar-se mais real que a realidade natural, então devemos a nós mesmos e à nossa sociedade mergulhar o mais fundo possível nessas fronteiras digitais.

No início dos anos 1920, perguntaram ao explorador britânico George Mallory por que ele queria escalar o Monte Everest. Mallory deu uma resposta simples: "Porque está lá". A mesma lógica corajosa valerá quando chegar o momento de mergulharmos em realidades simuladas e conectarmos nossas mentes a computadores. Fazer isso nem sequer será uma escolha, mas sim o ponto focal das coisas: o local de um grande e unificador projeto humano para otimizar a experiência de ser você.

## PARA UM FUTURO PÓS-HUMANO

Ao longo da história, muitas pessoas imaginaram um futuro para a humanidade assistido por computadores. Mas mesmo esses grandes pensadores não devem ter entendido as coisas incríveis que a computação digital tornou possíveis. Quando em 1837 Charles Babbage imaginou seu Analytical Engine [Motor Analítico] — o primeiro computador mecânico programável —, ele não tinha em mente os videogames e a internet, muito menos a perspectiva de conectar o cérebro diretamente a uma máquina digital. Construímos nossas ferramentas por razões específicas e, em seguida, a complexidade emergente inevitavelmente as leva a direções novas e fantásticas.

A perspectiva de um futuro pós-humano — de se conectar a um computador e fazer com que seu cérebro entre por completo em um contexto virtual — pode parecer alienante em um primeiro momento, mas eu diria que essa sensação talvez seja consequência dos diversos alertas ficcionais contra ele. Parte do motivo pelo qual escrevi este livro é porque acredito que nossos principais modelos do futuro são bastante limitados. Eles não conseguem compreender para onde nossa espécie está realmente indo e não conseguem imaginar o que poderemos nos tornar quando chegarmos lá. A falta de familiaridade da sociedade com o poder potencial das simulações avançadas de computador significa que nossos sonhadores e visionários frequentemente não sabem nem mesmo aspirar às possibilidades que um universo interior é capaz de apresentar.

A perspectiva de uma simbiose humano-computador não é algo a ser temido. Aliás, é bem possível que seja o que de mais desejável poderia acontecer à nossa espécie. A vida em um plano pós-humano trará consigo infinitas novas oportunidades de felicidade, inteligência expandida e crescimento intrínseco em uma escala que não podemos nem imaginar atualmente. Um futuro pós-humano também criará valor ecológico. A sociedade digital será incrivelmente compacta e sustentável. A energia necessária para simular a mente humana, em um nível teórico, é muito menor que a energia necessária para manter um ser humano vivo no mundo real. Se aproveitássemos ao máximo o poder de um Cérebro de Matrioska e realmente construíssemos computadores gigantescos, poderíamos literalmente ter trilhões e trilhões de pessoas vivendo de forma equivalente ao luxo, dentro de uma simulação, por uma fração da energia necessária para mantê-las vivas atualmente.

Talvez este cenário lhe faça lembrar de *Matrix* e da visão, em filmes como esse, de campos intermináveis de seres humanos mantidos vivos em cápsulas, sem que saibam que seus cérebros estão ligados a uma simulação de computador. Eu diria, porém, que o aspecto distópico dessa premissa não é o fato de que trilhões de humanos possam viver suas vidas inteiramente dentro do ciberespaço, mas sim, que eles foram forçados a viver lá por robôs hostis que projetaram a simulação como um mecanismo de controle. Acredito que, no futuro, muitas pessoas escolherão se conectar diretamente a uma simulação como um meio de buscar a satisfação máxima. Por que isso parece ser algo ruim?

A sociedade moderna não está estruturada para incentivar a busca pela satisfação máxima. Embora tenhamos superado em muito os dias em que a vida humana era caracterizada como "desagradável, bruta e curta", tendemos a ver aqueles que orientam seus dias em torno da satisfação como indulgentes, fracos e com algum nível de desvio inato. Essa resistência é parcialmente produto do condicionamento social que nos treinou para vincular propósito com trabalho árduo e caráter com privação. Essa narrativa fazia sentido na Era Industrial, quando os imperativos econômicos demandavam um suprimento interminável de trabalhadores para operar as fábricas que produziam os bens e a riqueza que, a médio prazo, aumentavam os padrões de vida de todos. A produção era então um análogo útil para a plenitude e, de fato, a mentalidade orientada à produção criou muitos confortos. Mas não podemos consumir recursos exponencialmente nem basear nossa sociedade na fantasia de que mais coisas equivalem a mais satisfação. Assim como a criança que acaba superando o desejo incontrolável de comer uma barra de chocolate, temos agora que avançar na direção de atividades mais elevadas e de alimentos mais nutritivos para crescermos como sociedade.

Por favor, não confunda esse mundo de satisfação máxima com um mundo de puro lazer — um mundo sem drama, substância, ganhos e perdas. Um mundo de satisfação máxima será um mundo de drama ainda *maior* do que o mundo que conhecemos agora. Alegria, tristeza, terror, euforia: todos esses sentimentos serão ampliados no metaverso. O metaverso será *consequencial* e, nele, estarão espelhadas todas as atividades consequenciais humanas conhecidas — esporte, cultura, amor, perda, guerra, protestos e cerimônias rituais, por exemplo — assim como atividades completamente novas. A satisfação não se resume ao prazer, mas ao significado, e o metaverso criará novas fronteiras para o significado.

Mas a era da sociedade virtual não revelará apenas novas fronteiras na satisfação humana: revelará dimensões inteiramente novas da existência, dimensões que, de outra forma, nós, como espécie, jamais poderíamos vivenciar. Essas dimensões de experiência representarão um aumento da riqueza intelectual da vida humana.

Quando houver mundos nos quais o tempo se mova de modo diferente, mundos que possam condensar cem anos de vida e experiência no período de uma hora no mundo real; quando houver mundos em que as pessoas possam viver suas vidas como gansos ou como gárgulas empoleiradas no topo de uma catedral gótica; quando expandirmos o espectro de possíveis experiências de vida para limites novos e insondáveis, então as pessoas viverão e evoluirão de uma outra maneira. Imagine a reversão do envelhecimento em um mundo virtual; imagine um universo simulado no qual os seres humanos possam voar. Imagine um mundo no qual você possa habitar o corpo de uma tartaruga de Galápagos e acelerar o tempo para poder condensar todo seu ciclo de vida nas horas entre o café da manhã e o almoço. Com tecnologias suficientemente avançadas, conseguiríamos simular esses tipos de experiências fantásticas e usá-las não só como vetores para a satisfação humana, mas como base para formas inteiramente novas de ser.

Ao simular coisas que nunca poderiam existir de fato, esses mundos nos darão paisagens de novas ideias e oportunidades para desenvolver sociedades que, de outro jeito, nunca poderiam existir. Poderemos viver em realidades que diferem da nossa de todas as maneiras imagináveis: geografia, física e temporalidade. Imagine, por exemplo, um mundo virtual que simule a vida tal como ela seria dentro de uma pintura de Dalí: um plano abstrato de figuras distendidas no qual tempo e vida passam de acordo com a lógica surrealista. Imagine que, por fim, seja criada a tecnologia que lhe permita mergulhar totalmente no Mundo de Dalí para viver como a Galatea das Esferas. Imagine que a satisfação que você sente como membro da sociedade alucinógena do Mundo de Dalí — a grandiosidade sensorial de toda a experiência — exceda a satisfação que você poderia encontrar em qualquer outro lugar. Imagine que você pegue esse novo entendimento sobre cor, forma e dimensão e o utilize para criar sua própria arte grandiosa e transformadora.

O projeto social da era metaversal envolverá uma massa de pessoas proporcionando satisfação e novas ideias umas às outras, melhorando a vida umas das outras por meio da capacidade de viverem suas diferenças. Uma sociedade que gera mais ideias e mais tipos de pessoas do que nunca será uma sociedade boa, justa e forte. As sociedades que encorajam a diversidade de pensamento, origem, intenção e identidade dão a seus membros um novo tipo de força. Um mundo em que todos são livres para se autodeterminar é um mundo em que as pessoas são mais inventivas, perceptivas e produtivas. Quando criamos espaços simulados que expandem drasticamente o espectro de possíveis verdades a serem vividas, o espectro de potenciais benefícios para a sociedade também se desenvolve.

Entretanto, à medida que avançamos mais e mais nesse caminho, toda a premissa da sociedade mudará. Conforme for passando cada vez mais tempo no mundo que escolheu, você perderá um determinado contexto partilhado com pessoas que escolheram existir em outros mundos. Imagine que você decida se desligar, retornar para o "mundo real" e encontrar um amigo que, talvez, passe a maior parte do dia vivendo como um antigo ateniense no Mundo Clássico. O que vocês dois terão em comum? Que contexto compartilharão? Se você acabou de passar a última hora vivendo por uma década como uma cabeça sem corpo no Mundo de Dalí, o que você teria para falar com seu amigo da universidade que agora passa os dias na Acrópole vestido com uma toga? É verdade que ambos provavelmente teriam algumas histórias muito boas para trocar enquanto bebem. Mas as diferenças em suas respectivas experiências seriam tão grandes que vocês poderiam passar a sentir como se estivessem falando línguas completamente diferentes.

Quando a tecnologia evoluir a ponto de os mundos virtuais serem tão ou mais imersivos e gratificantes do que o mundo real, nossas sociedades começarão a se fragmentar: na linguagem, no contexto, no tempo e na realidade. Essa fragmentação não é nem ruim nem boa, é apenas *algo* que quase decerto acontecerá, independentemente de como nos sentimos em relação a ela. A era da sociedade virtual será, na verdade, a era de *muitas* sociedades virtuais, cada uma com suas próprias regras, recompensas, prioridades e consequências. Iremos nos fragmentar em centenas de novas realidades, todas funcionando de acordo com sua própria lógica exclusiva. Por fim, todos sairemos da caverna do mundo real e entraremos na luz do metaverso. O que acontecerá então?

## A FRAGMENTAÇÃO DA EXPERIÊNCIA HUMANA

Passei muito tempo falando sobre o mundo real neste livro, diversas vezes comparando-o aos vários mundos virtuais do passado, presente e futuro. Um componente-chave do meu argumento envolve os modos pelos quais os mundos virtuais melhorarão o mundo real — em vez de substituí-lo — ao criar novas formas de valor e significado que poderemos transferir de volta à Terra por meio do metaverso. Esse valor será de natureza psicológica, social e econômica; ele integrará, enriquecerá e satisfará as sociedades e seus membros. Salientei esse ponto em parte para rebater a presunção comum de que a ascensão dos mundos virtuais, de alguma forma, prejudicará ou destruirá o mundo real. Permitam-me agora complicar um pouco esse quadro.

De certa forma, apresentei uma falsa distinção entre *virtual* e *real*, a qual, inevitavelmente, se tornará mais insignificante com o passar do tempo e o amadurecimento do metaverso. Se aceitarmos que um universo simulado pode, em teoria, ser indistinguível da realidade em todos os aspectos que tornam a realidade autêntica, então também devemos aceitar que, a essa altura, deixará de fazer sentido observar uma diferença estrita entre "realidade" e "simulação". Os universos simulados serão estados mundiais configuráveis que existirão de verdade e estaremos explorando a realidade enquanto estivermos dentro deles. Caso imaginemos a existência simultânea de múltiplas realidades simuladas, também devemos esperar que o contexto unificado que nos une como humanos comece a se desintegrar, levando-nos a um futuro fragmentado.

O que confere realismo ao mundo real? Nossas mentes criam nossas realidades e, assim, essas realidades são reforçadas por nossos contextos sociais. A razão pela qual o mundo real parece excepcionalmente importante, ao menos em comparação com os mundos virtuais, é que todos podemos concordar amplamente quanto aos aspectos que o caracterizam. Há certos elementos da "realidade" que todas as nossas mentes processam e vivenciam praticamente da mesma forma.

Os seres humanos de todas as culturas e origens na Terra entenderão estruturas referenciais comuns: as mudanças de estação, os ciclos lunares, as progressões lineares da idade e do tempo, a força da gravidade. As relações entre as pessoas na Terra — e entre as pessoas *e* a Terra — pressupõem esse contexto compartilhado. Quando você viaja para fora da cidade, a gravidade e o tempo funcionam exatamente da mesma forma que em seu lugar de origem. (Mesmo se você viajasse para o espaço, a gravidade funcionaria de modo diferente para você, assim como sempre funcionou de maneira diversa para todos os que já viajaram para o espaço.) O mundo real é real porque ele é real da mesma forma para todos. Falamos fundamentalmente o mesmo tipo de linguagem que os antigos, porque temos fundamentalmente o mesmo tipo de cérebro.

Assim como as propriedades físicas da realidade, há certos contextos sociais que quase todo mundo na Terra entende: terra, riqueza, família, saúde, o processo de ascensão dentro das hierarquias, as maneiras pelas quais os seres humanos criam artefatos culturais. Há pessoas que valorizam algumas dessas coisas mais do que outras, mas todos os seres humanos geralmente as consideram significativas. Não importa quem somos ou de onde viemos, todos estamos sujeitos às mesmas regras físicas; de maneira geral, todos valorizamos os mesmos tipos de coisas. Esse contexto compartilhado começará a ruir quando o metaverso começar a amadurecer.

A esta altura, espero que você tenha entendido minha definição básica de metaverso: uma rede de significados que conecta vários mundos dentro de um conjunto e facilita a transferência de valor entre eles. Neste livro, tentei fornecer a você algumas ferramentas intelectuais e pontos de referência para entender o metaverso: o que ele significa, por que é importante e os passos que podemos dar se quisermos construir um bom metaverso. Mas quero levar o seu pensamento sobre o metaverso para um nível além, para um lugar que pode parecer relativamente estranho dentro do contexto do "mundo real", e argumentar que o metaverso é o primeiro passo em direção às sociedades pós-humanas com capacidade de experiência que previ na introdução deste livro — em direção a sociedades infinitas que são infinitamente diferentes. O metaverso é o primeiro passo em direção à *especiação.*

Embora o metaverso seja, em certo sentido, uma ideia antiga que se tornou nova devido às oportunidades tecnológicas, ele também é a base para uma onda inteiramente nova de mudanças que nossos ancestrais jamais poderiam ter imaginado. Essas mudanças estão agrupadas, grosso modo, sob as noções de *especiação* e *transumanismo.* A especiação é o fenômeno de novas espécies que emergem de processos evolutivos, enquanto o transumanismo, na minha definição, afirma que o futuro não pode ser representado por uma visão que sirva para tudo; que será necessariamente uma expansão de possíveis resultados de vida que, por sua vez, trará uma separação de caminhos.

O metaverso é um prisma, e quando nosso contexto compartilhado atingir esse prisma, ele se refratará em infinitos feixes indo em infinitas direções. Se estendermos a premissa de um metaverso de valor ideal levando-a à sua conclusão lógica, então a linha de base presumida da humanidade sobre uma realidade compartilhada que engloba preocupações comuns um dia deixará de existir. "Fragmentação" é uma palavra frequentemente usada em contextos negativos. Quando as pessoas pensam na fragmentação da experiência, elas geralmente pensam nas disparidades sociais e econômicas: os ricos e o pobres, os que têm e os que não têm, os que se beneficiarão do futuro e os que não o farão. Uma clássico exemplo de ficção é encontrado em *A Máquina do Tempo*, de H. G. Wells, no qual o protagonista vitoriano viaja para o ano 802.701 e encontra a sociedade dividida em duas castas: os Morlock, que vivem na escuridão subterrânea, e os Eloi, que vivem desfrutando do lazer na superfície. Os Morlock, que representavam as classes trabalhadoras da época de Wells, eram retratados como criaturas feias e cruéis, cujo trabalho sustentava a vida dos Eloi, ociosos e indisciplinados. (Os Morlock também se alimentavam dos Eloi para obter nutrientes. Não havia realmente vencedores na versão de Wells em relação ao futuro.)

É importante considerar os modos pelos quais a exclusão digital e a fragmentação da experiência futura podem reforçar as disparidades sociais existentes ou criar novas. Seria ruim se os mundos virtuais e o metaverso aumentassem ou exacerbassem a desigualdade e, neste livro, acredito ter apresentado algumas medidas que podemos tomar para evitar esses resultados sociais negativos. Mas há limites para o que esses tipos de modelos mentais contemporâneos podem nos dizer sobre o futuro. A história de Wells era uma representação alegórica das divisões de classe de sua própria época, não uma previsão de como a vida realmente seria 800.000 anos no futuro. Mesmo assim, quando falamos do futuro distante, muitas vezes projetamos as prioridades do presente em uma sociedade que nem sequer as reconhecerá. Todo o conceito de *ter* e *não ter* está enraizado nos tipos de escassez e contextos compartilhados que se tornarão cada vez menos importantes quando o metaverso se expandir.

O valor de algo em um mundo virtual depende em grande parte do contexto compartilhado em que se pode dizer que esse algo tem valor. O metaverso será mais ou menos assim: todos os seus participantes valorizarão coisas diferentes e, desse modo, não será tão fácil fazer comparações lineares de valor. Quando houver mil mundos diferentes nos quais você possa escolher viver, todos com suas próprias noções de valor — quando pudermos realmente viver nesses mundos e ter experiências significativas, empregos e relacionamentos dentro deles —, então a análise comparativa de valor implícita nos termos de *ter* e *não ter* começará a desmoronar. À medida que os valores se fragmentam, o mesmo acontece com o contexto compartilhado nascido da experiência vivida em comum. A desintegração desse contexto é, em si, uma forma de especiação.

Fisiologicamente, os seres humanos modernos não são substancialmente diferentes dos seres humanos que viviam na era medieval. Embora uma pessoa comum hoje em dia seja provavelmente mais alta, mais saudável e mais longeva do que seu equivalente medieval, ambas são claramente seres humanos e se reconheceriam como tal se, por um acidente temporal, se encontrassem um dia. Mas é só o que eles reconheceriam um no outro.

Imagine se um agricultor medieval fosse, de alguma forma, largado no meio de um moderno supermercado da rede Whole Foods em Manhattan. Imagine a reação dele ao visual, aos cheiros e à abundância em geral; imagine a reação dele à diversidade de clientes e empregados, ou às diferentes línguas que possa estar ouvindo. Essa premissa de "peixe fora d'água" é um elemento básico do entretenimento moderno, é óbvio. Mas se essa justaposição atemporal acontecesse na vida real, a situação não se resolveria do mesmo jeito que na ficção, com o homem medieval, à maneira de um Brendan Fraser um pouco menos primitivo do filme *O Homem da Califórnia*, tomando banho, comprando uma calça jeans e iniciando um romance com a linda jovem do caixa. Na verdade, a dissonância cognitiva seria demasiado extrema para que houvesse uma solução fácil.

A dissonância cognitiva não decorreria apenas do fato de o homem medieval ser confrontado com mais riqueza e excedente em um só lugar dos que teria encontrado em toda sua vida medieval; decorreria do fato de ser confrontado com uma certa *grandiosidade* do viver. Para o Homem Medieval, o Whole Foods não seria somente uma abundante exibição de carnes e peixes, latas e verduras — seria um conjunto totalmente desconhecido de experiências, identidades e ideias, premissas sociais inter-relacionadas que assumimos como certas, mas para as quais ele não teria qualquer contexto.

Não estou falando de felicidade. Só porque o Homem Medieval não podia comprar no Whole Foods não significa que sua vida era empiricamente menos satisfatória que a nossa. Também não estou falando sobre resultados binários; seria inútil analisar essa premissa como sendo uma na qual os clientes do Whole Foods são aqueles que têm e o Homem Medieval é aquele que não tem. O que quero sugerir é que o contexto da vida moderna apresentaria um paradigma inteiramente diferente de complexidade. A biologia do Homem Medieval não é tão variada da nossa, mas seu mundo mental é mais pobre que o nosso porque os limites externos da possibilidade humana na sua época eram substancialmente mais restritos dos que os limites da nossa. A pena que você agora sente em relação ao Homem Medieval e a seu mundo estreito também será sentida por seus descendentes em relação a você.

Quando o contexto compartilhado que nos une como espécie começar a se fragmentar com a chegada da era metaversal, evoluiremos em direções diferentes. Não devemos presumir que o contexto mútuo que os seres humanos sempre compartilharam será suficiente para nos unir em um futuro em que todos possamos escolher viver em nossas próprias realidades preferidas, com nossas próprias regras preferidas. Pessoas diferentes e espécies diferentes sempre brigaram devido às suas diferenças, e seria ingênuo pensar que isso não acontecerá em um futuro em que essas dessemelhanças sejam mais acentuadas do que nunca. Mas tenho a tendência de achar que esse processo de especiação será extremamente positivo para a humanidade. Devemos nos lembrar de que um futuro no qual todos estejamos mais satisfeitos do que nunca também poderá ser um mundo no qual estejamos mais ansiosos por construir pontes entre nós. Nesse futuro, será que os motores da ganância de hoje não poderiam ser melhorados?

Mesmo que os contextos sociais venham a se fragmentar, acredito que a sociedade metaversal será mais forte do que a sociedade atual. O futuro transumano postula que os novos modos de realização humana resultantes da imersão em mundos de ideias conseguem ser tão ou mais importantes que o mundo real; que, em vez de prolongarmos a vida útil da nossa realidade atual, projetando as estruturas existentes no futuro, podemos contornar completamente os contextos existentes e criar novos. As perguntas que nos fazemos sobre o futuro deveriam focar menos no que é real e mais no que é importante. Quando reorientarmos nosso pensamento dessa maneira, muitos dos aparentes problemas pertencentes ao metaverso diminuirão.

Atualmente, as preocupações dos especialistas com o metaverso têm como premissa um contexto compartilhado que consideramos intratável em vez dos contextos fragmentados que o metaverso acabará criando. Como o metaverso lidará com a desigualdade? Ele será bom para as crianças? Como evitaremos o crime cibernético? Essas são boas perguntas a serem feitas no curto prazo, mas todas elas pressupõem erroneamente um "nós" imutável e imortal.

No futuro metaversal, enfrentaremos um conjunto todo diferente de perguntas práticas e éticas, e devemos começar a fazê-las agora. Quanto mais discrepante for o contexto entre duas pessoas, menos o processo de gestão de pessoas terá a ver com governança e supervisão de cima para baixo. Em vez disso, tornar-se-á um processo de gestão ecológico. No fim, não haverá mais um *nós* para unir grupos díspares de pessoas. Não seremos uma espécie, mas muitas; não seremos uma sociedade, mas muitas sociedades. Devemos levar em conta essa perspectiva de longo prazo enquanto trabalhamos para implementar o metaverso e nos preparamos para gerenciar seus efeitos de curto e longo prazo.

A perspectiva de especiação representa um desafio para investidores, reguladores, criadores e qualquer pessoa que espere cuidar do desenvolvimento do metaverso. No futuro, a própria premissa de governança se romperá. A ideia de eleger um primeiro-ministro no contexto de uma era em que um milhão de eleitores podem estar habitando vários mundos diferentes é risível. De onde viria o mandato para a governança? Quem esse ministro estaria apto a representar?

Não podemos abordar o metaverso pensando que ele é somente a próxima fase da internet. Pelo contrário, devemos fazê-lo com a plena expectativa de que o metaverso transformará o que significa ser um humano. As estruturas de governança que criamos e implementamos devem ser orientadas para o futuro: feitas para uma época em que há incontáveis "mundos reais", cientes de que, em algum momento no futuro, a noção de um único e verdadeiro "mundo real" que afirme o domínio sobre inúmeros mundos reais virtuais parecerá cômica e irrelevante.

Não temo essa visão do futuro e você também não deveria temê-la. Acredito que o metaverso tornará o mundo físico um lugar melhor e melhorará nossas vidas — principalmente por nos libertar para fazer mais, saber mais, ser mais e experimentar mais. Ao longo da história humana, temos buscado mundos virtuais para expandir nossas capacidades de crescimento, sentimento, conhecimento e relacionamento. A era da sociedade virtual será a apoteose dessa busca. Seremos nós mesmos mais do que nunca.

Em obras populares de ficção científica sobre viagens espaciais, os seres humanos geralmente coexistem com outras espécies: eles trabalham juntos, vivem juntos e se acasalam juntos. Essa é uma visão do futuro que os futuristas do espaço sideral de fato acertaram — em parte. Em 1950, conta a história, o físico Enrico Fermi e alguns colegas estavam discutindo a perspectiva da existência de formas de vida alienígenas e de viagens interestelares. Em um certo momento, Fermi exclamou: "Mas onde está todo mundo?". Se formas avançadas de vida alienígena existissem, então *onde* estavam? Por que ainda não as havíamos encontrado?

Essa pergunta ficou conhecida como o Paradoxo de Fermi. Eu sugeriria que os extraterrestres que achávamos que encontraríamos no espaço sideral serão, na verdade, encontrados aqui na Terra. Eles serão os nossos futuros "eus", vivendo nossas vidas em várias realidades diferentes, evoluindo de forma diversa como resultado disso. A Enrico Fermi, eu diria: Somos nós os alienígenas.

# NOTA SOBRE AS FONTES

Embora eu tenha me esforçado ao máximo para fornecer referências embutidas às fontes que utilizei, há vários outros textos que consultei que merecem ser citados aqui. As fontes a seguir são aquelas que considerei valiosas enquanto pesquisava e escrevia *Sociedade Virtual*. Algumas deram suporte às afirmações que fiz neste livro; outras serviram para desafiar minhas opiniões, obrigando-me a fortalecê-las. Todas elas merecem seu tempo.

No **Capítulo1: Os Metaversos Antigos**, consultei uma grande variedade de fontes sobre mitologia e antropologia comparativas para moldar meu pensamento sobre mundos construídos de significado e o processo pelo qual as histórias podem se tornar mundos. Conforme citado no texto, os trabalhos de Émile Durkheim, Pierre Janet, Claude Lévi-Strauss, Bronisław Malinowski e Victor Turner foram muito valiosos, assim como foi o acessível estudo de J. F. Bierlein sobre a criação de mitos paralelos ao longo da história humana, *Mitos Paralelos* (Rio de Janeiro: Ediouro Publicações, 2003). E, apenas como uma observação geral, não há hora ruim para ler Hannah Arendt. Comece pelos textos que mencionei no capítulo e, a partir daí, se estiver interessado, passe para as seguintes obras:

- Joseph Campbell, *O Herói de Mil Faces* (São Paulo: Grupo Editorial Pensamento, 1989);
- Julien d'Huy, "The Evolution of Myths" (*Scientific American*, novembro de 2016);
- Émile Durkheim, *As Formas Elementares da Vida Religiosa* (São Paulo: Martins Fontes, 1996, originalmente publicado em 1912);
- David Gelernter, *Mirror Worlds* (Nova York: Oxford University Press, 1991);
- David Graeber e David Wengrow, *O Despertar de Tudo: Uma Nova História da Humanidade* (São Paulo: Companhia das Letras, 2022);
- Yuval Noah Harari, *Sapiens: Uma Breve História da Humanidade* (São Paulo: Companhia das Letras, 2020);
- Robert Lebling, *Legends of the Fire Spirits: Jinn and Genies from Arabia to Zanzibar* (Berkeley, CA: Counterpoint, 2010);
- Claude Lévi-Strauss, *O Cru e o Cozido* (São Paulo: Editora Zahar, 2021).

**Capítulo 2: Trabalho, Lazer e o Propósito do Tempo Livre** foi influenciado por David Graeber e seu livro *Trabalhos de Merda: Uma Teoria* (São Paulo: Edições 70, 2022) e por Daniel Markovits em *A Cilada da Meritocracia* (Rio de Janeiro: Intrínseca, 2021), assim como por uma vasta diversidade de trabalhos acadêmicos sobre a evolução do trabalho e do lazer na era industrial, por exemplo, o ensaio de Steven Gelber "A Job You Can't Lose: Work and Hobbies in the Great Depression" (*Journal of Social History*, julho–setembro, 1991), o ensaio de Peter Burke "A Invenção do Lazer nos Primórdios da Europa

Moderna" (*LILACS,* 2021) e o artigo de E. A. Wrigley "The Process of Modernization and the Industrial Revolution in England" (*Journal of Interdisciplinary History,* setembro–dezembro, 1972). O trabalho de 1959 de Noam Chomsky "A Review of B. F. Skinner's *Verbal Behavior*" (*Language* vol. 35, nº 1, 1959) ajudou na contextualização do behaviorismo para mim e para mundo, enquanto o livro de Edward Deci, *Intrinsic Motivation* (Nova York: Springer, 1975), foi valioso por si só e como uma visão da versão inicial das ideias que ele refinaria mais tarde em seu trabalho com Richard Ryan sobre a teoria da autodeterminação. Para leituras adicionais:

- David Graeber, "On the Phenomenon of Bullshit Jobs: A Work Rant" (*New Poetics of Labor,* agosto de 2013);
- Abraham Maslow, *Motivation and Personality* (Nova York: Harper & Brothers, 1954);
- Domènec Melé, "Understanding Humanistic Management" (*Humanistic Management Journal,* vol. 1, 2016);
- Bertrand Russell, "In Praise of Idleness" (*Harper's,* outubro de 1932);
- James Suzman, *Trabalho: Uma história de como utilizamos o nosso tempo* (São Paulo: Editora Vestígio, 2022);
- Frederick Taylor, *Princípios de Administração Científica* (São Paulo: Editora Atlas, 1990).

**Capítulo 3: Experiências Melhores para uma Vida Melhor** deve muito ao trabalho de Edward Deci e Richard Ryan, os psicólogos acadêmicos que foram pioneiros no estudo da teoria da autodeterminação; seu trabalho *Intrinsic Motivation and Self-Determination in Human Behavior* (Nova York: Plenum, 1985) é seminal. O livro de Beverley Fehr, *Friendship Processes* (Nova York: Sage, 1995) ofereceu percepções claras sobre a mecânica de fazer e manter amigos. Ao procurar compreender como e por que as experiências se tornaram centrais na vida humana, gostei muito de ler sobre a história do Grand Tour e achei *Viagem à Itália*, de Goethe, não só útil, mas também intrinsecamente encantador. Leituras adicionais:

- Joseph Campbell, *O Herói de Mil Faces* (São Paulo: Grupo Editorial Pensamento, 1989);
- Gavin Mueller, *Breaking Things at Work: The Luddites Are Right About Why You Hate Your Job* (Nova York: Verso, 2021);
- Richard Ryan e Scott Rigby, *Glued to Games: How Video Games Draw Us In and Hold Us Spellbound* (Nova York: ABC-CLIO, 2011);
- Richard Ryan, Scott Rigby e Andrew Przybylski, "The Motivational Pull of Video Games: A Self-Determination Theory Approach" (*Motivation and Emotion*, vol. 30, 2006);
- Ben Wilson, *Empire of the Deep: The Rise and Fall of the British Navy* (Londres: Weidenfeld & Nicolson, 2013).

**Capítulo 4: Uma Estruturação para a Complexidade em Mundos Virtuais** examina, em parte, o papel que a ficção tem desempenhado ao influenciar nossa concepção sobre mundos virtuais no decorrer da história. Os trabalhos de Neal Stephenson e William Gibson são inspiradores e altamente recomendados. O livro *Jogador Número 1* (Lisboa: Editora Leya, 2019), de Ernest Cline, é uma boa leitura e vale o seu tempo. O artigo de Chip Morningstar e F. Randall Farmer, "The Lessons of Lucasfilm's Habitat" (*Virtual Worlds Research*, julho de 2008) é muito valioso, e há muito o que apreciar nos trabalhos de Andrew Groen que capturam a história em curso de *Eve Online*. Leituras adicionais:

- William Gibson, "Burning Chrome" (*Omni,* julho de 1982);
- David Karpf, "Virtual Reality Is the Rich White Kid of Technology" (*Wired,* julho de 2021);
- Neal Stephenson, *Snow Crash* (São Paulo: Editora Aleph, 2015);
- Rob Whitehead, "Intimacy at Scale: Building an Architecture for Density" (*Improbable Multiplayer Services,* 1 de junho de 2021, ims.improbable.io/insights/intimacy-at-scale-building-an-architecture-for-density).

Os **Capítulos 5 ao 9**, sendo inerentemente prospectivos, basearam-se menos em pesquisas do que os capítulos anteriores. Em vez disso, as ideias contidas nessa seção do livro fundamentam-se nas minhas próprias experiências e percepções como cofundador de uma empresa que cria mundos virtuais e nas minhas conversas constantes com colegas, acadêmicos e líderes do setor sobre as oportunidades e os desafios da era metaversal que se aproxima. Dito isso, eu também consultei muitos textos que ajudaram a aprimorar e desafiar minhas próprias ideias. Todas as obras citadas a seguir contribuíram para dar vida a esses capítulos.

CAPÍTULO 5: UMA REDE DE SIGNIFICADOS

- Acceleration Studies Foundation, "The Metaverse Roadmap" (2007, www.metaverseroadmap.org/overview/);
- Matthew Ball, "The Metaverse Primer" (junho de 2021, www.matthewball.vc/the-metaverse-primer);
- Edward Castronova e Vili Lehdonvirta, *Virtual Economies: Design and Analysis* (Cambridge, MA: MIT Press, 2014);
- Nikolai Kardashev, "Transmission of Information by Extraterrestrial Civilizations" (*Soviet Astronomy,* setembro–outubro de 1964);

- Raph Koster, "Still Logged In: What AR and VR Can Learn from MMOs" (GDC talk, 2017, www.youtube.com/watch?v=kgw8RLHv1j4);
- Kim Nevelsteen, "A Metaverse Definition Using Grounded Theory" (2 de setembro de 2021, kim.nevelsteen.com/2021/09/02/a-metaverse-definition-using-grounded-theory/).

### CAPÍTULO 6: CONSTRUINDO UM METAVERSO VALIOSO: O EXCHANGE

- Raph Koster, "Riffs by Raph: How Virtual Worlds Work" (*Play-able Worlds,* setembro de 2021, www.playableworlds.com/news/riffs-by-raph:-how-virtual-worlds-work-part-1/);
- Carl David Mildenberger, "Virtual World Order: The Economics and Organizations of Virtual Pirates" (*Public Choice,* vol. 164, nº 3, agosto de 2015);
- Dan Olson, *Line Goes Up — The Problem With NFTs* (ensaio em vídeo, 21 de janeiro de 2022, www.youtube.com/watch?v=YQ_xWvX1n9g);
- Camila Russo, *The Infinite Machine: How an Army of Cryptohackers Is Building the Next Internet with Ethereum* (Nova York: HarperCollins, 2020);
- Laura Shin, *The Cryptopians: Idealism, Greed, Lies, and the Making of the First Big Cryptocurrency Craze* (Nova York: PublicAffairs, 2022).

### CAPÍTULO 7: TRABALHOS VIRTUAIS E A ECONOMIA DA SATISFAÇÃO

- Edward Castronova, "Virtual Worlds: A First-Hand Account of Market and Society on the Cyberian Frontier" (*CESifo Working Paper*, nº 618, dezembro de 2001);

- Kei Kreutler, "A Prehistory of DAOs: Cooperatives, Gaming Guilds, and the Networks to Come" (*Gnosis Guild*, 21 de julho de 2021, gnosisguild.mirror.xyz/t4F5rItMw4-mlpLZf5JQhElbDfQ2JRVKAzEpanyxW1Q);
- John Rawls, *Uma Teoria da Justiça* (São Paulo: Martins Fontes, 2016).


## CAPÍTULO 8: OS TIRANOS E O COMMONS


- Finn Brunton, *Spam: A Shadow History of the Internet* (Cambridge, MA: MIT Press, 2013);
- Julian Dibbell, "A Rape in Cyberspace, or How an Evil Clown, a Haitian Trickster Spirit, Two Wizards, and a Cast of Dozens Turned a Database into a Society" (*Village Voice*, 21 de dezembro de 1993);
- Chris Dixon, "Why Decentralization Matters" (*One Zero*, 16 de fevereiro de 2018, onezero.medium.com/why-decentralization-matters-5e3f79f7638e);
- Niall Ferguson, *A Praça e a Torre* (São Paulo: Editora Crítica, 2019);
- Milton Friedman, *Capitalismo e Liberdade* (São Paulo: Editora LTC, 2014);
- Scott Galloway, *Os Quatro: Apple, Amazon, Facebook e Google. O segredo dos gigantes da tecnologia* (Rio de Janeiro: Alta Books, 2020);
- Katie Hafner e Matthew Lyon, *Onde os Magos Nunca Dormem: A incrível história da origem da internet e dos gênios por trás de sua criação* (São Paulo: Red Tapioca, 2019);
- Leslie Lamport, Robert Shostak e Marshall Pease, "The Byzantine Generals Problem" (*ACM Transactions on Programming Languages and Systems*, julho de 1982);

- Steven Levy, *Facebook: The Inside Story* (Nova York: Blue Rider Press, 2020);
- Carl D. Mildenberger, "The Constitutional Political Economy of Virtual Worlds" (*Constitutional Political Economy,* vol. 24, nº 3, setembro de 2013);
- Thomas More, *Utopia* (1516) (São Paulo: Penguin-Companhia, 2018);
- Justin Peters, *The Idealist: Aaron Swartz and the Rise of Free Culture on the Internet* (Nova York: Scribner, 2016);
- Matt Stoller, *Goliath: The 100-Year War Between Monopoly Power and Democracy* (Nova York: Simon & Schuster, 2019).


CAPÍTULO 9: SOBRE A ESPECIAÇÃO


- Aaron Bastani, *Fully Automated Luxury Communism* (Londres: Verso Books, 2019);
- Nick Bostrom, *Superintelligence* (Oxford, UK: Oxford University Press, 2014);
- Robert J. Bradbury, "Matrioshka Brains" (1997, www.gwern.net/docs/ai/1999-bradbury-matrioshkabrains.pdf);
- David Eagleman, *Livewired: The Inside Story of the Ever-Changing Brain* (Nova York: Pantheon, 2020);
- Max Tegmark, *Life 3.0* (Nova York: Knopf, 2017);
- H. G. Wells, *The Time Machine* (1995).

# ÍNDICE

**N**



**O**